SW코딩자격-2급 자료 다운로드 방법 → 다음 페이지

자료 다운로드 방법

SW코딩자격 - 2급

1 렉스미디어 홈페이지(http://www.rexmedia.net)에 접속한 후 [자료실]-[대용량 자료실]을 클릭합니다.

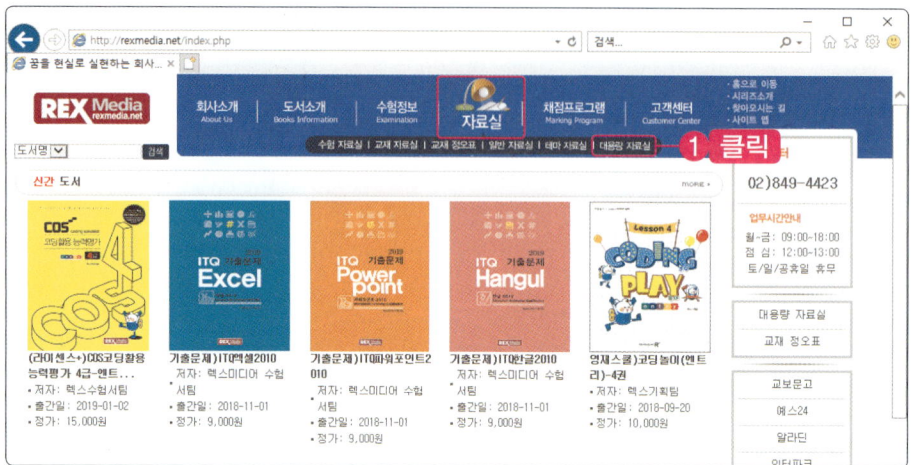

2 렉스미디어 자료실 페이지가 표시되면 [수험서 관련] 폴더를 클릭합니다.

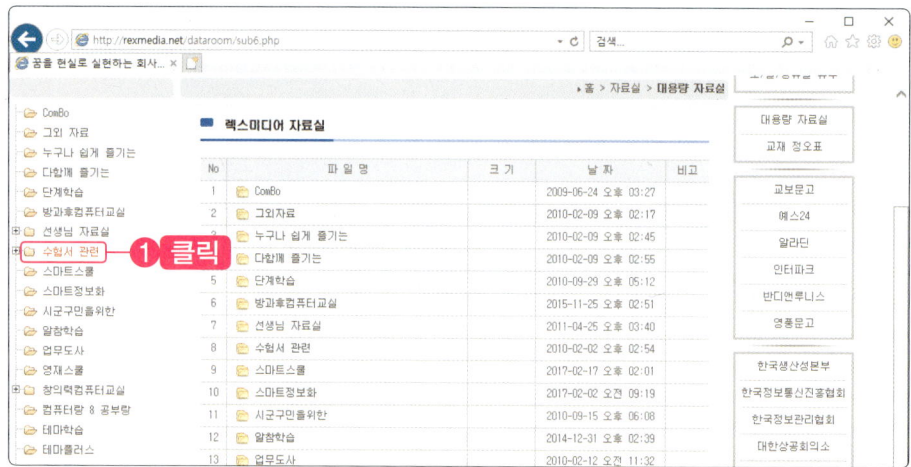

3 수험서 관련 페이지가 표시되면 [SW코딩자격] 폴더를 클릭합니다.

4 SW코딩자격 페이지가 화면에 표시되면 **SW코딩2급(엔트리).zip 파일을 클릭**한 후 화면 아래쪽에 다운로드에 관련된 대화상자에서 **[열기]를 클릭**한 후 압축을 해제합니다.

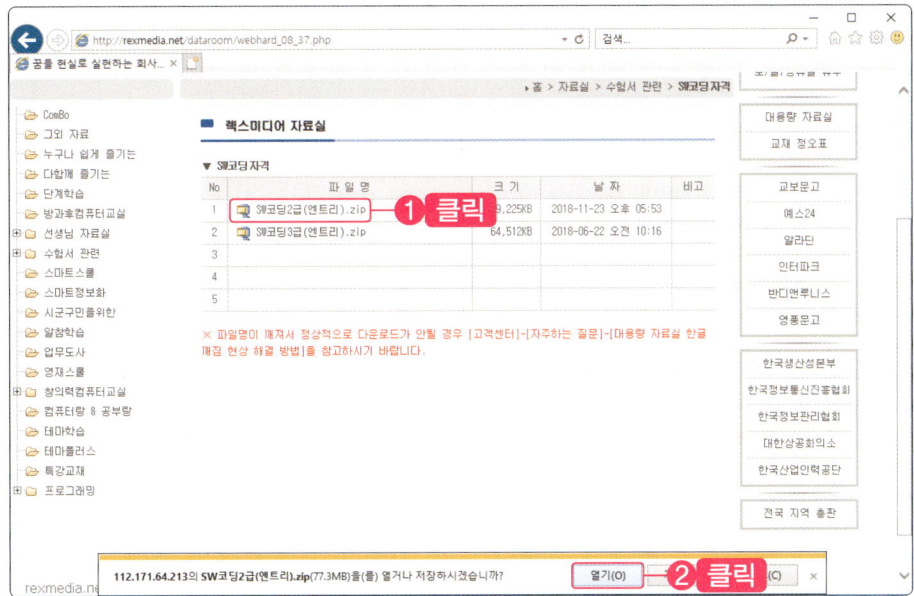

> Tip
> [저장] 또는 [다른 이름으로 저장]을 통해 다운로드를 받으신 후 압축을 해제하여 사용할 수도 있습니다. 대화상자에서 파일 이름이 한글이 아닌 깨짐 현상이 나타날 경우 [고객센터]-[자주하는 질문]의 대용량 자료실 한글 깨짐 현상 해결방법을 참고하시기 바랍니다.

5 압축을 해제할 경우 과목별로 제공되는 예제 및 완성 파일과 기출예상문제 파일 등의 모든 자료를 확인할 수 있습니다.

SW코딩자격 소개

SW코딩자격 - 2급

SW코딩 자격소개

1 한국생산성본부 자격인증본부(https://license.kpc.or.kr) 사이트에서 [자격소개] -[SW코딩자격] 메뉴를 클릭하거나 메인화면의  을 클릭합니다.

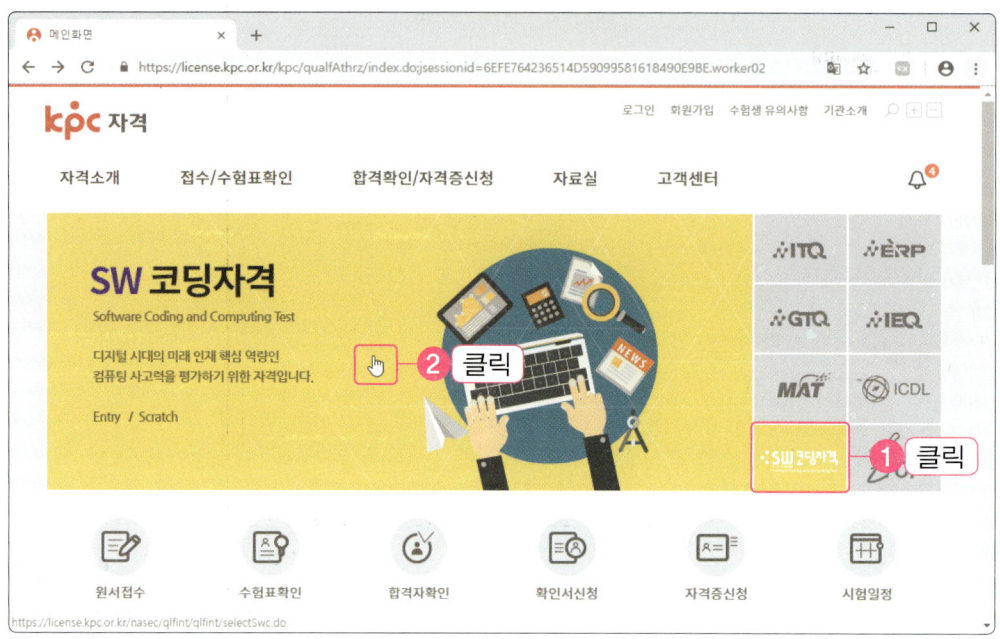

2 SW코딩자격 화면에서 [시험안내] 및 [시험출제기준], [시험일정] 등을 확인할 수 있습니다.

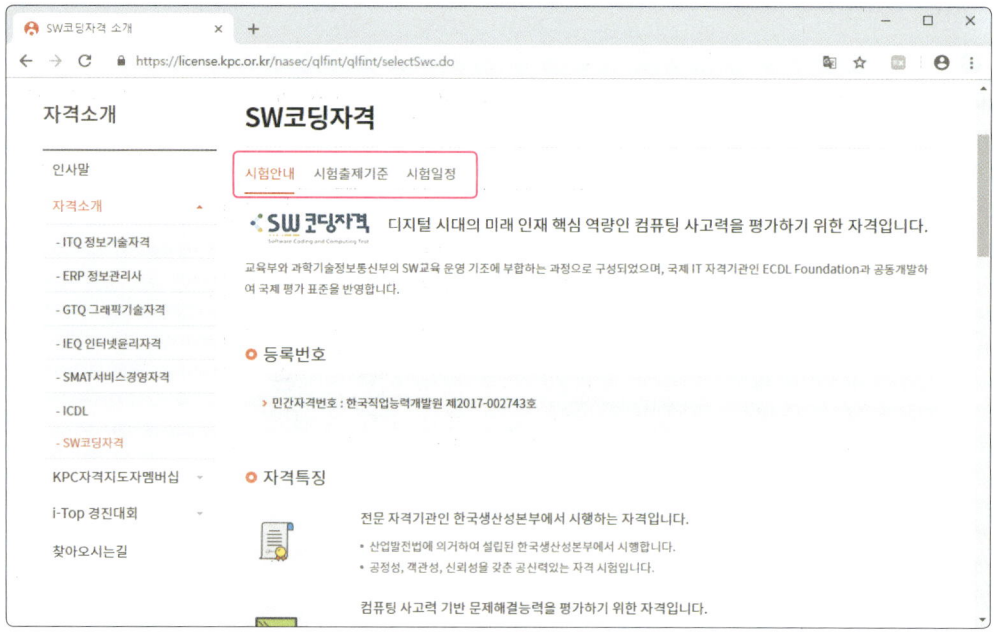

시험 과정 및 답안 작성 요령

1. 시험용 SW의 이상 여부 확인하기
수험번호에 맞는 자리에 앉았을 때 감독관의 안내에 따라 **시험용 코딩 프로그램(엔트리 또는 스크래치)을 실행**하여 이상 여부를 확인합니다.

2. 답안 작성용 폴더 이름 변경하기
바탕화면에 표시된 [수험번호-성명] 폴더의 이름을 본인의 **수험번호-성명**(예 : 12345678-홍길동)으로 수정합니다.

 →

3. 답안 작성 절차

- 1번 ~ 3번 / 9번 ~ 10번 문제 : [수험번호-성명] 폴더 안에 제공하는 '1~3, 9~10' 한글 문서 파일을 더블클릭한 후 **시험 문항별 정답을 입력**한 다음 [파일]-[저장하기] 메뉴를 클릭하여 문제 파일에 덮어쓰기합니다.

- 4번 ~ 8번 문제 : [수험번호-성명] 폴더 안에 제공하는 코딩 파일(4. ~ 8.)을 더블클릭하여 열고 **정답을 코딩**한 다음 [파일]-[저장하기] 메뉴를 클릭하여 문제 파일에 덮어쓰기합니다.

- SW 코딩자격 실험 절차의 자세한 설명은 60페이지를 참조하세요.

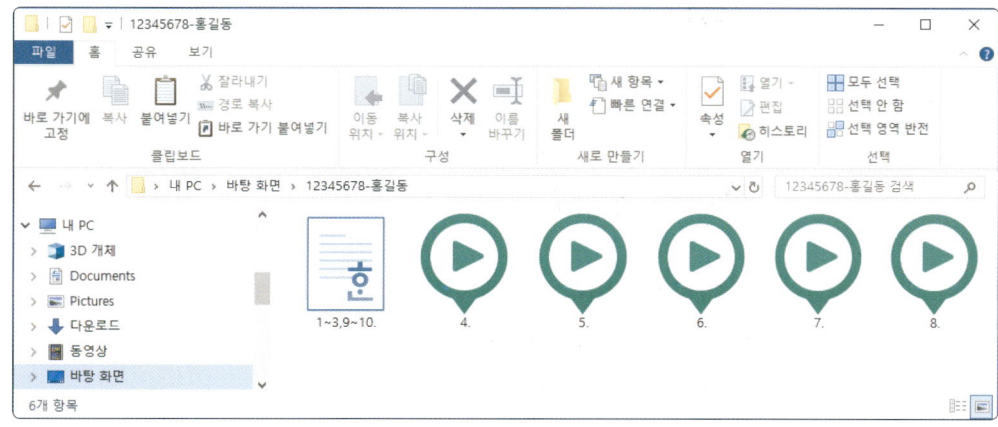

이 책의 차례

SW코딩자격 – 2급

PART 01 컴퓨팅 사고력과 문제해결

Chapter 1 컴퓨팅 사고력의 이해와 적용
- Step 01 • 자료와 정보 ································· 10
- Step 02 • 아날로그와 디지털 ······················ 11
- Step 03 • 다양한 유형의 정보 디지털 표현 ······ 13
- Step 04 • 컴퓨팅 사고력의 구성요소 이해 및 활용 ····· 17

Chapter 2 문제 분석과 구조화
- Step 01 • 주어진 문제의 이해와 분석 ············ 22
- Step 02 • 다양한 방법의 자료 정리 및 표현 ······ 23
- Step 03 • 정보의 구조화 및 구조화 형태 ········· 24

Chapter 3 컴퓨팅 사고력을 통한 생활속 문제해결
- Step 01 • 추상화 ··································· 27
- Step 02 • 문제해결 방법 ···························· 28
- **출제 유형 문제(1~2)** ······························· 30

PART 02 알고리즘 설계

Chapter 1 알고리즘 순서도
- Step 01 • 알고리즘 ································· 36
- Step 02 • 순서도 ··································· 37
- Step 03 • 순서도의 설계 구조 ······················ 38
- **출제 유형 문제(3)** ································· 42

PART 03 엔트리 프로그래밍

Chapter 1 엔트리 프로그램의 기본 기능
- Step 01 • 엔트리 프로그램의 실행 및 설치 ········ 48
- Step 02 • 엔트리의 기본 화면 구성 ··············· 50
- Step 03 • 오브젝트 ··································· 53
- Step 04 • 블록 조립소 ······························· 54
- Step 05 • 모양 및 소리 ······························ 56
- Step 06 • 엔트리 파일의 저장 및 불러오기 ······· 58

Chapter 2	엔트리 프로그램의 주요 기능
Step 01 • 순차구조	62
Step 02 • 반복구조	64
Step 03 • 선택조건	68
Step 04 • 이벤트와 신호 및 장면	78
Step 05 • 무작위 수 및 연산	81
Step 06 • 복제	84
Step 07 • 변수	94
Step 08 • 리스트	97
Step 09 • 함수	102
출제 유형 문제(4~8)	112

PART 04 피지컬 컴퓨팅

Chapter 1	피지컬 컴퓨팅의 이해
Step 01 • 피지컬 컴퓨팅의 정의 및 시스템	120
Step 02 • 센서(Sensor)	122
Step 03 • 액추에이터(Actuator)	125
출제 유형 문제(9~10)	130

PART 05 기출예상문제

제01회	기출예상문제	136
제02회	기출예상문제	144
제03회	기출예상문제	152
제04회	기출예상문제	160
제05회	기출예상문제	168
제06회	기출예상문제	176
제07회	기출예상문제	184
제08회	기출예상문제	192
제09회	기출예상문제	200
제10회	기출예상문제	208

PART 06 정답 및 해설

| 정답 및 해설 | 218 |

PART 01

컴퓨팅 사고력과 문제해결

컴퓨팅 사고력과 문제해결

- **01장** 컴퓨팅 사고력의 이해와 적용
- **02장** 문제분석과 구조화
- **03장** 컴퓨팅 사고력을 통한 생활속 문제해결

01장 컴퓨팅 사고력의 이해와 적용

STEP 01 • 자료와 정보

1 소프트웨어란?

- **자료(Data)** : 단순한 관찰이나 측정을 통해 얻어지는 값이나 사실을 말합니다.
- **정보(Information)** : 자료를 실제 생활에 도움이 될 수 있도록 유용한 형태로 고치거나 정리한 결과를 말합니다.

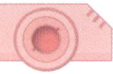

- **문제** : 수색역에서 신촌역까지 지하철로 가는 방법이 어떻게 될까?
- **자료** : 지하철 각 호선마다 배차 시간 및 환승 시간, 역과 역사이 이동 시간, 구간 요금 등
- **정보** : 경의 중앙선 수색역 탑승(2정거장 경유) ➡ 홍대입구역(2호선 환승) ➡ 신촌역 도착 (1정거장), 시간(16분), 금액(1,350원)

- **문제** : 경복궁에 약속이 있는데 우산을 가져가야 하나?
- **자료** : 전국의 지역별 온도, 풍속, 습도 등
- **정보** : 경복궁이 있는 종로의 온도, 풍속, 습도 등을 종합한 날씨

STEP 02 · 아날로그와 디지털

1 아날로그(Analog)와 디지털(Digital)

- **아날로그(Analog)** : 연속적으로 변화하는 값으로 양을 표현합니다.
- **디지털(Digital)** : 연속적으로 변화하는 값을 일정한 간격으로 끊어 불연속적인 값으로 양을 표현하는 것을 말합니다.

▲ 아날로그 체중계

▲ 디지털 체중계

2 자료를 디지털로 표현할 때의 장점

디지털은 아날로그에 비해 변형의 우려가 적고 편집 및 가공, 저장이 쉬우며, 디지털 정보 기기 간에 호환이 잘 되는 특징이 있습니다.

3 컴퓨터에서의 자료 표현

- 컴퓨터에서의 모든 입력 자료는 0(Off)과 1(On)로 표현되는 이진수 형태로 기억하고 처리됩니다.
- 컴퓨터는 전기가 흐를 때(On)와 전기가 흐르지 않을 때(Off)의 두 가지 전기 신호만을 인식하는 디지털 장치로 0과 1로 표현된 정보를 생성합니다.

• 문제 : 아래의 경우는 가족 사항을 물어볼 때의 경우의 수입니다. 모두 표현하기 위해서는 2진수 몇 개가 필요할까요?

> 1. 여동생, 남동생 모두 없다.
> 2. 여동생은 없고 남동생은 있다.
> 3. 여동생은 있고 남동생은 없다.
> 4. 여동생, 남동생 모두 있다.

• 해결 : 0 또는 1을 표현할 수 있는 2진수 2개

• 문제 : 위쪽 문제의 4가지 보기를 참고하여 2진수로 표현할 때 빈 칸에 들어갈 내용을 적어 보세요.

전기 스위치		이진수 표현	문제 표현
OFF	OFF	0 0	여동생, 남동생 모두 없다.
OFF	ON	0 1	여동생은 없고, 남동생은 있다.
ON	OFF	1 0	여동생은 있고, 남동생은 없다.
ON	ON	1 1	여동생, 남동생 모두 있다.

• 문제 : 2진수 3개가 있을 경우 표현할 수 있는 가지 수는 모두 몇 가지일까요?
• 해결 : 8가지

10진수	2진수
0	000
1	001
2	010
3	011
4	100
5	101
6	110
7	111

STEP 03 · 다양한 유형의 정보 디지털 표현

1 숫자와 문자 표현하기

서로 다른 언어로 쓰는 사람들에게 의사를 전달하기 위해서는 자신의 언어를 번역하여 상대방이 이해할 수 있는 형태로 바꾸어 전달해야 합니다. 마찬가지로 인간이 사용하는 숫자와 문자, 특수문자 등을 컴퓨터에서 사용하려면 입력되는 문자를 컴퓨터가 이해할 수 있는 형태인 2진수로 바꾸어 주어야 합니다.

- **아스키 코드** : 미국 표준 협회가 두 정보 기기 간의 정보 교환을 위해 만든 표준 코드이며, 7개의 비트로 구성되어 있습니다. 영문 소문자 및 대문자, 0~9 숫자, 특수기호 등 총 128개의 서로 다른 문자를 표현합니다.

- **유니코드** : 세계 모든 나라의 언어를 통일된 방법으로 표현할 수 있도록 만든 국제 표준 코드이며, 16개의 이진수를 사용하여 표현합니다. 2진수 16개를 사용하여 총 65,536개의 서로 다른 문자를 표현할 수 있습니다.

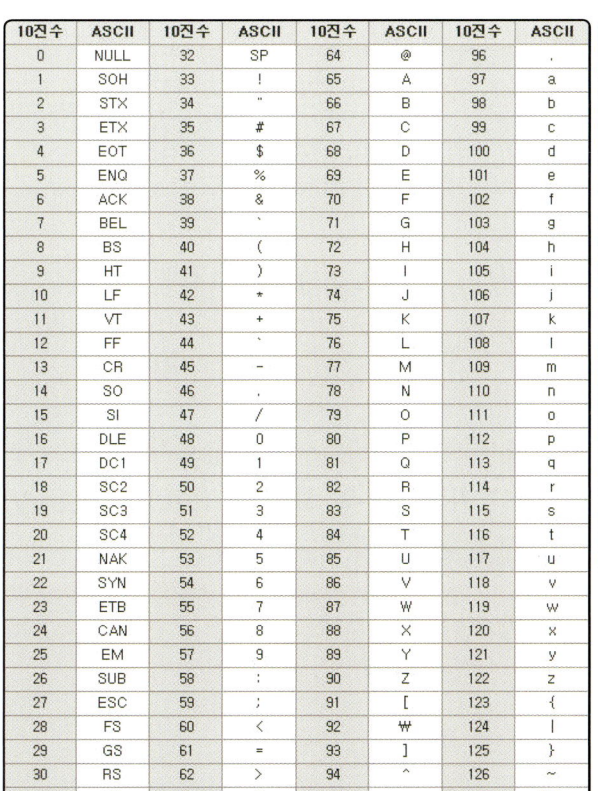

▲ 아스키 코드

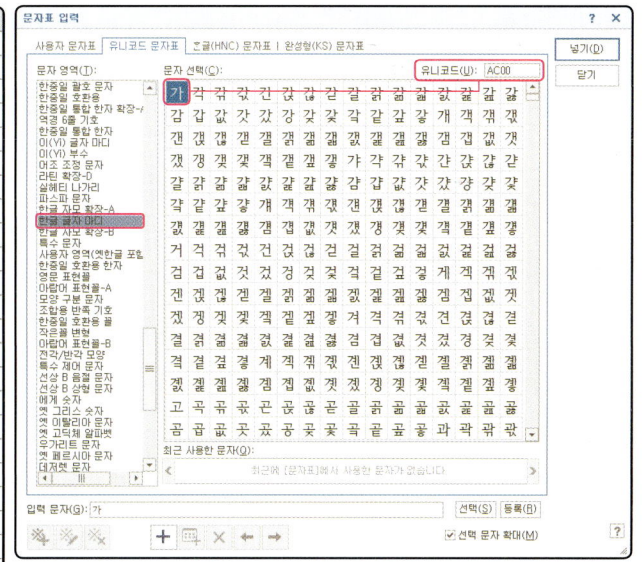

▲ 유니 코드

제01장 · 컴퓨팅 사고력의 이해와 적용

2 그림으로 디지털 표현하기

그림은 종이에 그림이 칠해진 부분과 칠해지지 않은 부분으로 나누는 것처럼 그림을 표현할 때 가장 작은 점으로 표현하여 칠해진 경우(On), 칠해지지 않은 경우(OFF) 등으로 표현하면 흑백의 이미지를 표현할 수 있을 것입니다. 이 때 가장 작은 점의 최소 단위를 화소(픽셀, Pixel)이라고 합니다.

화소는 컴퓨터에서 그림을 구성하는 최소 단위로 컴퓨터 모니터에서 그림을 크게 확대하면 점 또는 사각형 모양의 화소를 확인할 수 있습니다.

비트맵 방식

- 그림을 픽셀(Pixel)로 표현합니다.
- 다양한 색조와 질감, 선명한 화질로 표현할 수 있습니다.
- 확장자 : GIF, JPG, BMP, PNG

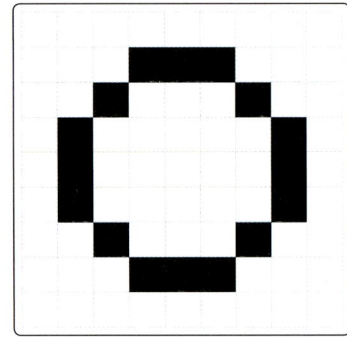

```
00000000
00011100
00100010
01000010
01000010
01000010
00100010
00011100
00000000
```

벡터 방식

- 그림을 수학적 수식(x좌표, y좌표 등)을 이용하여 선과 모양으로 표현합니다.
- 그림을 확대하거나 축소해도 자료의 변형이 거의 없습니다.
- 확장자 : AI, EPS, WMF

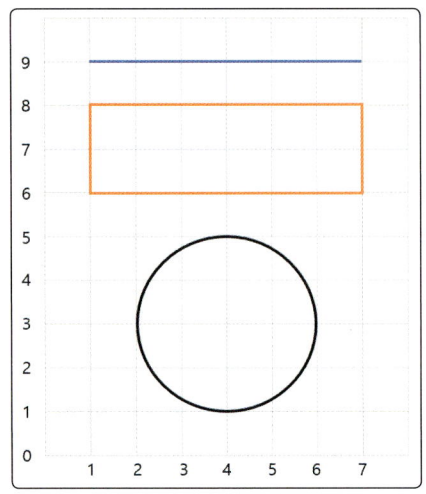

사각형(좌측 상단의 좌표)(우측 하단의 좌표) : (1,8)(7,6)

직선(시작점 좌표)(끝점 좌표) : (1,9)(7,9)

원(중심점 좌표)(반지름 값) : (4,3)(2)

3 소리의 디지털 표현하기

일상생활에서 접하는 모든 소리는 아날로그 소리 형태로 디지털로 표현하기 위해서는 마찬가지로 2진수로 변환을 해야 합니다. 우선 아날로그 형태의 소리 정보를 디지털 형태로 변환하기 위해서는 표본화, 양자화, 부호화 과정을 거쳐야 하며, 컴퓨터에서 처리된 2진수 형태의 소리 또한 아날로그 형태로 바꾸어 처리할 수 있습니다.

표본화

- 연속적인 아날로그 신호에서 일정한 시간 간격으로 디지털화하기 위한 표본(샘플)을 추출하는 과정입니다.
- 신호를 추출하는 시간 간격이 넓을수록 디지털 소리의 음질이 떨어지고 추출 간격이 좁을수록 본래의 음에 가까운 소리를 만들 수 있습니다.

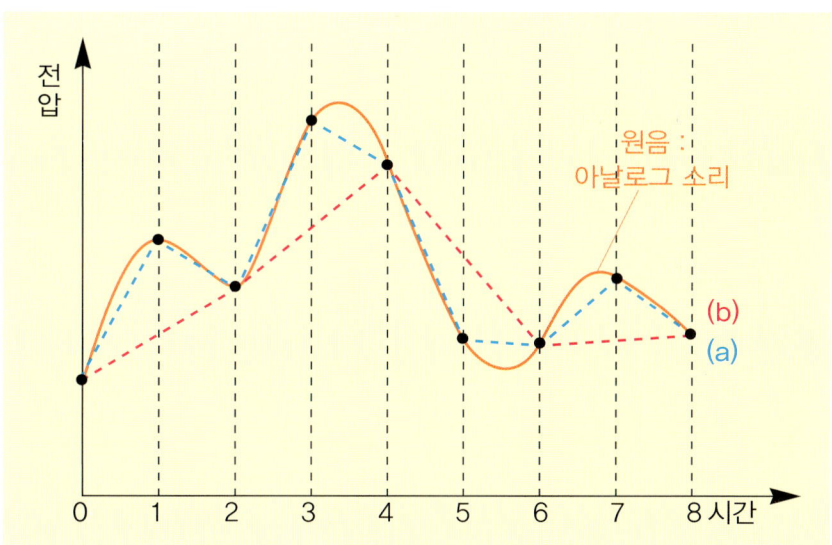

- 위쪽 그림에서 표본(샘플)을 만드는 (a)와 (b) 중, 아날로그 원음에 가까운 방식으로 추출한 방식은 (a)입니다.

양자화

- 표본화 과정을 통해 추출된 신호의 크기(진폭)를 정해진 대표값(정수)으로 표현하는 과정입니다.
- 진폭을 나누는 간격이 짧을수록 양자화 오차를 최소화하여 정밀한 본래의 음에 가까운 소리를 만들 수 있습니다.

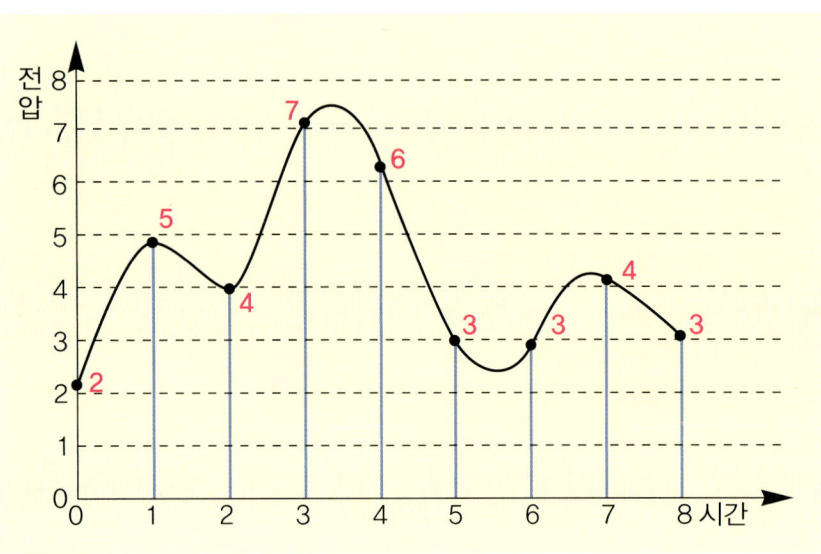

부호화

- 양자화를 통해 얻어진 정수값으로 0과 1의 비트로 변환하는 과정입니다.
- 양자화의 진폭을 8단계(0~7)로 나누었기 때문에 2진수 3비트로 진폭을 부호화할 수 있습니다.

2	5	4	7	6	3	3	4	3
010	101	100	111	110	011	011	100	011

4 동영상의 디지털 표현하기

동영상은 변화하는 그림들이 연속적으로 이어진 것처럼 화면에 표현하여 애니메이션, 영화 등을 만들며, 소리도 함께 저장하여 만듭니다.

STEP 04 · 컴퓨팅 사고력의 구성요소 이해 및 활용

1 컴퓨팅 사고력이란?

- 컴퓨팅 사고력이란 컴퓨터가 문제를 해결하는 방식처럼 복잡한 문제를 단순화하고 이를 논리적, 효율적으로 해결하는 능력을 의미합니다.
- 일상 생활에서 겪는 다양한 문제를 컴퓨터가 처리하는 것처럼 논리적으로 해결할 수 있습니다.

컴퓨팅 사고력의 구성요소

자료 수집	정보를 얻기 위해 필요한 기초 데이터를 수집하는 과정입니다. 예 : 설문조사, 의견청취, 인터넷 검색, 빅 데이터 수집 등
자료 분석	수집된 자료에서 일반화 규칙을 찾아 자료의 동향을 파악하고 통계 처리의 분석, 빅데이터 분석 등의 과정입니다.
자료 표현	분석된 자료를 이용하여 추출된 정보를 표, 그림, 차트 등을 이용하여 정보를 효율적으로 도식화하고 시각화하여 표현하는 과정입니다.
문제 분해	큰 규모의 문제를 해결하기 위해 문제를 해결 가능한 수준의 작은 문제로 나누는 과정을 의미합니다. 예 : 애니메이션 만들기 -> 장면 단위로 나누어 작성한 후 합치기 등
추상화	실제 문제를 해결 가능한 형태로 표현하기 위해 필요한 핵심 요소를 파악하고 불필요한 요소를 제거하여 단순화하는 과정입니다. 예 : 지도의 지하철 노선 그림 -> 간략하게 정리한 지하철 노선도
알고리즘	문제 해결을 위한 정해진 일련의 절차로 문제 해결하는 방법을 순서대로 나열한 것을 의미합니다. 예 : 맛있는 요리를 위한 요리 순서 개발 ▶ 레시피 만들기(요리 못하는 사람도 가능)
자동화	반복적인 작업을 실행하기 위해 기계(컴퓨터)장치를 활용하는 것을 의미합니다. 예 : 물류 자동화 시스템(생산 공장에서 사람의 손을 거치지 않고 물류 배송하는 시스템), 컴퓨터를 이용하여 문서 작성시 복사 후 여러 번 붙여넣기, 함수 사용, 매크로 사용 등
병렬화	목표를 달성하기 위해 문제 해결 과정을 동시에 수행 가능한 작업으로 나누고 동시에 실행하도록 구성하는 것을 의미합니다.
시뮬레이션	어떤 문제를 해결하기 위해 과정과 절차를 미리 실험해보는 과정을 의미합니다. 예 : 비행 조정 훈련, 지진의 진동에 의한 건물 안전, 교통사고 현장 상황 등의 시뮬레이션

01 아래의 그림에서 아날로그와 디지털 제품을 찾아보세요.

 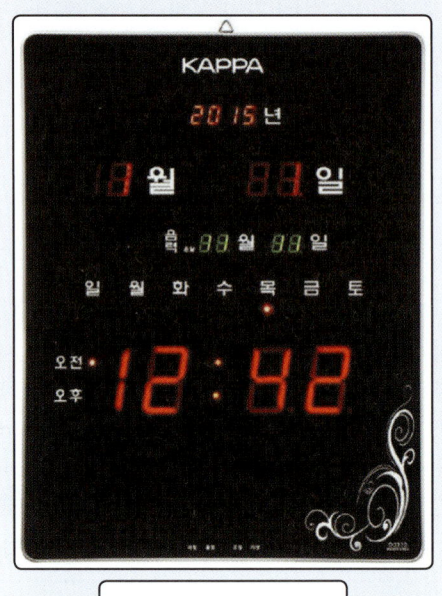

02 아래의 그림은 체온계 종류를 표시한 그림입니다. 아날로그 체온계와 디지털 체온계를 찾아보세요.

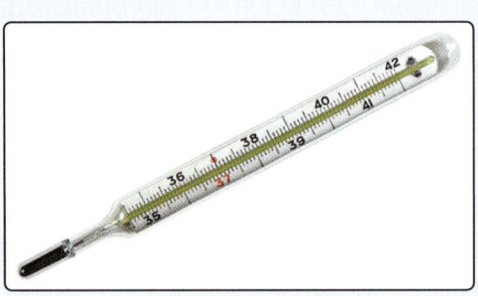

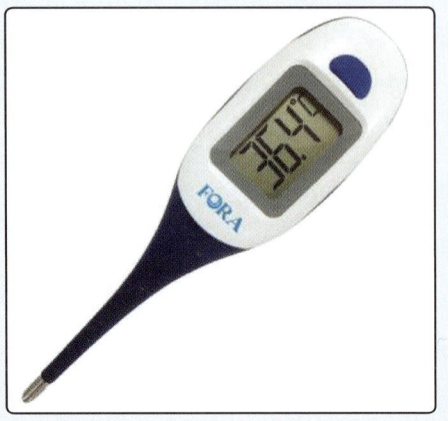

사고력 TesT

03 다음 중 아날로그 및 디지털에 대한 설명으로 옳은 것은 무엇일까요?

1. 아날로그는 불연속적으로 변하는 값을 의미한다.
2. 디지털은 0과 1 등의 특정한 값을 갖는다.
3. 태엽을 감아 시계 바늘을 움직이는 시계는 디지털 제품이다.
4. 아날로그는 측정 값의 변형 우려가 적고 가공 및 편집이 가능하다.

04 2진수 4자리를 이용하여 10진수 숫자 7을 표현하였을 때 변환 값으로 옳은 것은 무엇일까요?

1. 0110
2. 0111
3. 0111
4. 1000

05 8진수 10을 10진수와 2진수로 바꿀 경우 변환 값으로 옳은 것은 무엇일까요?

1. 10진수 7, 2진수 0111
2. 10진수 8, 2진수 1000
3. 10진수 9, 2진수 1001
4. 10진수 10, 2진수 1010

06 아래의 흑백 비트맵 이미지를 2진 신호로 변환했을 때 빈 칸에 들어갈 값을 채워 보세요.

o o o o o o o o o
o o o o 1
o o o 1 1
o o 1 1 1
o 1 1 1 1
o o o o 1 o o o o
1 1 1 1 1 1 1 1 1
o 1 1 1 1
o o 1 1 1

07 아래의 2진 신호를 참고하여 흑백 이미지로 바꾸었을 때 그림을 완성해 보세요.

o o o o o o o o
o 1 o o o o 1 o
o o 1 o o o 1 o o
o o o 1 o 1 o o o
o o o o 1 o o o o
o o o 1 o 1 o o o
o o 1 o o o 1 o o
o 1 o o o o 1 o
o o o o o o o o

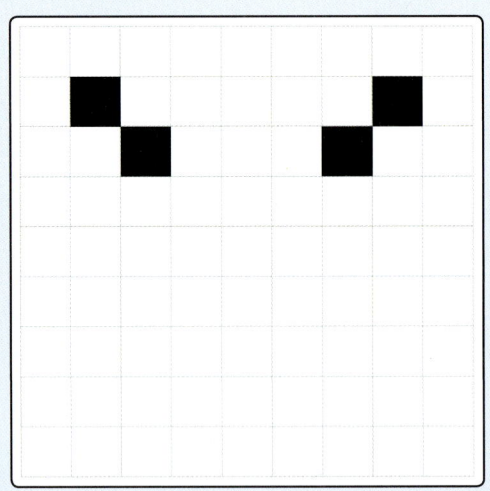

사고력 TesT

08 아날로그 소리를 컴퓨터에서 처리할 수 있는 2진수 형태로 만들기 위한 과정으로 옳은 것은 무엇일까요?

1. 부호화 ▶ 양자화 ▶ 표본화
2. 양자화 ▶ 부호화 ▶ 표본화
3. 표본화 ▶ 양자화 ▶ 부호화
4. 부호화 ▶ 표본화 ▶ 양자화

09 정보를 얻기 위해 필요한 기초 데이터를 수집하는 자료 수집 과정으로 옳지 않는 것은 무엇일까요?

1. 문제 해결을 위해 관련된 주제에 맞는 내용을 설문지로 만들어 조사한다.
2. 문제 해결을 위해 관련 문제의 전문가 또는 영향을 미치는 다수인에게 의견을 물어본다.
3. 문제 해결이 모두 완료되기를 기다린 후 결과를 토대로 자료를 수집한다.
4. 빅데이터 및 인터넷 등을 이용하여 문제 해결을 위한 자료를 검색해 본다.

10 컴퓨팅 사고력의 구성 요소 중 수집된 자료에서 일반화 규칙을 찾아 자료의 동향을 파악하고 분석하는 과정은 무엇일까요?

1. 자료 수집
2. 자료 분석
3. 자료 표현
4. 문제 분해

02장 문제 분석과 구조화

STEP 01 · 주어진 문제의 이해와 분석

1 문제의 이해

문제를 해결하기 위해서는 문제를 정확하게 이해하고 분석하는 과정이 중요합니다. 문제를 잘못 이해하고 분석하게 되면 문제 해결 방법을 잘못 찾게 되고 그 결과도 정확하지 않기 때문입니다.

문제를 해결하기 위해서는 문제를 먼저 이해하고 깊이 생각해 보아야 합니다. 또한 문제 해결을 위해 필요한 정보를 검색해 봅니다. 또는 전문가의 의견이나 설문조사, 빅데이터 등을 통해 서도 검색할 수 있습니다.

- 문제 : 운동장을 30분 동안 뛰었을 경우 만들어낸 심장 근육 상태와 똑같은 상태를 만들 수 있는 운동에는 어떤 운동이 있습니까?

- 해결 1단계 : 문제의 해결 방법이 무엇인지 생각해 봅시다.

22 Part 1 컴퓨팅 사고력과 문제해결

- 해결 2단계 : 문제 해결을 위해 알아야 할 정보나 사실들을 찾아봅시다.

STEP 02 · 다양한 방법의 자료 정리 및 표현

1 자료 정리와 표현

문제 해결을 위해 찾은 자료들을 분류하고 알아보기 쉽게 배치하는 방법이다.
자료의 형태에 따라 표나 그림, 그래프 등으로 표현할 경우 복잡한 데이터도 한눈에 알아보기 쉬워져 데이터를 분석하는데 큰 도움을 줍니다.

- 문제 : 운동장을 30분 동안 뛰었을 경우 만들어낸 심장 근육 상태와 똑같은 상태를 만들 수 있는 운동에는 어떤 운동이 있습니까?

글로 표현하기

12분 동안의 **수영**
20분의 **핸드볼**
30분의 **줄넘기**

표로 표현하기

운동	분
수영	12
핸드볼	20
줄넘기	30

그림으로 표현하기

12분　　　　20분　　　　30분

제02장 · 문제 분석과 구조화

STEP 03 · 정보의 구조화 및 구조화 형태

1 정보의 구조화

흩어진 정보들을 보기 좋게 정리하는 방법으로 정보의 내용 요소들을 정리 및 배열하여 통일된 조직으로 만드는 과정을 의미합니다.

정보는 어떤 방식으로 정리하느냐에 따라 문제를 해결하는데 중요한 토대가 될 수 있습니다. 그렇기 때문에 정보의 내용 요소들을 특성에 맞게 체계적으로 정리하는 것이 중요합니다.

• 문제 : 아래 보기의 내용을 구조화하여 표현해 보세요.

〈보기〉
하음이와 하은이 자매는 우리반 담임 선생님인 박성근 선생님의 딸들입니다.
어머님은 본인의 이름을 상호로 하여 임윤진 베이커리를 운영하고 계십니다.

〈구조화〉

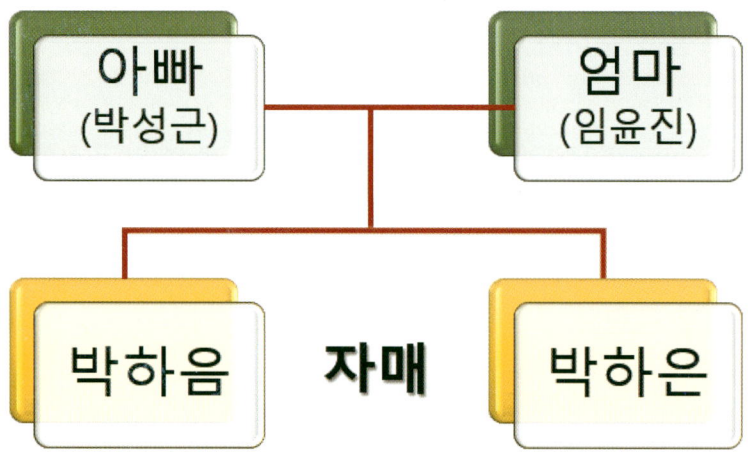

2 구조화 방법

선형 구조

정보를 표현하는 내용 요소를 순차적으로 나열하여 정보의 의미를 전달하는 구조입니다.
가장 쉽고 빠르게 정보를 표현할 수 있는 장점이 있습니다.
예 : 음식 조리법, 스케줄 리스트 등

비선형 구조

내용 요소 간에 관계가 단순하지 않고 비순차적인 자료들을 표현하는데 적합한 구조입니다.
비선형 구조에는 표, 계층, 그래프 등의 다양한 구조 등이 있으며, 정보를 정리할 수 있습니다.

표 형	
	월요일 화요일 수요일 목요일 금요일 1교시 국어 국어 수학 수학 바생 2교시 수학 바생 국어 국어 창체 3교시 창체 슬생 슬생 슬생 즐생 4교시 즐생 즐생 즐생 바생 수학	정보를 서로 다른 두 개의 축(가로 축과 세로 축)으로 분해하여 정보의 의미를 전달하는 구조입니다.

다이어그램 형	
	정보를 표현하는 내용 요소가 한 지점을 중심으로 여러 지점으로 나뉘는 구조로 조직의 계층 구조나 사물 분류에서 세부적인 구성 요소를 보여줄 때 편리합니다.

그래프 형	
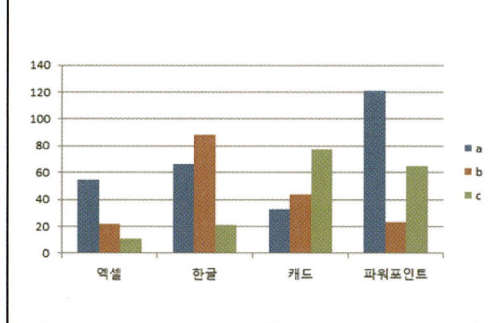	정보를 표현하는 내용 요소 간의 상호관계를 선으로 연결하여 정보의 의미를 전달하는 구조입니다.

01 아래의 그림은 시온이네 반 친구들의 현장학습 장소에 대한 설문조사 결과이다. 해당 자료를 정리 및 분석하여 빈 칸을 채워보세요.

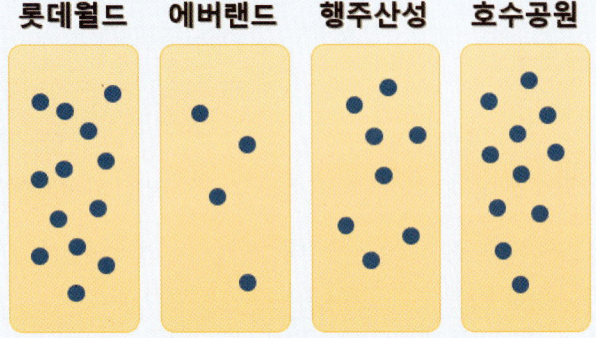

- 시온이네 반 학생 수는 몇 명인가요?
- 행주산성에 가고 싶어하는 학생은 몇 명인가요?
- 시온이네 반 친구들의 현장학습 장소로 가장 선호하는 장소는 어디인가요?

02 아래의 보기 내용을 참고하여 계층형 구조의 빈 칸에 알맞는 내용을 채워 보세요.

> 졸업 기념으로 선생님과 우리반 친구들이 함께 여행을 가기로 했다.
> 자전거를 타고 호수공원에 가서 준비한 도시락을 친구들과 함께 나누어먹고 산책도 하면서 재미있게 놀다가 올 예정이다.
> 지금 엄마는 내일 먹을 맛있는 도시락을 준비하기 위해 주방에서 요리 중이고 나는 가져갈 배낭에 카메라와 휴대용 선풍기 등을 챙겨 넣고있다.

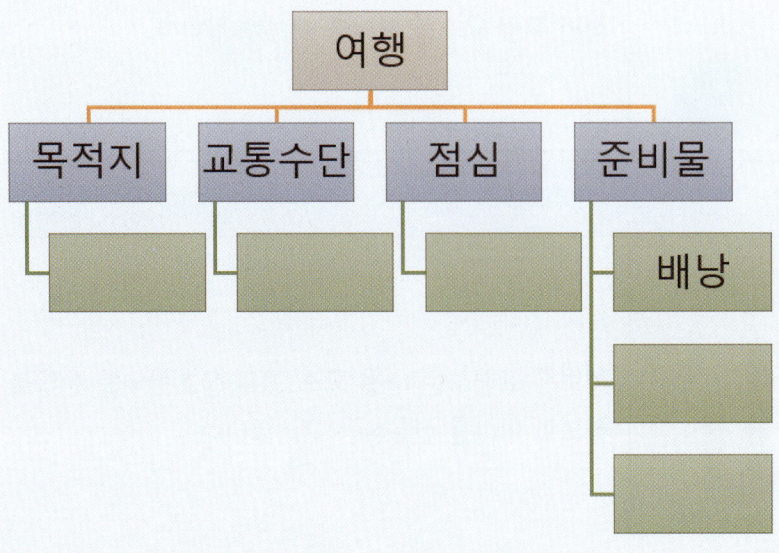

컴퓨팅 사고력을 통한 생활속 문제해결

STEP 01 • 추상화

1 추상화란?

추상화란 복잡한 정보에서 불필요한 부분을 제거하여 단순화시켜 핵심을 이해하기 쉽도록 만들어주는 것입니다.

이미지의 불필요한 요소를 제거하고 단순화하여 내용을 쉽게 이해할 수 있도록 만듭니다.

2 추상화 설계 방법

전달하고자 하는 문제의 핵심 부분을 찾아 그 핵심 부분을 중심으로 전달할 내용을 표현합니다.

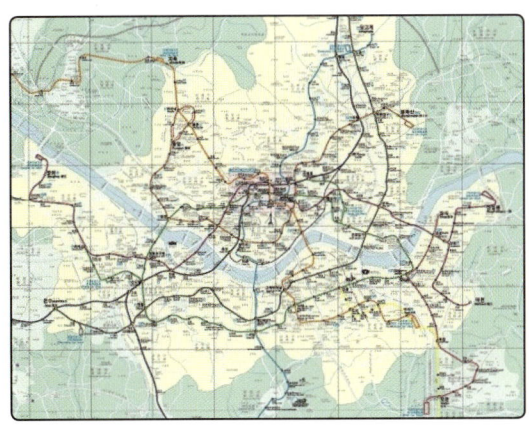 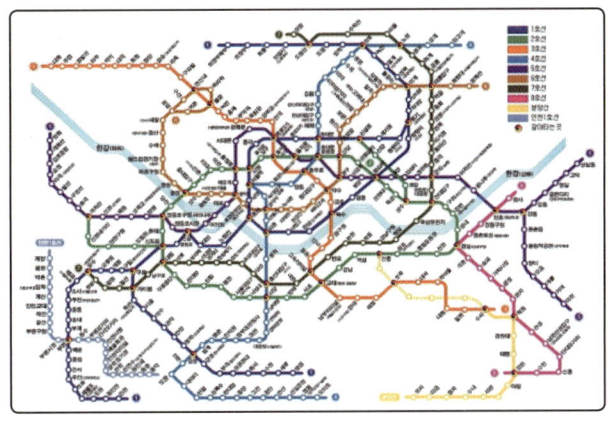

STEP 02 · 문제해결 방법

1 문제 분해

- 어렵고 복잡한 문제를 보다 작은 문제들로 나누어 표현하는 것입니다.
- 복잡한 문제, 어려운 문제라도 분해하면 쉽게 해결할 수 있습니다.

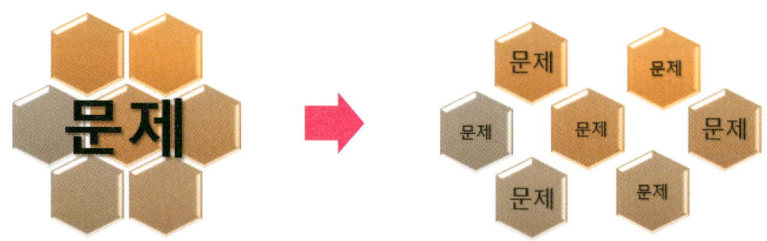

2 패턴 찾기

- 데이터가 가진 일정한 형태 또는 반복되는 규칙을 찾는것을 의미합니다.
- 반복되는 일정한 패턴을 찾으면 그 다음 순서나 상황을 미리 예측할 수 있습니다.

3 추상화

- 중요하지 않은 요소들을 제거하고 중요한 핵심 부분을 이해하기 쉽게 단순화하는 것입니다.
- 불필요하고 복잡한 세부적인 내용들은 무시하고 사물을 간단하게 설명하거나 이해하기 쉽게 표현하는 것입니다.

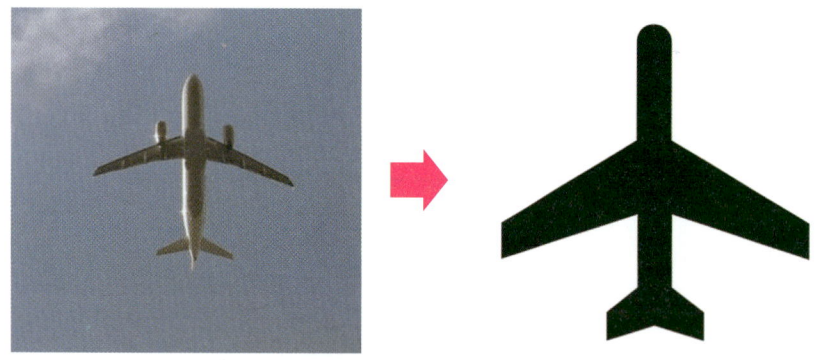

▲ 비행기의 추상화

4 알고리즘 설계

문제 해결을 위한 과정을 순서(절차)적으로 표현하는 것입니다.

사고력 TesT

01 <보기>를 참고하여 이용하려는 방향의 표지판으로 옳은 것은 무엇일까요?

> 부모님과 영화를 보기 위해 영화관을 갔는데 영화 상영관이 6층에 있다고 합니다. 엘리베이터를 타고 6층까지 올라가려고 하는데 어떤 표지판을 따라가야 할까요?

1.
2.
3.
4. ♿

02 아래 보기에 입력된 단어의 공통점을 찾아 빈 칸에 입력해 보세요.

- 신사임당, 나이팅게일, 잔다르크   ☐
- 3·1절, 광복절, 개천절, 한글날   ☐
- 눈사람, 산타클로스, 전기난로   ☐

03 아래의 보기가 설명하는 물건의 이름을 추상하여 이름을 적어 보세요.

> 신발 아래에 기다란 막대기가 연결되어 있는 장비로 눈이 많이 쌓여 있는 길도 빠지지 않고 잘 다닐 수 있습니다. 또 이것을 신고 눈이 내린 비탈길을 위에서 아래로 내려오는 겨울 스포츠도 있습니다. 나는 무엇일까요?

제03장 · 컴퓨팅 사고력을 통한 생활속 문제해결

출제 유형 문제

01 아래의 〈보기〉 방법과 같이 카드A와 카드B를 합하면 카드C가 됩니다. 그렇다면 문제에 제시된 두 장의 카드를 합한 (가)와 (나)의 카드로 옳은 것은 무엇일까요? (10점)

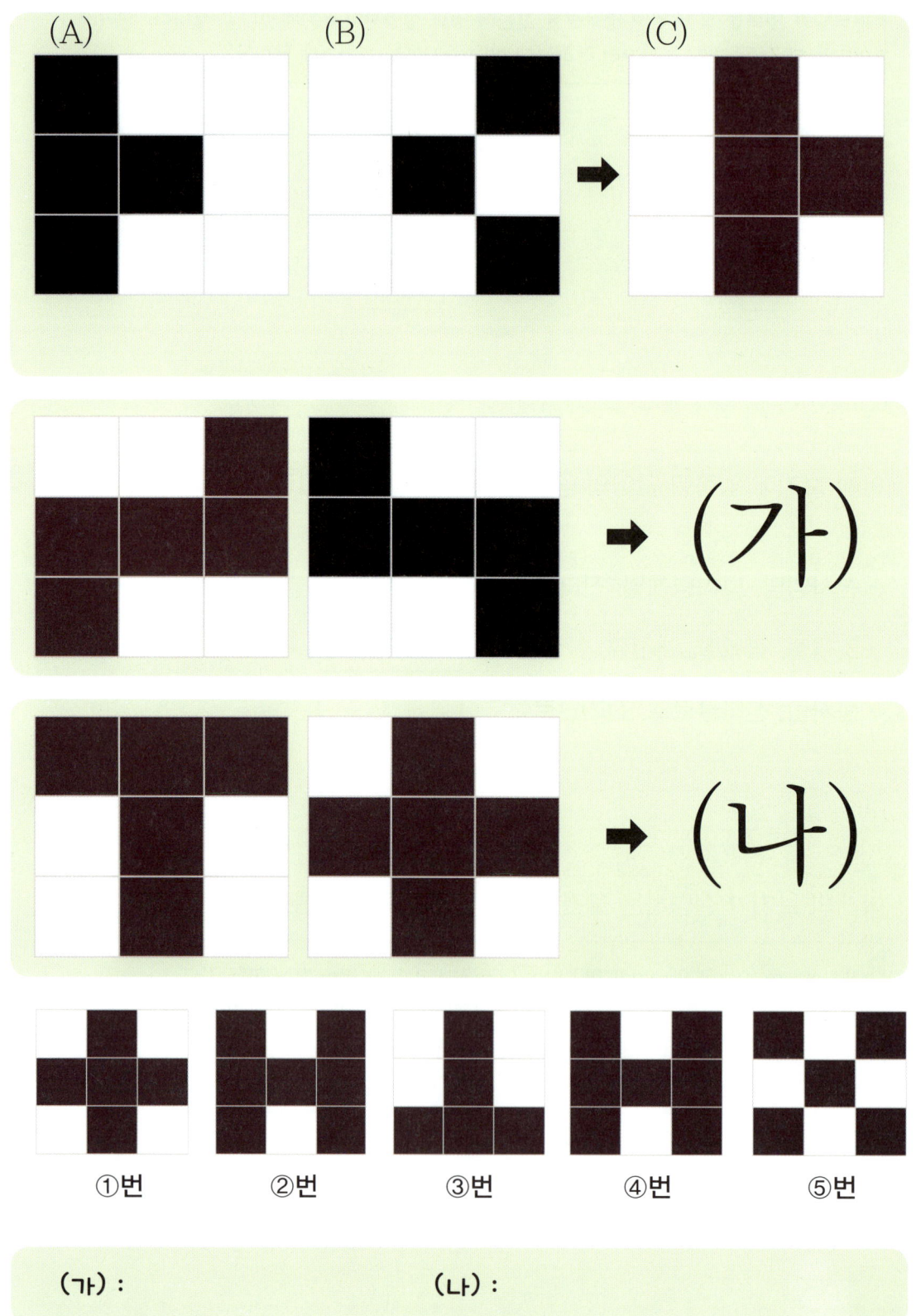

(가) :　　　　　　　　(나) :

출제 유형 문제

02 시온이는 우산 놀이를 하고 있습니다. 아래의 규칙을 참고하여 남아있는 우산의 색을 맞춰 보세요. (10점)

시온이는 우산 놀이를 하고 있습니다. 다섯개의 우산이 나오면 우산의 색을 알아맞추는 놀이입니다. 우산의 색은 파랑, 노랑, 빨강 중 하나입니다. 우산의 색을 맞추면 우산이 펼쳐진 모양이 되고 그렇지 않으면 접혀진 모양이 됩니다.

첫 번째 맞추기 놀이에서 노랑, 빨강, 파랑, 노랑, 노랑 우산이 나올것이라고 말했는데 아래 그림 처럼 두 개만 맞추었습니다.

이제 남은 세 개의 우산 색깔을 다시 맞추었더니 이번에는 첫 번째 우산이 색을 맞추었다고 합니다.

(가)와 (나)에 남은 우산의 색은 무엇일까요?

(가) :   (나) :

출제 유형 문제

03 시온이네반 친구들이 팀을 나누어 축구 경기를 진행했다고 합니다. 아래의 내용을 참고하여 축구 경기의 점수를 맞춰 보세요.(10점)

> 시온이네반 친구들이 청팀과 백팀으로 팀을 나누어 축구 경기를 진행했습니다. 두 팀은 모두 막상 막하의 경기 실력으로 연속으로 골을 넣은 팀이 없었다고 합니다. 두 팀이 모두 90분 동안의 치열한 경기를 통해 골을 넣은 선수의 명단은 아래와 같습니다.

<골을 넣은 선수 이름>

3분 : 하동근

13분 : 유재식

37분 : 김종구

58분 : 송지현

85분 : 이광수

아래 보기에서 청팀과 백팀의 축구 경기 결과를 통해 나올 수 있는 최종 점수의 결과로 옳은 것은 무엇일까요? (순서 관계없이 중복 선택 가능)

① 5-0   ② 4-1   ③ 3-2   ④ 2-3   ⑤ 1-4   ⑥ 0-5

(가) :   (나) :

출제 유형 문제

04 시온이의 생일을 맞아 오늘 친구들을 초대한다고 합니다. 아래의 〈보기〉 내용을 참고하여 〈문제〉의 빈 칸을 완성하시오. (10점)

<초대할 친구 명단> : 재식, 종구, 지현, 광수, 하음

시온이는 아래의 규칙대로 친구들을 초대한다고 합니다.
1. 광수에게 말하기 전에 재식을 먼저 초대해야 합니다.
2. 종구에게 말하기 전에 하음이를 먼저 초대해야 합니다.
3. 지현이에게 말하기 전에 종구와 광수를 먼저 초대해야 합니다.
4. 재식이에게 말하기 전에 종구와 하음이를 먼저 초대해야 합니다.

시온이가 모든 친구를 초대하기 위해서는 어떤 순서대로 초대해야 할까요?

하음 ← (①) ← (②) ← (③) ← (④)

① :   ② :   ③ :   ④ :

PART 02

알고리즘 설계

알고리즘 설계

01장 알고리즘 순서도

01장 알고리즘 순서도

STEP 01 · 알고리즘

1 알고리즘이란?

- 문제 해결을 위한 절차를 순서대로 정리해 놓은 것을 알고리즘이라고 합니다.
- 문제 해결의 중요한 역할을 하며, 여러 상황과 변화된 요소, 환경 등에 따라 달라질 수 있습니다.

2 알고리즘의 조건

- **명확성** : 문제 해결 과정이 정확해야 합니다.
- **결과출력** : 문제 해결의 결과(출력)는 1가지 이상 나와야 합니다.
- **종결성** : 문제 해결 후에는 반드시 종료되어야 합니다.

자력증 발급 알고리즘

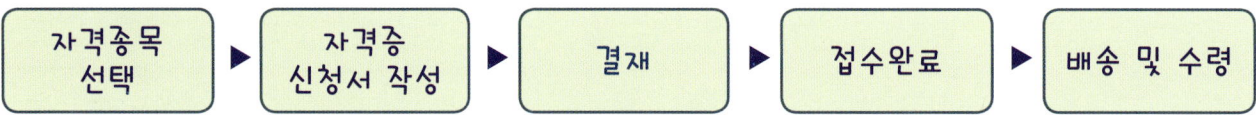

쇼핑몰 물건 구매 알고리즘

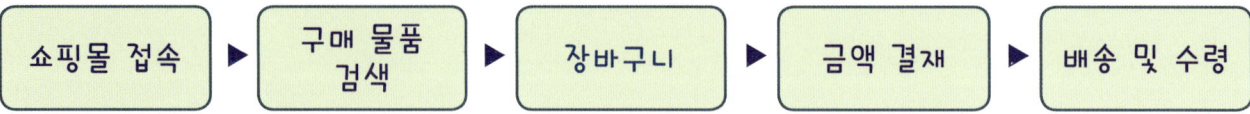

음료수 자판기 알고리즘

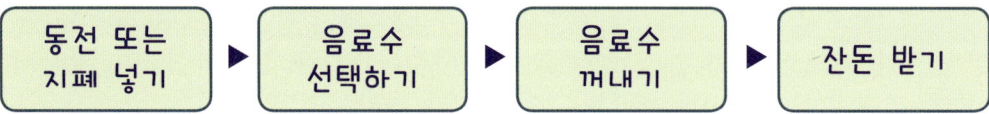

STEP 02 • 순서도

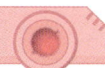

1 순서도란?

- 순서도란 프로그램이 처리해야 할 각 단계별 과정을 약속된 기호로 나타낸 그림을 말합니다.
- 문제 해결에 필요한 논리적 단계들을 그림으로 표현하여 전체 흐름을 한눈에 파악하기 쉽습니다.

2 순서도 기호

이름	기호	사용 기능
시작, 끝	⬭	시작과 끝을 나타냅니다.
준비	⬡	프로그래밍 하기전 준비에 사용하며, 변수 선언 및 변수의 초기값을 지정합니다.
입력/출력	▱	데이터의 입력/출력을 나타냅니다.
인쇄 출력	⌓	인쇄 출력을 나타냅니다.
조건 선택	◇	참 또는 거짓을 물어보는 질문을 통해 조건 선택을 나타냅니다.
처리	▭	데이터의 처리 내용을 나타냅니다.
흐름선	↓	순서도의 흐름을 나타냅니다.
반복	▭	데이터 처리의 반복을 나타냅니다.

제01장 • 알고리즘 순서도

STEP 03 · 순서도의 설계 구조

1 순차 구조

문제해결 과정을 위에서부터 아래로 순서대로 실행하도록 설계된 구조입니다.

두 수의 합계를 구하는 순차 구조

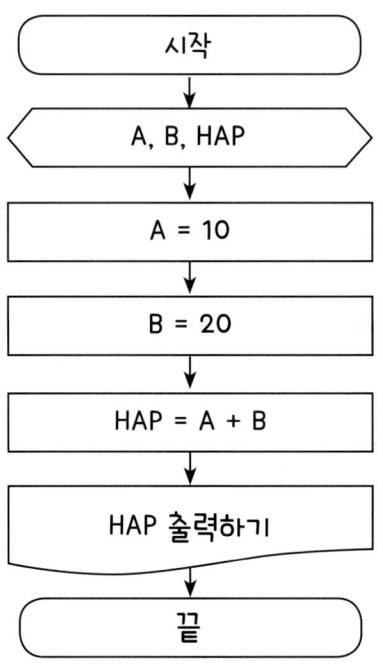

HAP 출력하기
A = 10
B = 20
A, B, HAP
HAP = A + B

2 제한 반복 구조

문제해결 과정에서 일부 명령을 횟수를 반복하여 처리하도록 설계된 구조입니다.

1부터 10까지의 합계를 구하는 제한 반복 구조

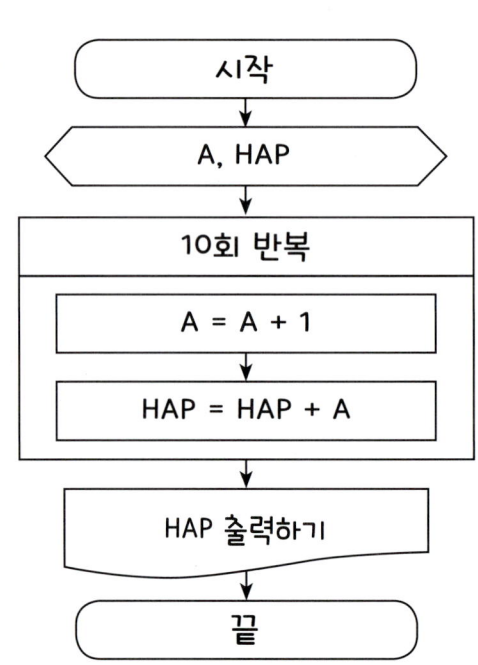

HAP 출력하기
10회 반복
A, HAP
A = A + 1
HAP = HAP + A

3 조건 반복 구조

문제해결 과정에서 특정 조건에 만족될 때까지 반복하여 처리하도록 설계된 구조입니다.

낮이되면 조명을 끄는 조건 반복 구조

조명을 끈다.
조명을 켠다.
조명
낮이 되었는가?

4 조건 선택 구조

문제해결 과정에서 제시된 조건에 따라 처리 내용이나 순서가 달라지는 구조입니다.

체육시간 장소 선택을 위한 조건 선택 구조

체육복
비가 오는가?
야외 운동장으로 이동한다.
실내 체육관으로 이동한다.
체육시간 체육복을 갈아입는다.

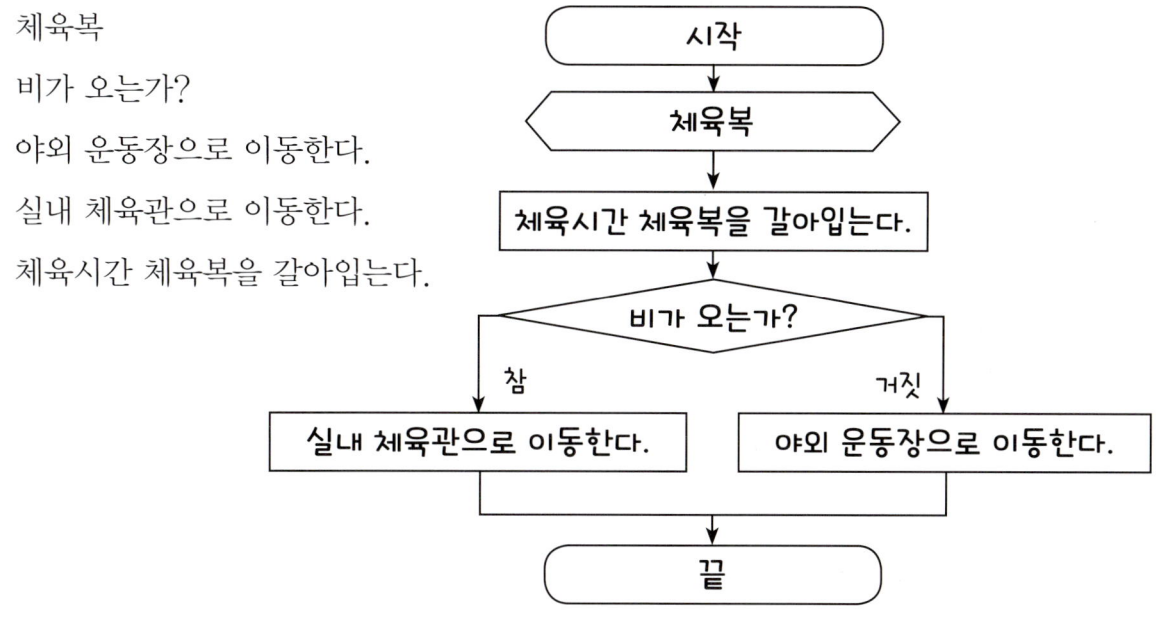

01 1부터 10까지의 숫자 중에서 짝수값의 합계를 구하기 위한 순서도의 빈 칸을 채워 보세요.

HAP 출력하기

5회 반복

A, HAP

A = A + 2

HAP = HAP + A

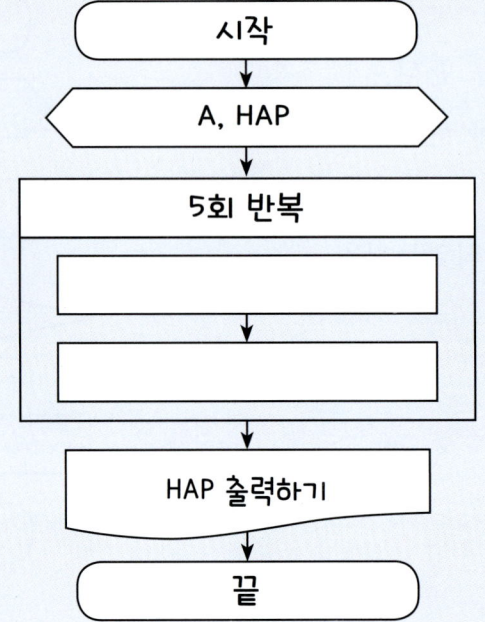

02 앞에서 작성한 순서도의 설계 구조 설명으로 옳은 것은 무엇일까요?

1. 순차 구조
2. 제한 반복 구조
3. 조건 반복 구조
4. 조건 선택 구조

03 앞에서 작성한 순서도에서 HAP을 출력했을 때 결과값을 적어보세요.

04 1부터 9까지 홀수값의 합계를 구하기 위한 순서도의 빈 칸을 채워 보세요.

HAP 출력하기

A = A + 2

A = −1

A >= 9

HAP = HAP + A

A, HAP

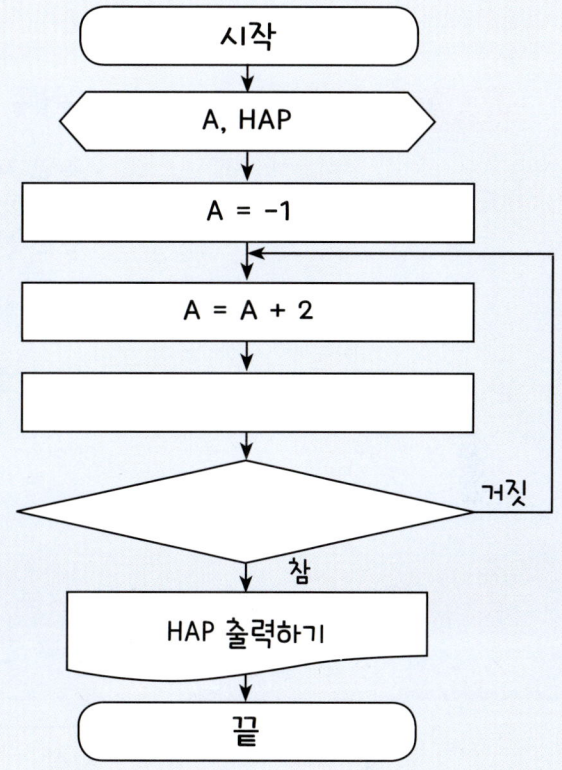

05 앞에서 작성한 조건 반복 순서도에서 조건을 만나기 까지 반복할 때 반복 횟수에 따른 A와 HAP의 값에서 빈 칸을 채워 보세요.

1회 반복 : A = 1,　HAP = 1
2회 반복 : A = 3,　HAP = 4
3회 반복 : A = (　), HAP = 9
4회 반복 : A = 7,　HAP = 16
5회 반복 : A = 9,　HAP = (　)

출제 유형 문제

01 시온이는 오늘 과제물 자료를 조사하기 위해 국립도서관에 왔습니다. 도서관에 출입하기 위해서는 안내데스크에서 신분증 조회를 한 후 출입증을 발급받아 출입할 수 있다고 합니다. 아래 〈보기〉를 참고하여 〈문제〉의 빈 칸을 완성하시오.(10점)

보기

〈도서관 출입하기〉

- 출입증 받기
- 출입구에서 출입증 스캔하기
- 신분증, 출입증
- 안내데스크에서 신분증 확인
- 문이 열렸는가?

문제

답안 작성요령 : 〈보기〉를 참고하되, 〈도서관 출입하기〉에서 적절한 내용을 골라 빈칸 ①~⑤를 채워 넣으시오.

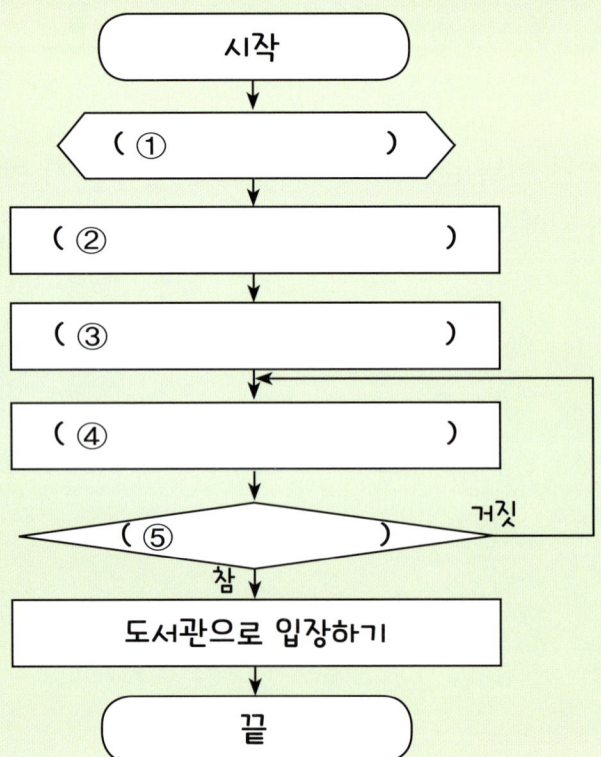

02 시온이는 오늘 헬스클럽에서 상체 근력운동과 하체 근력운동을 3세트씩 반복하여 운동하고 상체 운동과 하체 운동 사이에 10분간 런닝머신을 달릴려고 합니다. 시온이의 운동 방법을 〈보기〉를 참고하여 〈문제〉의 빈 칸을 완성하시오.(10점)

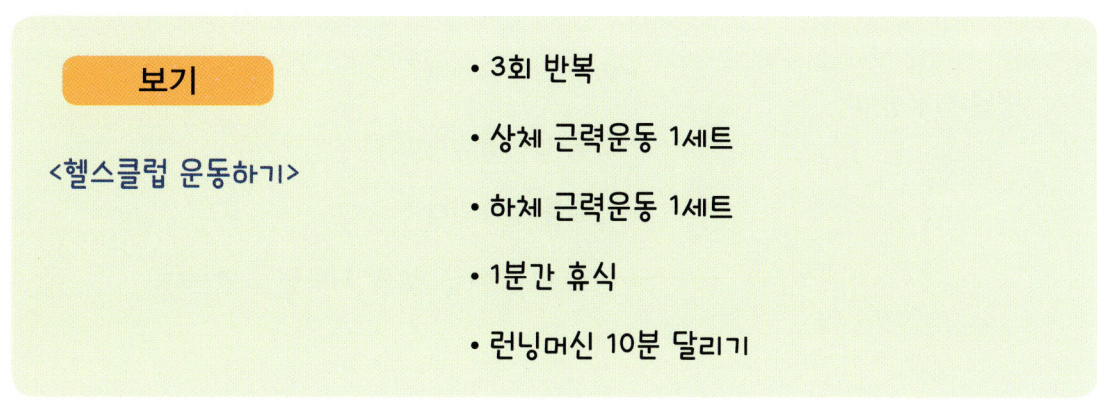

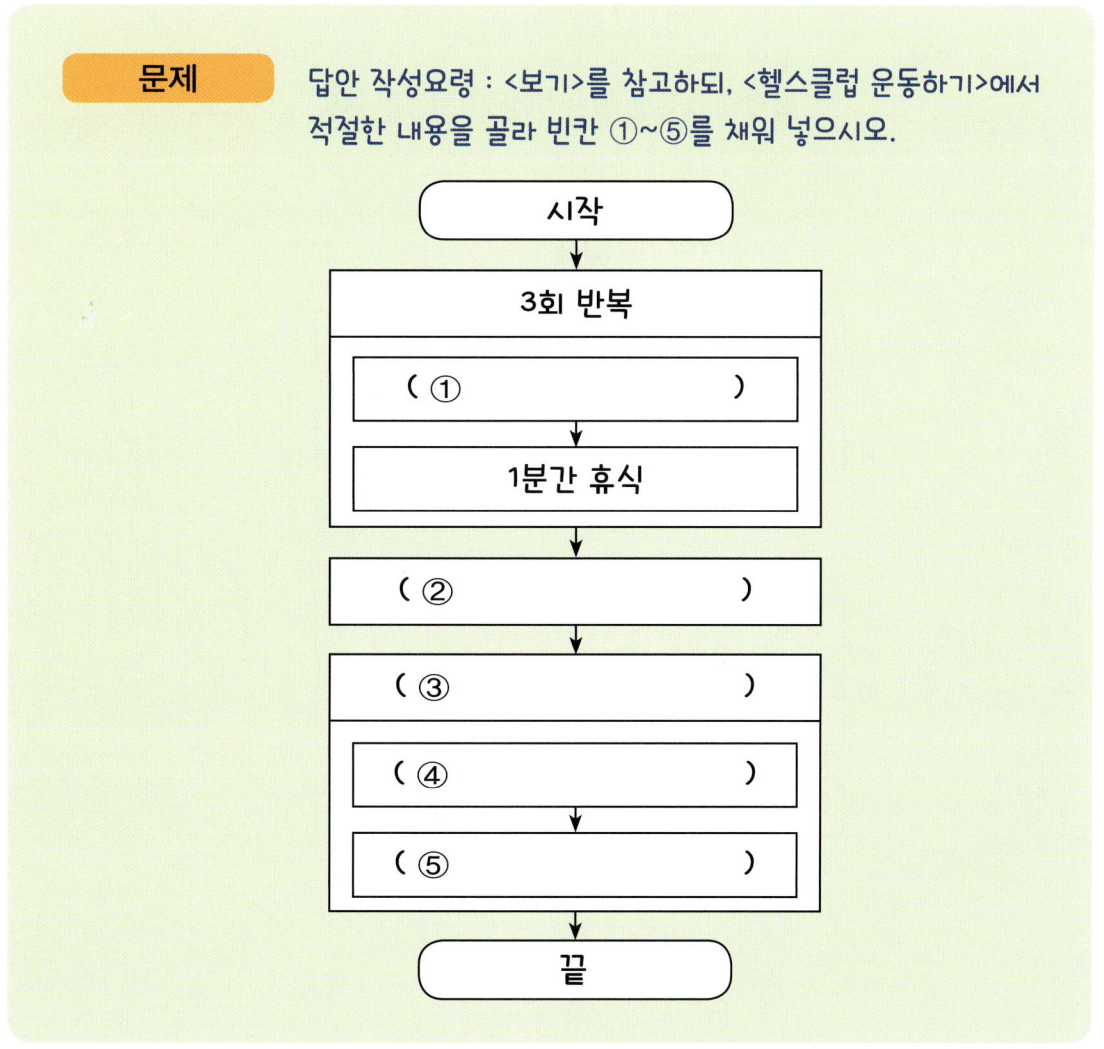

출제 유형 문제

03 시온이가 감기에 걸려 근처에 위치한 동네 병원으로 치료를 받으러 갈 예정입니다. 병원 진료 과정을 아래 <보기>를 참고하여 <문제>의 빈 칸을 완성하시오. (10점)

보기

<병원 진료받기>
- 진료실로 들어간다.
- 이름을 부르는가?
- 진료 순서를 기다린다.
- 진료를 접수한다.
- 진료 비용 지급 및 약 처방전을 받는다.

문제

답안 작성요령 : <보기>를 참고하되, <병원 진료받기>에서 적절한 내용을 골라 빈칸 ①~⑤를 채워 넣으시오.

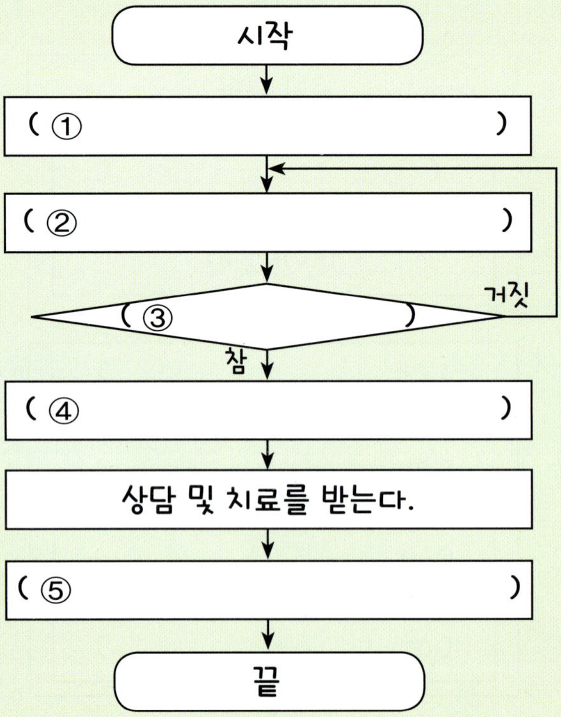

```
         시작
          ↓
    ( ① )
          ↓ ←──────┐
    ( ② )         │
          ↓       거짓
      <  ③  >─────┘
          ↓ 참
    ( ④ )
          ↓
   상담 및 치료를 받는다.
          ↓
    ( ⑤ )
          ↓
          끝
```

Part 2 알고리즘 설계

출제 유형 문제

04 공원에 놀러간 시온이는 공을 던져 세워진 인형을 맞추는 게임을 하려고 합니다. 10개의 공을 던져 5개 이상 맞추면 큰 인형을 받고, 그렇지 않으면 작은 인형을 받는다고 합니다. 인형 맞추기의 〈보기〉를 참고하여 〈문제〉의 빈 칸을 완성하시오.(10점)

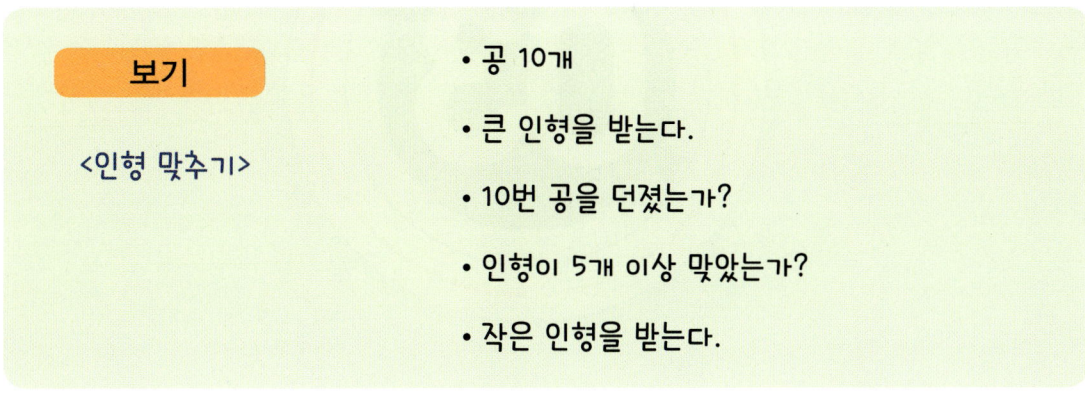

보기

〈인형 맞추기〉

- 공 10개
- 큰 인형을 받는다.
- 10번 공을 던졌는가?
- 인형이 5개 이상 맞았는가?
- 작은 인형을 받는다.

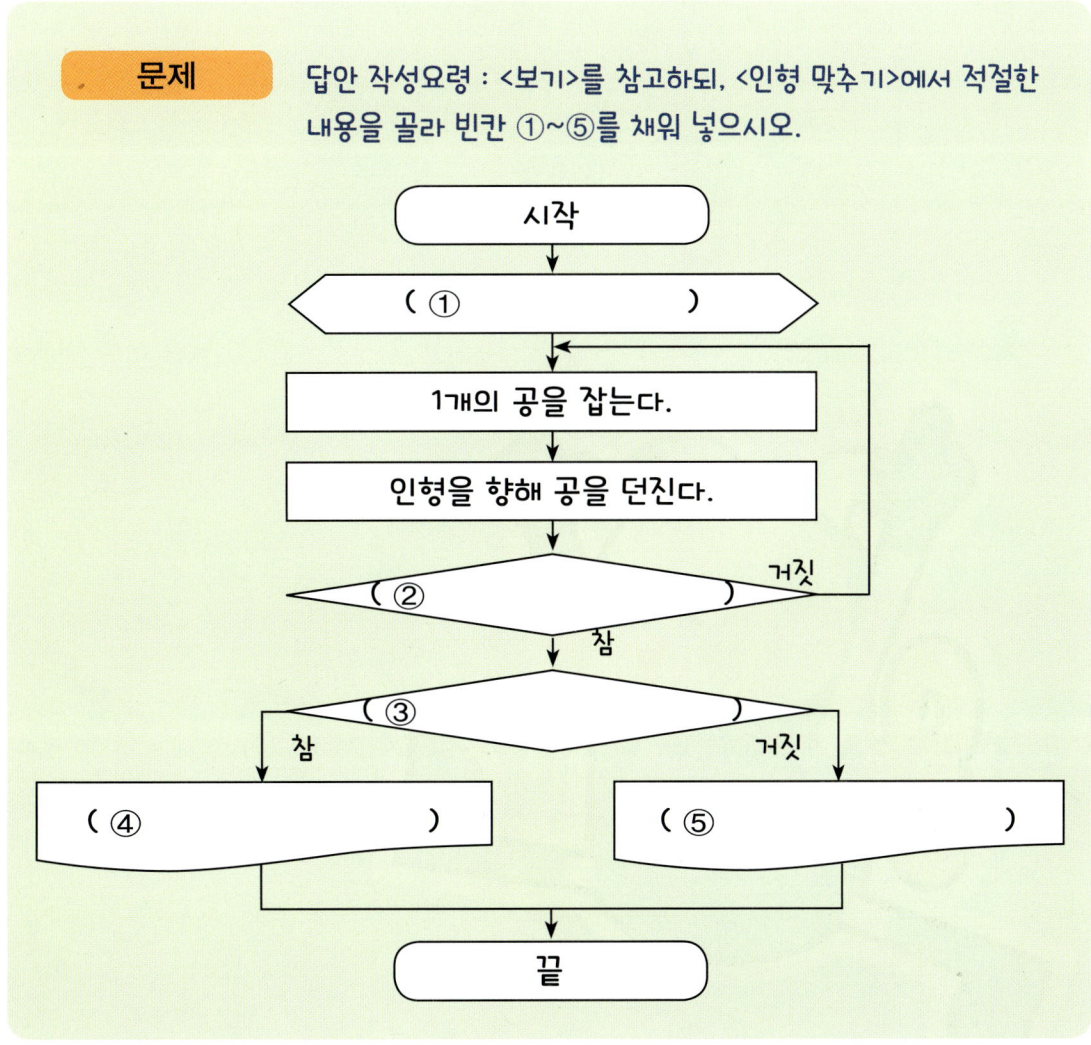

문제

답안 작성요령 : 〈보기〉를 참고하되, 〈인형 맞추기〉에서 적절한 내용을 골라 빈칸 ①~⑤를 채워 넣으시오.

PART 03

엔트리 프로그래밍

엔트리 프로그래밍

01장 엔트리 프로그램의 기본 기능

02장 엔트리 프로그램의 주요 기능

01장  엔트리 프로그램의 기본 기능

STEP 01 · 엔트리 프로그램의 실행 및 설치

1 엔트리 프로그램이란?

엔트리 프로그램은 누구나 무료로 소프트웨어 교육을 받을 수 있게 개발된 소프트웨어 교육 플랫폼입니다. 엔트리는 크게 학습하기와 만들기, 공유하기 등으로 구성되어 학습하기로 어려운 알고리즘의 원리를 쉽게 이해할 수 있으며, 만들기를 통해 직접 원하는 작업 결과물을 만들 수 있습니다. 또한 공유하기를 통해 내가 만든 결과물을 다른 사람들과 공유하여 보다 나은 결과물을 위한 기초 자료로 제공 및 제공받을 수 있습니다.

2 엔트리 프로그램의 실행 방법

- **온라인에서 직접 실행하기** : 엔트리 사이트(playentry.org)에서 [만들기]-[작품 만들기] 메뉴를 클릭하여 실행합니다.
- **오프라인 버전 다운로드 받아 설치하기** : 엔트리 사이트(playentry.org)에서 [entry]-[다운로드] 메뉴를 클릭한 후 엔트리 오프라인 다운로드 화면에서 운영체제 종류 및 버전을 선택하여 다운로드 받은 후 설치, 컴퓨터에 설치된 실행 파일을 통해 실행합니다.

3 시험 버전에 맞는 엔트리 오프라인 버전 설치하기

❶ 엔트리 사이트(playentry.org)에 접속하여 엔트리 메인 로고(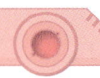)에 마우스를 위치할 때 표시되는 하위 메뉴에서 [다운로드]를 클릭합니다.

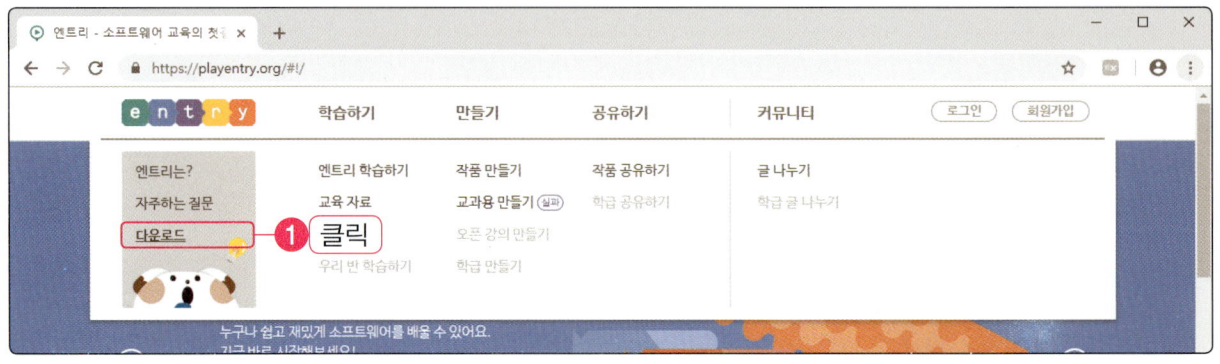

❷ 버전별 다운로드 항목에서 버전 1.6.4를 자신의 컴퓨터 사양에 맞게 선택합니다.

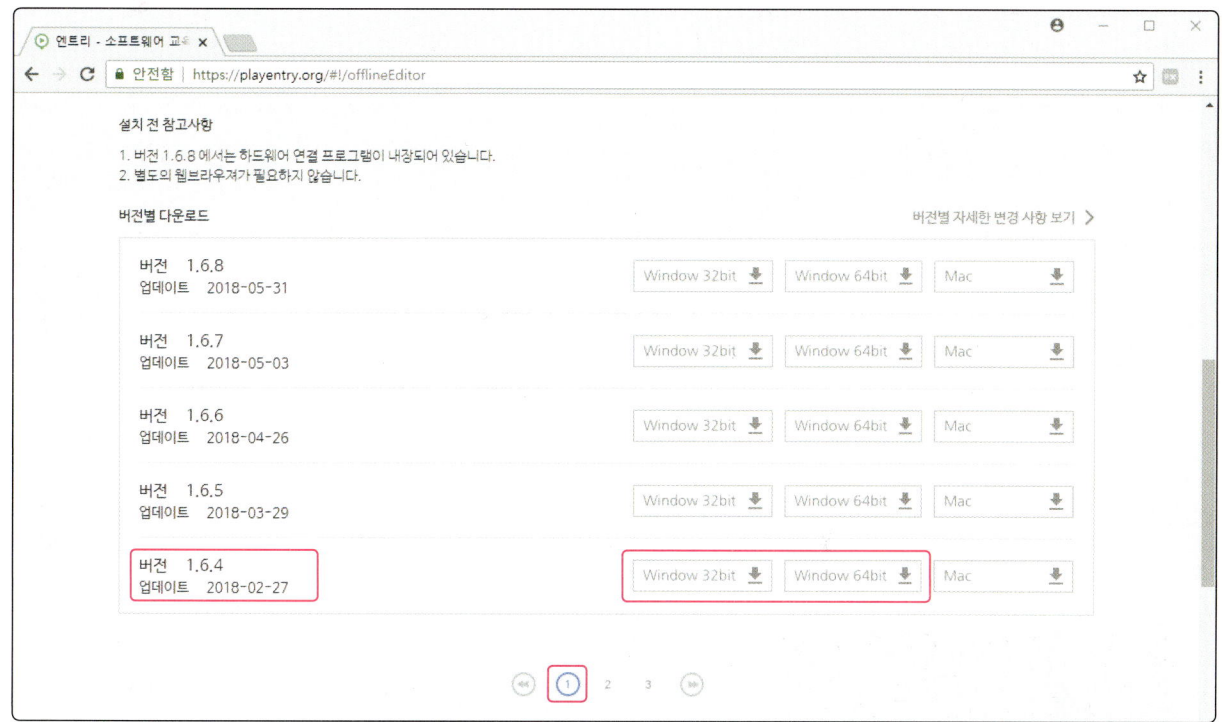

> **TIP**
>
> **내 컴퓨터의 사양 알아보기**
>
> • 윈도우 10의 경우 [시작]–[설정(⚙)]–[시스템]–[정보]를 순서대로 클릭한 후 디바이스 사양의 시스템 종류를 확인합니다.
>
> • 윈도우 7의 경우 [시작]–[컴퓨터] 항목에서 마우스 오른쪽 단추를 눌러 바로 가기 메뉴의 [속성]을 클릭, [시스템] 창에서 시스템 종류를 확인합니다.

❸ 다운로드한 파일을 실행하여 [엔트리 설치 마법사]를 통해 설치 단계를 진행합니다.

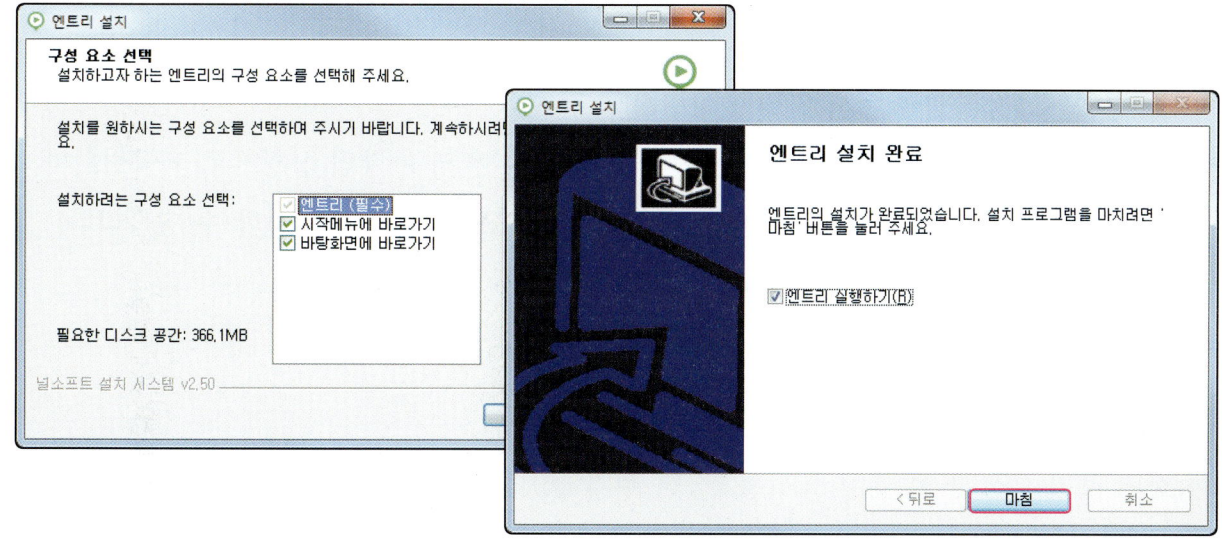

제01장 • 엔트리 프로그램의 기본 기능 **49**

STEP 02 • 엔트리의 기본 화면 구성

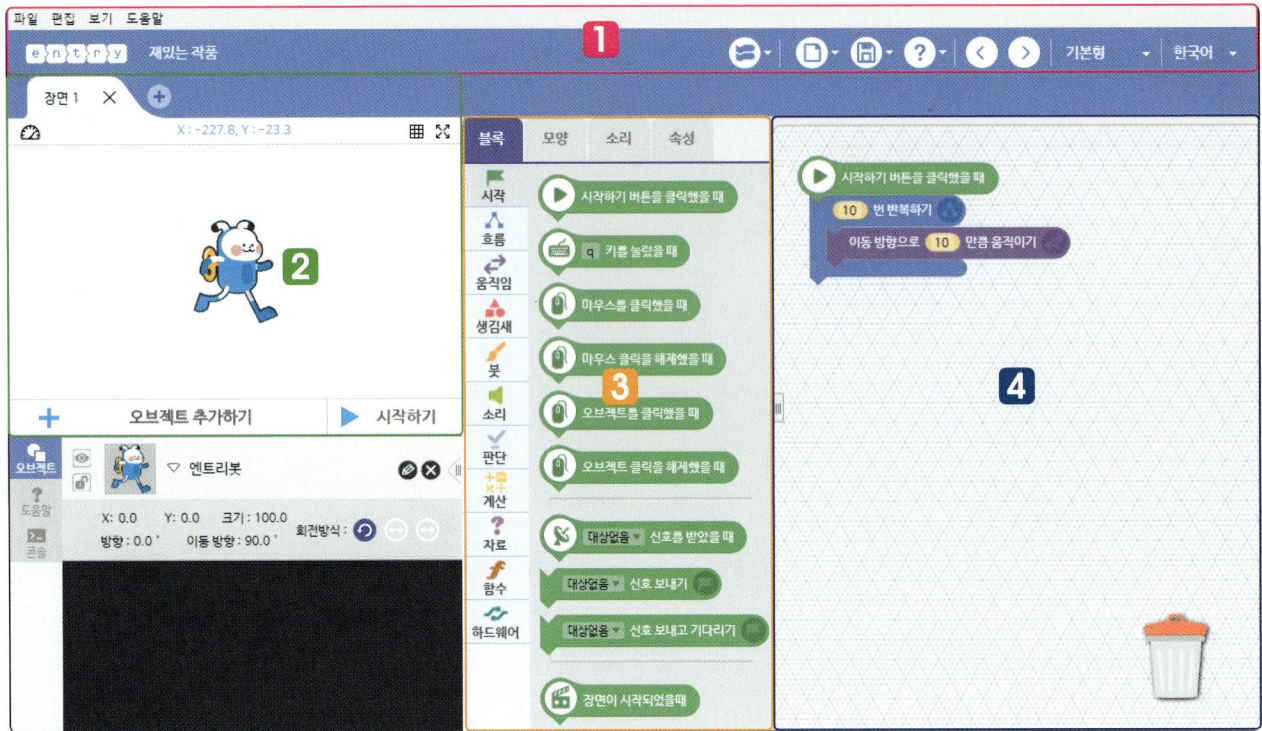

1 상단 메뉴바

- **작품명** : 엔트리의 작품 이름을 표시하며, 클릭 후 작품 이름을 수정할 수 있습니다.
- **새로 만들기(□)** : 새로운 작품을 만들거나 오프라인 작품을 불러올 수 있습니다.
- **저장하기(□)** : 작품을 저장하거나 원본은 그대로 두고 복사본으로 저장할 수 있습니다.
- **도움말(?)** : 화면 왼쪽 아래에 [도움말] 탭이 활성화되며, 블록을 클릭하면 해당 블록의 도움말 정보를 확인할 수 있습니다. 또는 오프라인용 하드웨어 연결 매뉴얼을 PDF 파일 형식으로 다운로드 받을 수 있습니다.
- **이전 작업(<)** : 작업을 바로 이전의 상황으로 되돌립니다.
- **다음 작업(>)** : 이전 작업으로 되돌렸던 작업을 다시 원래의 작업 상황으로 되돌립니다.
- **언어 선택** : 한국어 및 영어 등의 언어 선택 또는 코드보기 등으로 변경할 수 있습니다.

2 실행 장면

- **장면 탭** : 엔트리는 하나 이상의 장면으로 구성됩니다.
- **장면 추가** : 장면 탭 옆에 표시된 [장면 추가(⊕)]를 클릭합니다.

- ⋯ **장면 복제** : 장면 이름에서 마우스 오른쪽 단추를 눌러 바로 가기 메뉴의 [복제하기]를 클릭하며, 장면 안에 포함된 오브젝트 및 블록 등도 모두 포함하여 복제됩니다.
- ⋯ **장면 이름 바꾸기** : 장면의 이름을 클릭한 후 새로운 이름으로 수정합니다.
- ⋯ **장면 삭제** : 삭제할 장면 이름 옆에 표시된 삭제(✕)를 클릭합니다.
- **속도 조절(◎)** : 5단계로 블록 코딩의 실행하는 속도를 조절할 수 있습니다.

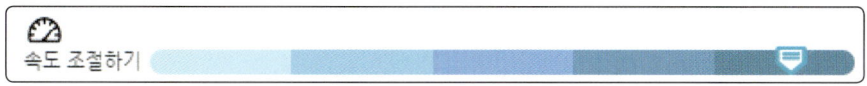

- **장면의 좌표** : 하나의 장면은 기본적으로 좌표로 이루어져 있으며, 가로 방향(X축)은 -240 ~ 240, 세로 방향(Y축)은 -135 ~ 135의 크기로 장면에서 마우스 포인터가 놓여진 위치에 따라 좌표값을 표시합니다.
- **좌표 표시/숨기기(⊞)** : 좌표를 장면에 표시 또는 숨길 수 있습니다.
- **화면 확대(⛶) 및 축소(⛶)** : 장면을 전체 화면 크기로 확대하거나 원래의 크기로 축소할 수 있습니다.
- **실행 화면** : 오브젝트 목록의 오브젝트 및 배경 등을 표시하며 블록 조립소의 블록 코딩 내용에 따라 [시작하기] 버튼을 클릭했을 때 오브젝트 또는 배경 등에 효과를 적용하여 표시합니다.
- **오브젝트 추가하기** : 캐릭터 그림 및 배경, 텍스트 등 장면에 표시하는 모든 개체를 엔트리에서 제공하는 오브젝트의 선택 및 내 컴퓨터에서 불러올 수 있으며, 새로 그리거나 글상자 등으로 만들 수 있습니다.
- **시작하기** : 블록 조립소에서 오브젝트에 코딩한 내용을 실행할 때 사용하며, [정지하기] 버튼을 클릭하면 블록 코딩의 실행을 중지할 수 있습니다.

3 탭 목록

- **[블록] 탭** : 시작 및 흐름, 움직임, 생김새, 붓(글상자 오브젝트의 경우 '글상자'), 소리, 판단, 계산, 자료, 함수, 하드웨어 등 11개의 꾸러미로 분류하여 엔트리에서 사용하는 명령어 블록을 표시합니다.
- **[모양] 탭** : 캐릭터 그림 및 배경 등의 오브젝트 모양을 추가 및 삭제, 이름 변경, 모양 편집 등을 실행할 수 있습니다.

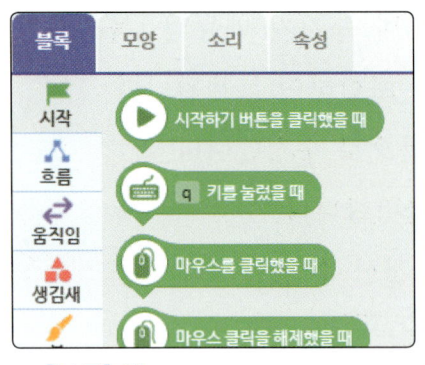
▲ [블록] 탭

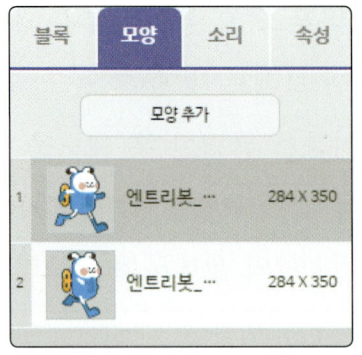
▲ [모양] 탭

- **[글상자] 탭** : 글상자 오브젝트를 추가했을 경우 표시되며, 글상자의 글꼴 및 정렬, 속성 (굵게, 밑줄, 기울임, 취소선, 글자색, 바탕색) 등을 지정할 수 있습니다.

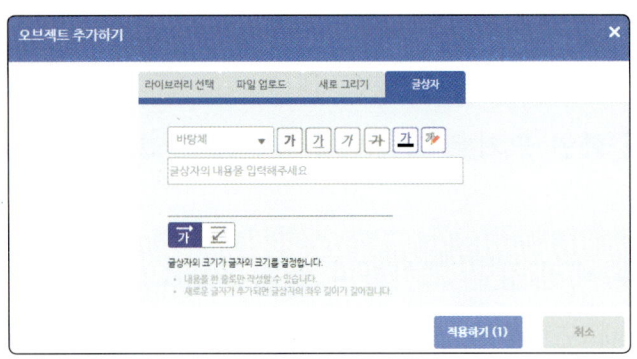
▲ [글상자] 오브젝트를 추가하는 과정

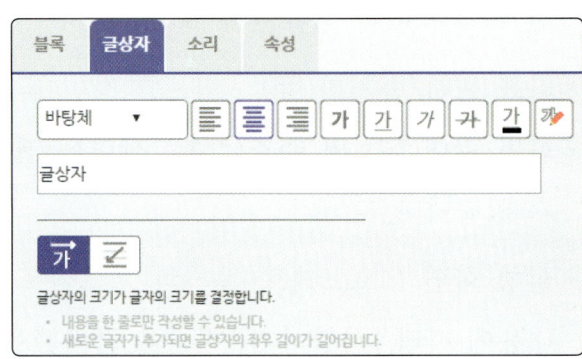
▲ [글상자] 탭

- **[소리] 탭** : 엔트리에서 제공하는 소리 파일을 가져오거나 내 컴퓨터에서 직접 소리 파일을 불러올 수 있습니다.
- **[속성] 탭** : 신호 및 변수, 리스트, 함수 등을 추가할 수 있습니다.

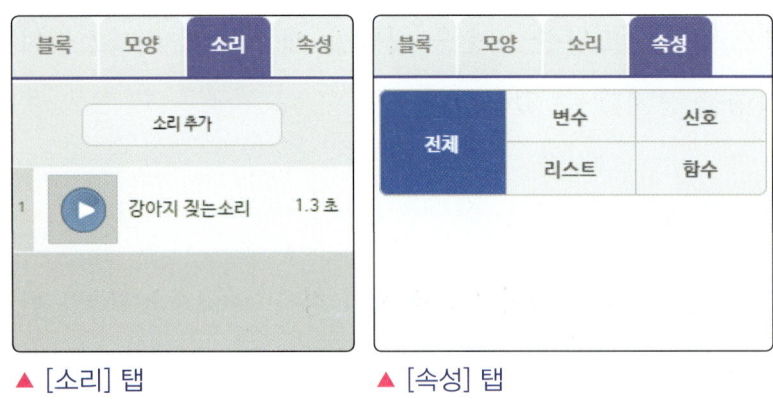
▲ [소리] 탭　　▲ [속성] 탭

4 블록 조립소

[블록] 탭에서 제공하는 명령어 블록을 서로 연결하여 레고 블록처럼 조립, 프로그램 코딩을 만들 수 있는 공간입니다.

STEP 03 · 오브젝트

1 오브젝트 추가하기

[오브젝트 추가하기]를 클릭한 후 [오브젝트 추가하기] 대화상자에서 원하는 오브젝트를 선택하여 불러올 수 있습니다.

- **[오브젝트 선택] 탭** : 엔트리에서 기본으로 제공하는 캐릭터 그림 및 배경 등을 선택하여 불러올 수 있습니다.
- **[파일 업로드] 탭** : 내 컴퓨터에 저장된 그림을 선택하여 불러올 수 있습니다.
- **[새로 그리기] 탭** : [이동하기]를 선택하면 [모양] 탭으로 이동하며, 모양 편집 도구를 이용하여 새로운 그림을 직접 만들 수 있습니다.
- **[글상자] 탭** : 텍스트 글상자를 오브젝트로 불러올 수 있습니다.

2 오브젝트 수정하기

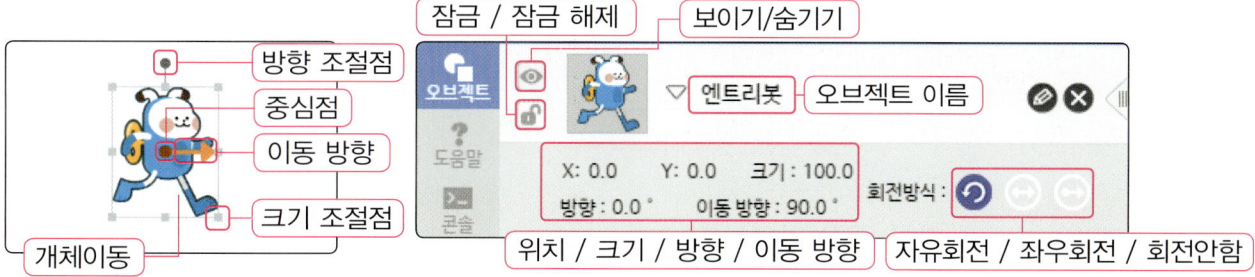

- **실행 화면에서 오브젝트 수정하기** : 실행 화면에서 오브젝트를 선택하면 크기 및 위치, 방향 등을 수정할 수 있으며, 오브젝트의 중심점 및 이동 방향 등도 수정할 수 있습니다.
- **오브젝트 목록에서 오브젝트 수정하기** : 오브젝트 목록의 수정할 오브젝트를 선택한 후 정보 수정(✏)을 클릭하면 오브젝트의 이름 및 위치(X, Y), 크기, 방향, 이동 방향, 회전 방식(🔄) 등을 수정할 수 있으며, 선택한 오브젝트를 삭제(❌)할 수도 있습니다.

STEP 04 · 블록 조립소

1 블록 조립소의 블록 코딩하기

블록 코딩할 오브젝트를 선택한 후 [블록] 탭을 클릭하면 블록 꾸러미 및 블록 조립소 등이 표시됩니다.

- **블록 조립하기** : 블록 꾸러미에서 블록을 마우스로 드래그하여 블록 조립소로 이동합니다. 블록과 블록을 서로 연결하여 프로그램을 코딩할 수 있습니다.

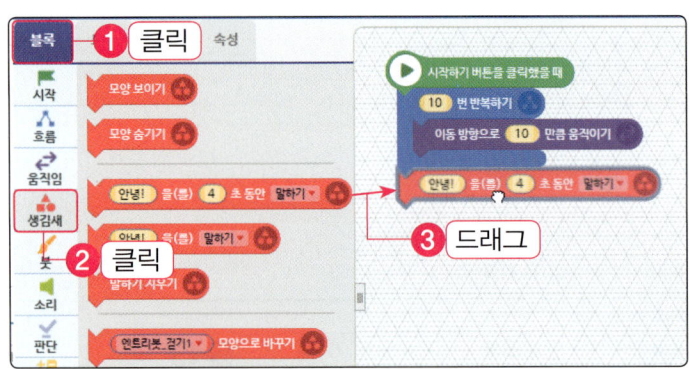 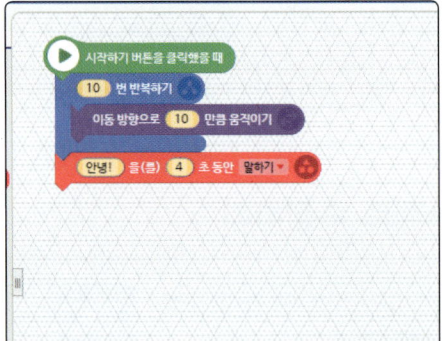

> **TIP**
>
> **블록 코드의 형태에 따른 종류 알아보기**
>
> - **이벤트 시작 블록(　　　)** : 이벤트의 시작을 알리는 블록으로 [시작] 및 [흐름] 꾸러미 등에서 제공합니다.
> - **연결 블록(　　　)** : 명령어 블록과 블록을 서로 연결하여 사용하며, [시작] 및 [흐름], [움직임], [생김새], [붓], [소리], [계산], [자료], [함수] 등에서 제공합니다.
> - **판단/인수 블록(　　/　　)** : 명령어 블록 안에 끼워 넣어 사용할 수 있는 블록으로 [판단] 및 [계산], [자료] 꾸러미 등에서 제공합니다.
> - **이벤트 종료 블록(　　　)** : 이벤트의 종료를 알리는 블록으로 [시작] 및 [흐름] 꾸러미 등에서 제공합니다.

- **블록 삭제하기** : 조립한 블록 코딩에서 삭제할 블록을 드래그하여 휴지통( ) 또는 블록 조립소로 이동하면 삭제되며, 삭제할 블록 아래에 연결된 블록들도 함께 삭제됩니다.

  삭제할 블록에서 마우스 오른쪽 단추를 눌러 바로 가기 메뉴의 [코드 삭제]를 선택하면 해당 블록만 삭제할 수 있습니다.

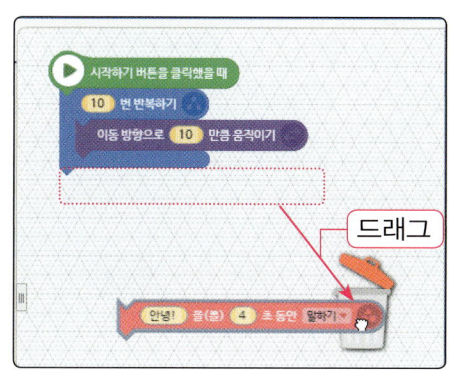 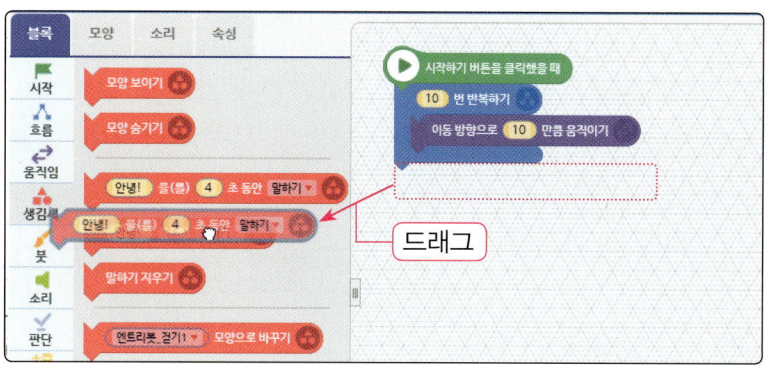

- **블록 복제하기** : 복제할 블록에서 마우스 오른쪽 단추를 눌러 바로 가기 메뉴의 [코드 복사]를 선택한 후 복사한 블록을 붙여 넣을 위치(현재 블록 조립소 또는 다른 오브젝트의 블록 조립소)로 이동한 다음 마우스 오른쪽 단추를 눌러 바로 가기 메뉴의 [붙여넣기]를 선택합니다.

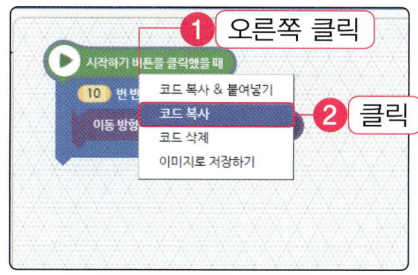 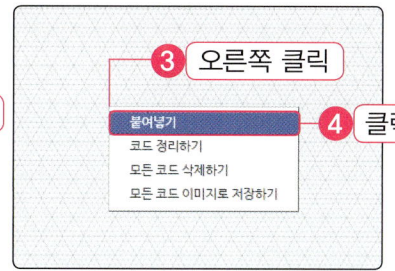 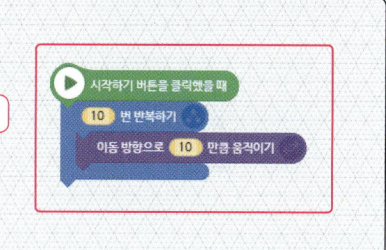

> **TIP**
>
> **코드 복사 & 붙여넣기**
>
> 복제할 블록에서 마우스 오른쪽 단추를 눌러 바로 가기 메뉴의 [코드 복사 & 붙여넣기]를 선택하면 현재 블록 조립소에 선택한 블록 코드가 복제되어 표시됩니다.
>
>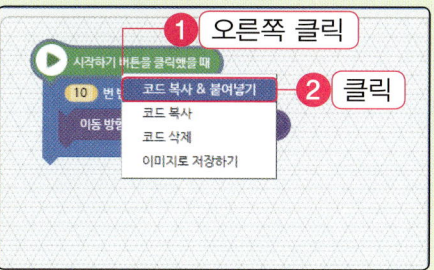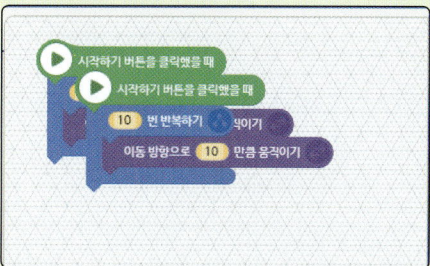

STEP 05 · 모양 및 소리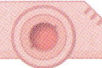

1 오브젝트의 모양 수정하기

- 편집할 오브젝트를 선택한 후 [모양] 탭을 클릭하여 이동합니다.
- 모양 목록에는 하나 이상의 모양을 추가할 수 있으며, 선택한 모양이 실행 화면에 적용되어 표시됩니다.
- 모양 목록의 모양 순서를 마우스로 드래그하여 변경할 수 있으며, 모양의 이름을 클릭한 후 새로운 이름으로 수정할 수 있습니다.

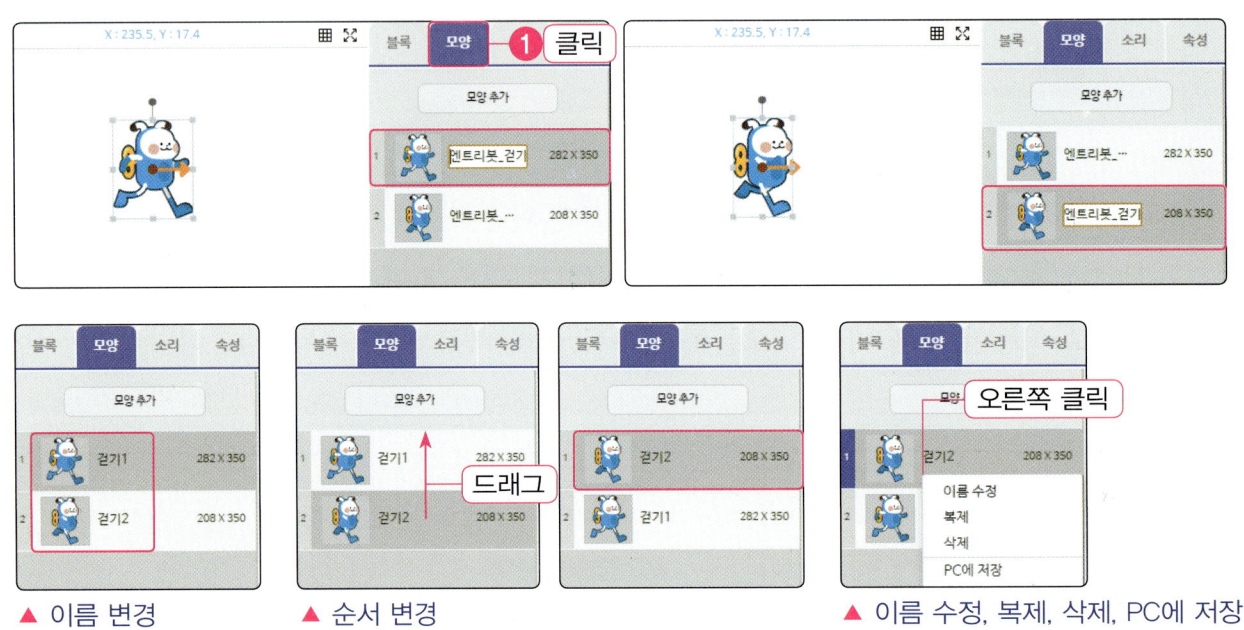

▲ 이름 변경   ▲ 순서 변경   ▲ 이름 수정, 복제, 삭제, PC에 저장

2 오브젝트의 모양 편집하기

- **모양 추가하기** : [모양] 탭에서 [모양 추가]를 누른 후 [모양 추가] 대화상자에서 추가할 모양을 선택, [적용하기] 단추를 클릭하여 추가합니다.
- **모양 복제 후 편집하기** : 모양 목록의 모양을 일부 수정하여 새로운 모양으로 추가하는 방법으로 기존의 모양을 수정한 후 [파일]-[새 모양으로 저장]을 클릭하거나 모양 목록의 모양에서 마우스 오른쪽 단추를 눌러 바로 가기 메뉴의 [복제]를 눌러 모양을 먼저 복제한 후 수정한 다음 [파일]-[저장하기]를 클릭하여 추가할 수 있습니다.
- **모양 새로 그리기** : 모양 편집 화면에서 제공하는 그리기 도구를 이용하여 직접 모양을 만들어 추가할 수 있습니다.

3 소리 추가하기

소리 파일을 추가할 오브젝트를 선택한 후 [소리] 탭에서 [소리 추가]를 클릭, [소리 추가] 대화상자가 표시되면 원하는 소리 파일을 선택하여 추가할 수 있습니다.

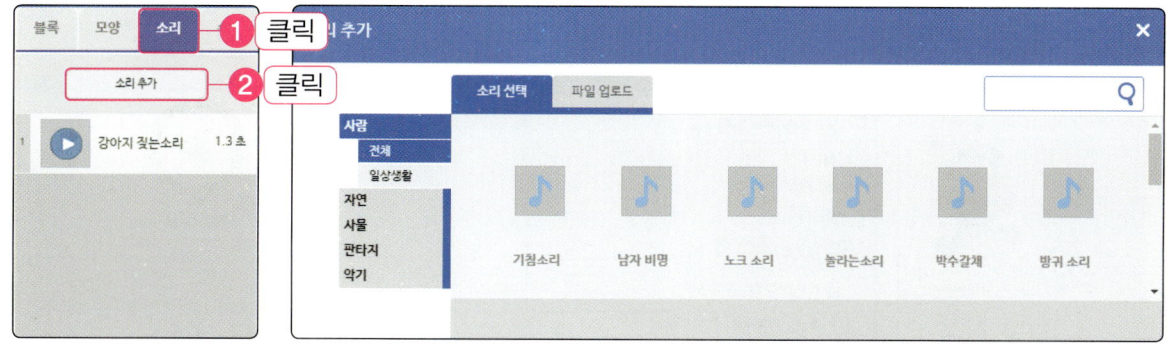

- [소리 선택] 탭 : 엔트리에서 기본으로 제공하는 소리 파일을 선택하여 추가할 수 있습니다.
- [파일 업로드] 탭 : 내 컴퓨터에 저장된 소리 파일을 선택하여 추가할 수 있습니다.

제01장 · 엔트리 프로그램의 기본 기능

STEP 06 · 엔트리 파일의 저장 및 불러오기

1 새로 만들기

- [파일]-[새로 만들기] 메뉴를 선택하거나 [새로 만들기]-[새로 만들기]를 클릭합니다.
- 현재 열려 있는 파일이 저장되지 않은 경우 바꾼 내용을 저장할 것인지 묻는 대화상자가 표시됩니다.

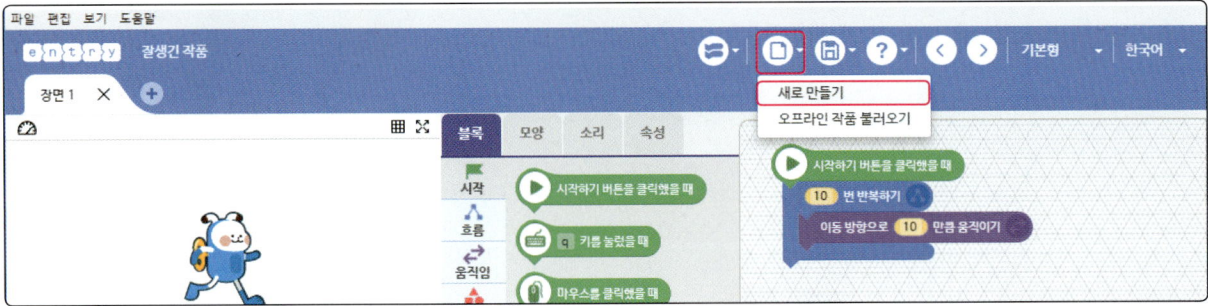

2 엔트리 파일 저장하기

- [파일]-[저장하기] 메뉴를 선택하거나 [저장하기]-[저장하기]를 클릭한 후 [저장하기] 대화상자에서 저장 위치를 지정한 다음 파일 이름을 입력하고 [저장]을 클릭합니다.
- 저장된 파일은 파일명 뒤에 '.ent' 확장자명이 표시됩니다.

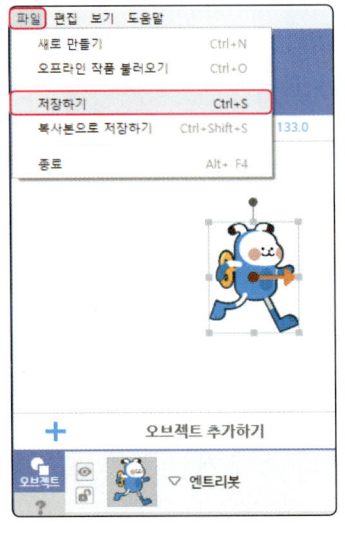

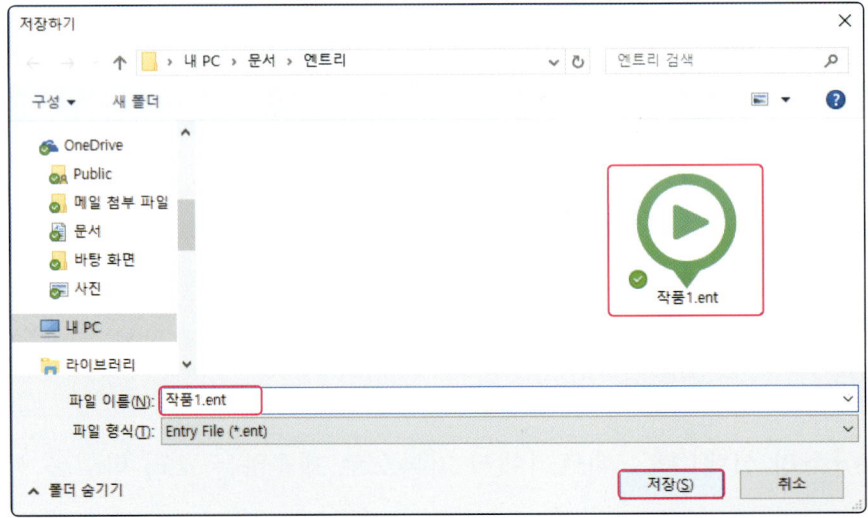

- 원본 파일은 그대로 두고 수정하여 작업한 파일을 다른 이름으로 저장할 경우 [파일]-[복사본으로 저장하기] 메뉴를 선택, [저장하기] 대화상자에서 새로운 이름의 파일 이름을 지정하여 저장할 수 있습니다.

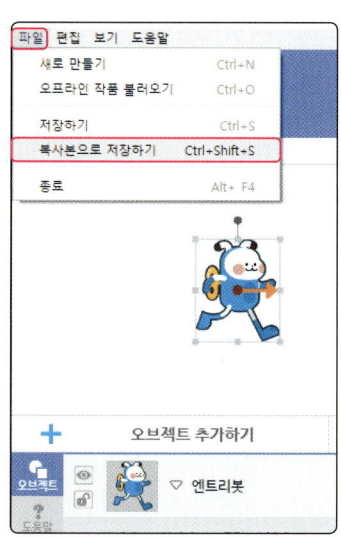 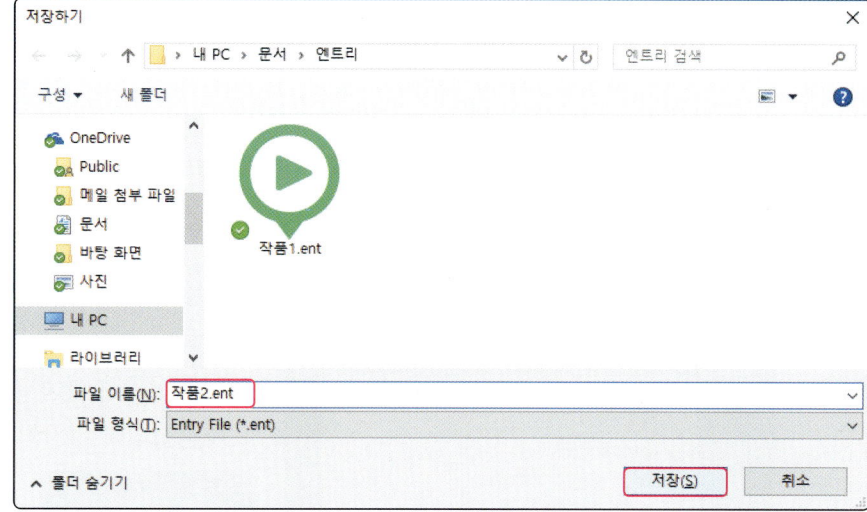

3 엔트리 파일 불러오기

- [파일]-[오프라인 작품 불러오기] 메뉴를 선택하거나 [새로 만들기]-[오프라인 작품 불러오기]를 클릭한 후 [열기] 대화상자에서 저장된 작품의 폴더를 선택한 다음 작품 파일을 선택, [열기]를 클릭합니다.

> **TIP**
>
> **SW코딩 시험 파일 불러오기**
>
> 실제 SW코딩 시험에서는 바탕화면에 표시된 '수험번호-이름' 폴더의 이름을 해당 수험자의 수험번호-이름(예 : 12345678-홍길동)으로 수정한 후 해당 폴더에 포함된 파일('4.' ~ '8.')을 불러와 문제의 조건대로 작업한 후 [파일]-[저장하기]를 통해 저장, 원본 파일에 덮어쓰기합니다.

SW 코딩자격 시험 절차

01 시험용 SW의 이상 여부 확인하기

수험번호에 맞는 자리에 앉았을 때 감독관의 안내에 따라 시험용 코딩 프로그램(엔트리 또는 스크래치)을 실행하여 이상 여부를 확인합니다.

02 답안 작성용 폴더 이름 변경하기

바탕화면에 표시된 [수험번호-성명] 폴더의 이름을 변경합니다.

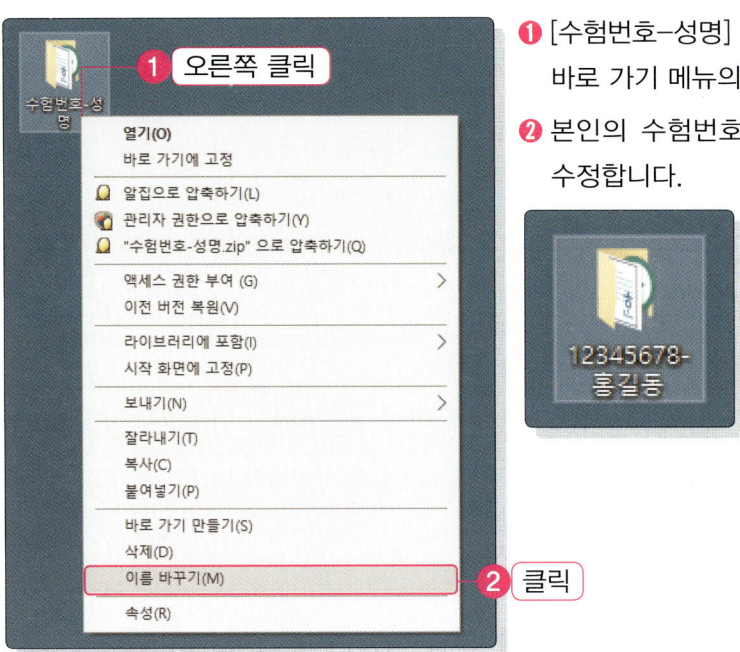

❶ [수험번호-성명] 폴더에서 마우스 오른쪽 단추를 눌러 바로 가기 메뉴의 [이름 바꾸기] 메뉴를 클릭합니다.

❷ 본인의 수험번호-이름(예 : 12345678-홍길동)으로 수정합니다.

03 시험 문항별 답안 작성하기

- **1번 ~ 3번 / 9번 ~ 10번 문제** : [수험번호-성명] 폴더 안에 제공하는 '1~3, 9~10' 한글 문서 파일을 더블클릭한 후 시험 문항별 정답을 입력한 다음 [파일]-[저장하기] 메뉴를 클릭합니다.

- **4번 ~ 8번 문제** : [수험번호-성명] 폴더 안에 제공하는 코딩 파일(4. ~ 8.)을 더블클릭하여 열고 정답을 코딩한 다음 [파일]-[저장하기] 메뉴를 클릭합니다.

사고력 TesT

01 SW코딩2급의 '수험번호-성명' 폴더의 이름을 '12345678-홍길동' 이름으로 폴더 이름을 수정해 보세요.

02 12345678-홍길동 폴더 안에 '4.' 파일을 더블 클릭하여 파일을 열고 다음과 같이 블록 코딩 내용을 수정한 후 실행해 봅니다.

03 앞에서 완성한 엔트리 파일을 '4(정답).' 파일 이름으로 복사본을 저장합니다.

실제 SW코딩 시험에서는 문제 파일(4.)을 불러와 작업 조건대로 작업한 후 [파일]-[저장하기]를 통해 저장, 원본 파일에 덮어쓰기합니다.

02장 엔트리 프로그램의 주요 기능

STEP 01 • 순차구조

1 순차구조란?

순차 구조는 블록 코딩이 가장 단순한 구조로 물의 흐름처럼 위에서 아래로 순서대로 하나씩 명령을 실행하는 구조를 의미합니다.

[작품명] : 순차1.ent

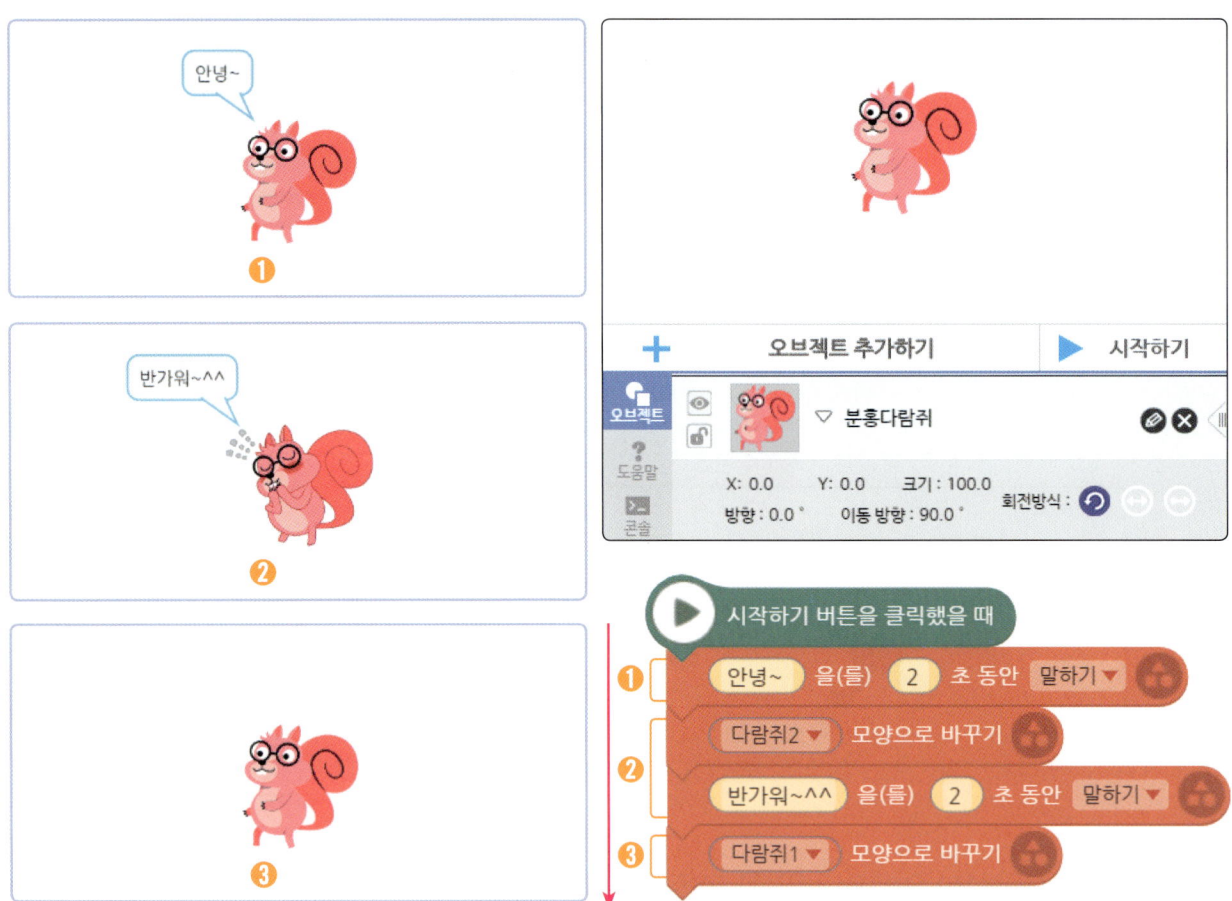

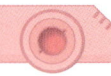 TIP

분홍 다람쥐 오브젝트의 모양 확인하기

분홍다람쥐 오브젝트의 [모양] 탭을 클릭하면 다람쥐1 모양과 다람쥐2 모양 등이 포함되어 있음을 확인할 수 있습니다. 해당 오브젝트의 모양을 이용하면 [생김새] 탭의 `다람쥐1 모양으로 바꾸기` 블록과 `다음 모양으로 바꾸기` 블록 등을 이용하여 오브젝트의 다양한 움직임 등을 만들 수 있습니다.

[작품명 : 순차2.ent]

[시작하기 버튼을 클릭했을 때] 블록과 같이 이벤트가 시작될 때부터 위에서 아래 방향으로 순서대로 명령어 블록을 실행합니다.

> **TIP**
>
> **초 기다리기 블록을 사용하는 이유 알아보기**
>
> 블록을 순서대로 처리할 때, 컴퓨터는 처리 속도가 빨라 실행 동작을 눈으로 확인할 수 없을 정도입니다. 동작하는 내용을 확인하기 위해서는 일정 시간 동안 기다리는 명령 블록이 필요합니다.

STEP 02 • 반복구조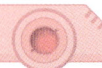

1 반복구조란?

• 반복구조는 특정 명령어 블록을 반복하여 실행하는 구조를 의미합니다.

• 블록 종류에 따라 같은 동작을 계속 반복하기, 횟수에 따라 반복하기, 특정 조건이 될 때까지 반복하기 등이 있습니다.

2 계속 반복하기

• 계속 반복하기(계속 반복하기) 블록을 이용하며, 블록 안에 포함된 명령어 블록들을 계속 반복하여 실행합니다.

 블록 안에 연결된 블록들을 계속 반복하여 실행합니다.

[작품명 : 계속반복하기.ent]

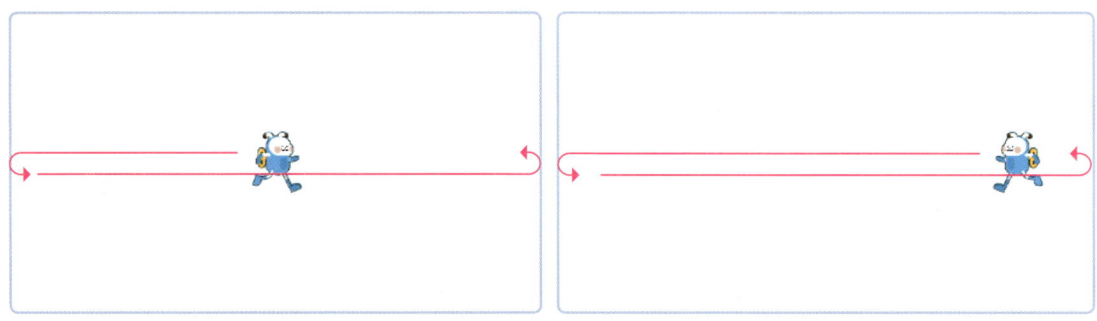

▲ 엔트리봇이 계속 반복하여 이동 방향(90°)으로 10만큼씩 이동하며, 화면 끝에 닿으면 튕깁니다.

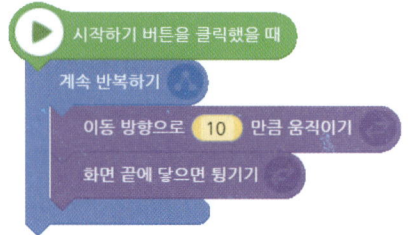

회전 방식을 좌우 회전(↔)으로 선택하면 좌우로만 움직일 수 있어 오브젝트 정보의 방향 및 실행창에서 방향 조절점(●)이 표시되지 않습니다.

64 Part 3 엔트리 프로그래밍

3 일정 횟수만큼 반복하기

- 특정 횟수만큼 반복하는() 블록을 이용하며, 블록 안에 포함된 명령어 블록들을 블록에 입력된 횟수만큼 반복하여 실행합니다.

설정한 횟수(10)만큼 감싸고 있는 블록들을 반복 실행합니다.

[**작품명** : 횟수반복하기.ent]

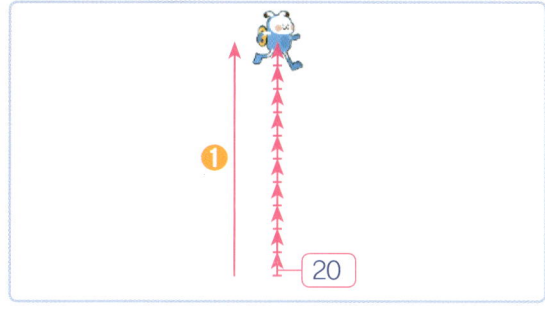
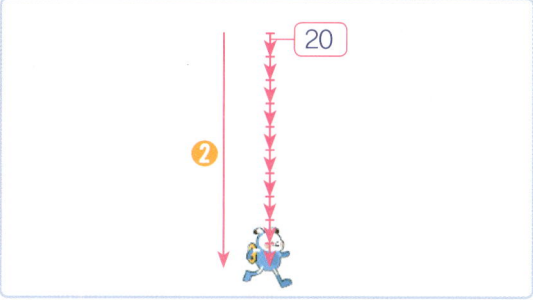

▲ 엔트리봇이 10번 반복하여 이동 방향(0°)으로 20만큼씩 이동한 후 10번 반복하여 이동 방향(180°)으로 20만큼씩 이동합니다.

4 특정 조건이 될 때까지 반복하기

- 특정 조건인 동안 또는 특정 조건이 될 때까지 반복하여 실행하는 블록으로, 블록 안에 조건은 판단 블록을 이용하여 조건 부분에 끼워넣어 만들 수 있습니다.

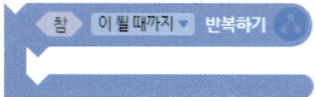

특정 조건인 동안 또는 특정 조건이 될 때까지 반복 실행합니다.
(조건은 판단 블록을 이용하여 만듭니다.)

[판단에 사용하는 블록]

꾸러미	블록	설명
판단	마우스를 클릭했는가?	마우스를 클릭한 경우 '참'으로 판단합니다.
	q 키가 눌러져 있는가?	선택한 키가 눌러져 있는 경우 '참'으로 판단합니다.
	마우스포인터 ▼ 에 닿았는가? (✓마우스포인터 / 엔트리봇 / 벽 / 위쪽 벽 / 아래쪽 벽 / 오른쪽 벽 / 왼쪽 벽)	해당 오브젝트가 선택한 항목(마우스 포인터, 오브젝트, 벽, 위쪽 벽, 아래쪽 벽, 오른쪽 벽, 왼쪽 벽)에 닿은 경우 '참'으로 판단합니다.
	10 = 10	왼쪽에 위치한 값과 오른쪽에 위치한 값이 같으면 '참'으로 판단합니다.
	10 > 10	왼쪽에 위치한 값이 오른쪽에 위치한 값보다 크면 '참'으로 판단합니다.
	10 < 10	왼쪽에 위치한 값이 오른쪽에 위치한 값보다 작으면 '참'으로 판단합니다.
	10 ≥ 10	왼쪽에 위치한 값이 오른쪽에 위치한 값보다 크거나 같으면 '참'으로 판단합니다.
	10 ≤ 10	왼쪽에 위치한 값이 오른쪽에 위치한 값보다 작거나 같으면 '참'으로 판단합니다.
	참 그리고 참	두 판단이 모두 참인 경우 '참'으로 판단합니다.
	참 또는 거짓	두 판단 중 하나라도 참이 있는 경우 '참'으로 판단합니다.
	참 (이)가 아니다	해당 판단이 참이면 거짓, 거짓이면 '참'으로 판단합니다.

▶ **TIP**

블록의 조건 위치에 판단 블록을 끼워 넣는 방법

조건을 끼워 넣을 수 있는 블록에서 블록안에 육각형 모양의 위치()에 같은 모양을 가진 판단 꾸러미의 블록을 드래그하면 테두리가 흰색 모양(참)으로 바뀌며 마우스에서 손을 떼면 자동으로 연결됩니다.

[작품명 : 조건반복하기.ent]

▲ 엔트리봇이 마우스포인터에 닿을 때까지 반복하여 마우스포인터쪽을 바라보며, 이동 방향으로 1만큼씩 계속 이동합니다.

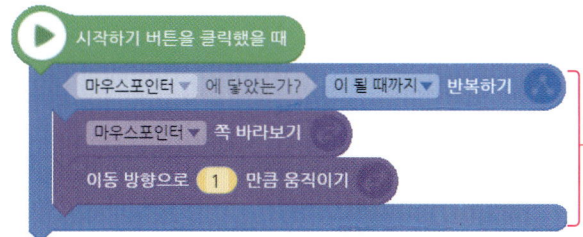

마우스포인터에 닿을 때까지 반복하여 마우스포인터 쪽을 바라보며, 이동 방향으로 1만큼씩 움직입니다.

STEP 03 · 선택조건

1 선택조건

- 선택조건은 블록 안에 조건을 표시하여 해당 조건에 따라 원하는 명령어 또는 명령어 묶음을 선택하는 구조입니다.

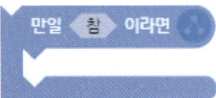 특정 조건에 만족할 경우 블록 안에 감싸고 있는 블록들을 실행합니다. (조건은 판단 블록을 이용하여 만듭니다.)

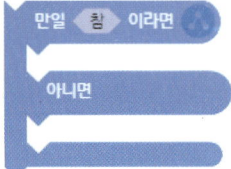 특정 조건에 만족할 경우 블록 바로 아래에 감싸고 있는 블록들을 실행하고 그렇지 않을 경우 '아니면' 아래에 감싸고 있는 블록들을 실행합니다. (조건은 판단 블록을 이용하여 만듭니다.)

[**작품명**] : 선택조건1.ent]

▲ 키보드의 스페이스키를 누르면 엔트리봇이 안녕!을 4초 동안 말합니다.

 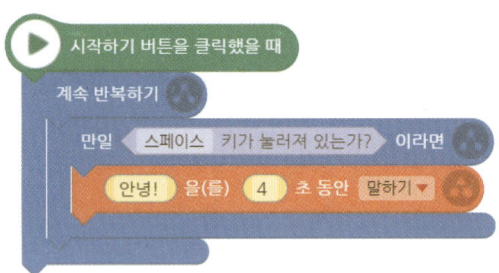

▲ [시작하기] 버튼을 클릭했을 때 계속 반복하여 아래의 기능을 실행합니다.
 – 만일 스페이스키를 눌렀을 경우 안녕!을 4초 동안 말합니다.

[작품명 : 선택조건2.ent]

▲ 엔트리봇이 비밀번호를 입력하라는 말풍선이 표시될 때 정답(1234)을 입력한 상황입니다.

▲ 엔트리봇이 비밀번호를 입력하라는 말풍선이 표시될 때 오답(0000)을 입력한 상황입니다.

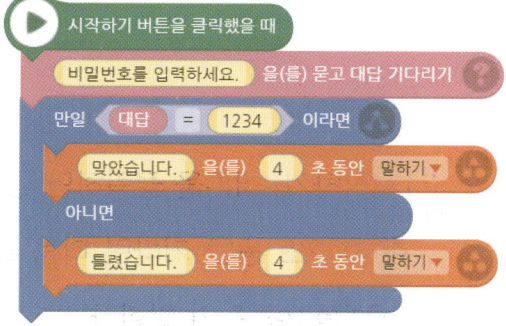

▲ [시작하기] 버튼을 클릭했을 때 '비밀번호를 입력하세요'를 묻고 대답을 기다립니다.

만일 [대답]의 값이 1234와 같으면 '맞았습니다.'를 4초 동안 말하고 아니면 '틀렸습니다.'를 4초 동안 말합니다.

사고력 TesT

01 수탉과 병아리의 대화를 아래의 〈조건〉에 맞게 코딩해 보세요.

[예제] : 대화하기.ent

〈조건〉

- [시작하기] 버튼을 클릭하면 병아리가 '아빠! 용돈좀 올려주세요.'를 2초 동안 말한 후 2초 동안 기다린 다음 모양을 '병아리_3 모양으로 바꾸고 '우와! 신난다~^^'를 2초 동안 말한다.

- [시작하기] 버튼을 클릭하면 수탉은 2초를 기다렸다가 '그래~ 알았다!'를 2초 동안 말한다.

사고력 TesT

02 꿀벌이 꽃으로 이동하여 꽃꿀을 얻는 동작을 아래의 〈조건〉에 맞게 코딩해 보세요.

[예제 : 꽃꿀얻기.ent]

〈조건〉

- [시작하기] 버튼을 클릭하면 꿀벌이 데이지쪽을 바라보고 2초 동안 데이지 위치로 이동한다.

- 꿀벌이 2초를 기다린 후 백일홍쪽을 바라보고 2초 동안 백일홍 위치로 이동한다.

- 꿀벌이 2초를 기다린 후 국화쪽을 바로보고 2초 동안 국화 위치로 이동한다.

03 구급차의 이동을 아래의 〈조건〉에 맞게 코딩해 보세요.

[예제 : 구급차.ent]

〈조건〉

- [시작하기] 버튼을 클릭하면 구급차가 계속 반복하여 이동 방향으로 1만큼씩 움직이고, 화면 끝에 닿았으면 튕기도록 한다.

- [시작하기] 버튼을 클릭하면 LED는 계속 반복하여 구급차의 위치로 이동하며, 색깔 효과를 1만큼씩 준다.

04 남자와 여자가 널뛰기하는 동작을 아래의 〈조건〉에 맞게 코딩해 보세요.

[예제 : 널뛰기.ent]

〈조건〉

- [시작하기] 버튼을 클릭하면 널이 x:10, y:-80 위치로 이동한 후 계속 반복하여 아래의 기능을 실행 한다.
  - 널의 모양을 널_오른쪽 모양으로 바꾼 후 1초를 기다렸다가 널_왼쪽 모양으로 바꾸고 1초를 기다린다.

- [시작하기] 버튼을 클릭하면 여자가 x:-75, y:-45 위치로 이동한 후 계속 반복하여 아래의 기능을 실행한다.
  - 여자의 y좌표를 70만큼 바꾸고 동작2 모양으로 바꾼 후 1초를 기다렸다가 y좌표를 -70만큼 바꾼 다음 동작1 모양으로 바꾸고 1초를 기다린다.

- [시작하기] 버튼을 클릭하면 남자가 x:100, y:5 위치로 이동한 후 계속 반복하여 아래의 기능을 실행한다.
  - 남자의 y좌표를 -70만큼 바꾸고 동작1 모양으로 바꾼 후 1초를 기다렸다가 y좌표를 70만큼 바꾼 다음 동작2 모양으로 바꾸고 1초를 기다린다.

사고력 TesT

05 가림벽과 가림막을 치고 공사중 표시를 위해 아래의 〈조건〉에 맞게 코딩해 보세요.

[예제 : 공사중.ent]

〈조건〉

- [시작하기] 버튼을 클릭하면 가림벽을 4번 반복하여 도장찍기 및 x좌표를 125만큼 바꾼다.

- [시작하기] 버튼을 클릭하면 가림막을 5번 반복하여 도장찍기 및 x좌표를 100만큼 바꾼다.

- [시작하기] 버튼을 클릭하면 글상자를 계속 반복하여 0.5초를 기다린 후 모양을 보였다가 0.5초를 기다린 다음 모양을 숨긴다.

사고력 TesT

06 해바라기 꽃으로 꽃밭을 만들기 위해 아래의 〈조건〉에 맞게 코딩해 보세요.

[예제 : 꽃밭만들기.ent]

〈조건〉

- [시작하기] 버튼을 클릭하면 해바라기에서 3번 반복하여 아래의 기능을 실행한다.
  - 8번 반복하여 아래의 기능을 실행한다.
    ·· 도장찍기 및 x좌표를 60만큼 바꾼다.
  - x좌표를 -210 위치로 이동한 후 y좌표를 -100만큼 바꾼다.
- 해바라기의 모양을 숨긴다.

사고력 TesT

07 키보드의 방향키로 나비의 움직임을 아래의 〈조건〉에 맞게 코딩해 보세요.

[예제] : 나비움직임.ent

〈조건〉

- [시작하기] 버튼을 클릭하면 나비가 계속 반복하여 다음 모양으로 바꾸고 0.1초를 기다린다.

- [시작하기] 버튼을 클릭하면 나비가 계속 반복하여 아래의 기능을 실행한다.
    - 만일 왼쪽 화살표키를 입력하면 x좌표를 -5만큼 바꾼다.
    - 만일 오른쪽 화살표키를 입력하면 x좌표를 5만큼 바꾼다.
    - 만일 위쪽 화살표키를 입력하면 y좌표를 5만큼 바꾼다.
    - 만일 아래쪽 화살표키를 입력하면 y좌표를 -5만큼 바꾼다.

08 이동하는 펭귄을 스페이스키를 눌러 점프하도록 아래의 〈조건〉에 맞게 코딩해 보세요.

[예제] : 펭귄이동.ent

〈조건〉

- [시작하기] 버튼을 클릭하면 펭귄이 계속 반복하여 다음 모양으로 바꾸고 0.1초를 기다린다.

- [시작하기] 버튼을 클릭하면 펭귄이 계속 반복하여 이동 방향으로 2만큼 움직이며, 화면 끝에 닿으면 튕긴다.

- [시작하기] 버튼을 클릭하면 펭귄이 계속 반복하여 아래의 기능을 시행한다.
  - 만일 키보드의 스페이스키를 입력하면 10번 반복하여 y좌표를 5만큼 바꾼 후 10번 반복하여 y좌표를 −5만큼 바꾼다.

STEP 04 • 이벤트와 신호 및 장면

1 이벤트란?

- 엔트리 프로그램에서 특정 키보드의 키를 누르거나 마우스를 클릭 또는 특정 오브젝트를 클릭했을 경우와 같이 어떤 신호가 발생했을 때 실행하는 명령을 이벤트라고 합니다.

- [블록] 탭의 [시작] 및 [흐름] 꾸러미 등에서 제공하며 모양의 블록입니다.

[작품명 : 오브젝트클릭.ent]

◀ [시작하기] 버튼을 클릭한 후 엔트리봇 오브젝트를 클릭했을 때 '안녕!'을 2초 동안 말합니다.

[작품명 : 키보드누름.ent]

◀ [시작하기] 버튼을 클릭한 후 키보드의 스페이스키(SpaceBar)를 입력하면 '안녕!'을 2초 동안 말합니다.

> **▶ TIP**
>
> **블록에서 키보드의 키 선택하기**
>
> 키를 눌렀을 때 블록의 키보드 키(q) 부분을 클릭하면 키보드 모양이 화면에 표시되며, 원하는 키보드의 키를 입력하면 수정됩니다.
>
>

2 신호란?

- 신호란 오브젝트와 오브젝트 간의 상호 작용을 위한 이벤트 신호를 의미하며, 하나의 오브젝트에서 신호 보내기 블록( )을 사용하면 하나 이상의 다른 오브젝트에서 신호를 받았을 때 블록( )을 통해 상호 작용할 수 있도록 도와줍니다.
- [속성] 탭의 [신호]를 클릭한 후 [신호 추가]를 눌러 새로운 신호를 만들 수 있습니다.
- 생성된 신호는 [블록] 탭의 [시작] 꾸러미로 이동하면 관련된 블록을 사용할 수 있습니다.

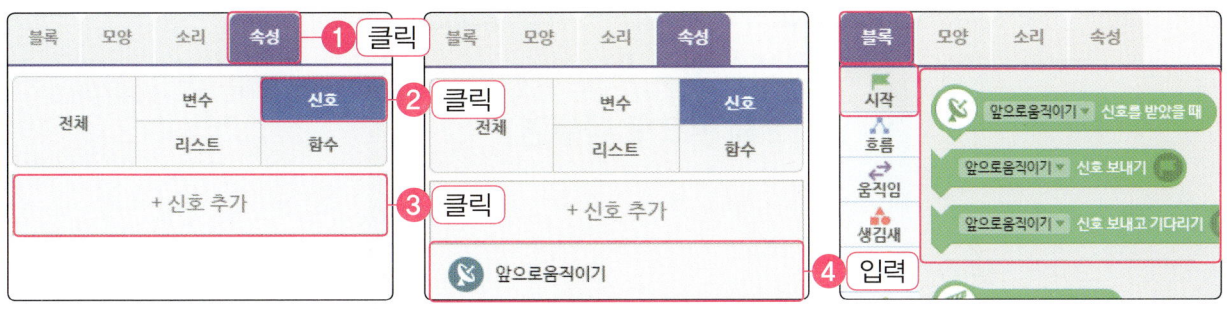

▲ 신호 생성   ▲ 생성된 신호를 이용한 블록

[작품명] : 로켓발사.ent

▲ 버튼 오브젝트를 클릭했을 때 발사 신호를 보냅니다.

▲ 로켓 오브젝트에서 발사 신호를 받았을 때 계속 반복하여 이동 방향으로 5만큼씩 움직이며, 만일 로켓의 y좌푯값이 150보다 크면 모양을 숨기고 1초를 기다렸다가 처음부터 다시 실행합니다.

3 장면이란?

- 장면이란 하나의 실행 화면으로 엔트리 프로그램에서는 하나 이상의 장면을 사용하여 서로 유기적으로 연결, 연극의 무대가 바뀌듯이 장면을 바꾸어 가며 실행할 수 있습니다.

- [장면] 탭에서는 장면의 추가(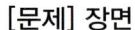) 및 삭제(✕)를 할 수 있으며, 장면 이름을 클릭한 후 새로운 이름으로 수정할 수 있도 있습니다.

[작품명] : 퀴즈문제.ent

[문제] 장면

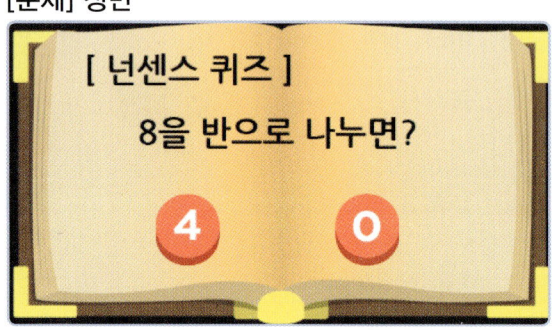

[정답] 장면

[오답] 장면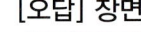

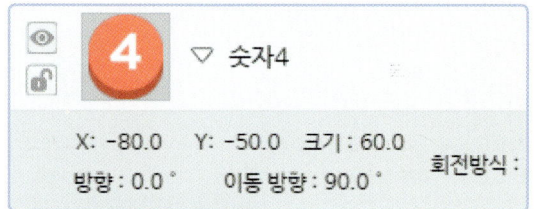

▲ [문제] 장면에서 숫자0 오브젝트를 클릭했을 때 [정답] 장면을 시작합니다.

▲ [문제] 장면에서 숫자4 오브젝트를 클릭했을 때 [오답] 장면을 시작합니다.

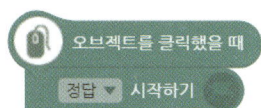

장면의 추가 및 복제하기

장면의 추가는 장면 창의 장면 추가(+)를 클릭하며, 장면의 복제는 복제할 장면 이름에서 마우스 오른쪽 단추를 눌러 바로 가기 메뉴의 [복제하기]를 선택합니다. 장면을 복제한 경우 복제된 장면 안에 포함된 오브젝트도 함께 복제됩니다.

STEP 05 · 무작위 수 및 연산

1 무작위 수

- 무작위 수란 임의의 수를 의미하며 난수라고도 합니다.
- [블록] 탭의 [계산] 꾸러미에서 제공합니다.

  예 : `0 부터 10 사이의 무작위 수` ➜ 0에서 10 사이의 무작위 수를 표시합니다.

[**작품명** : 주사위.ent]

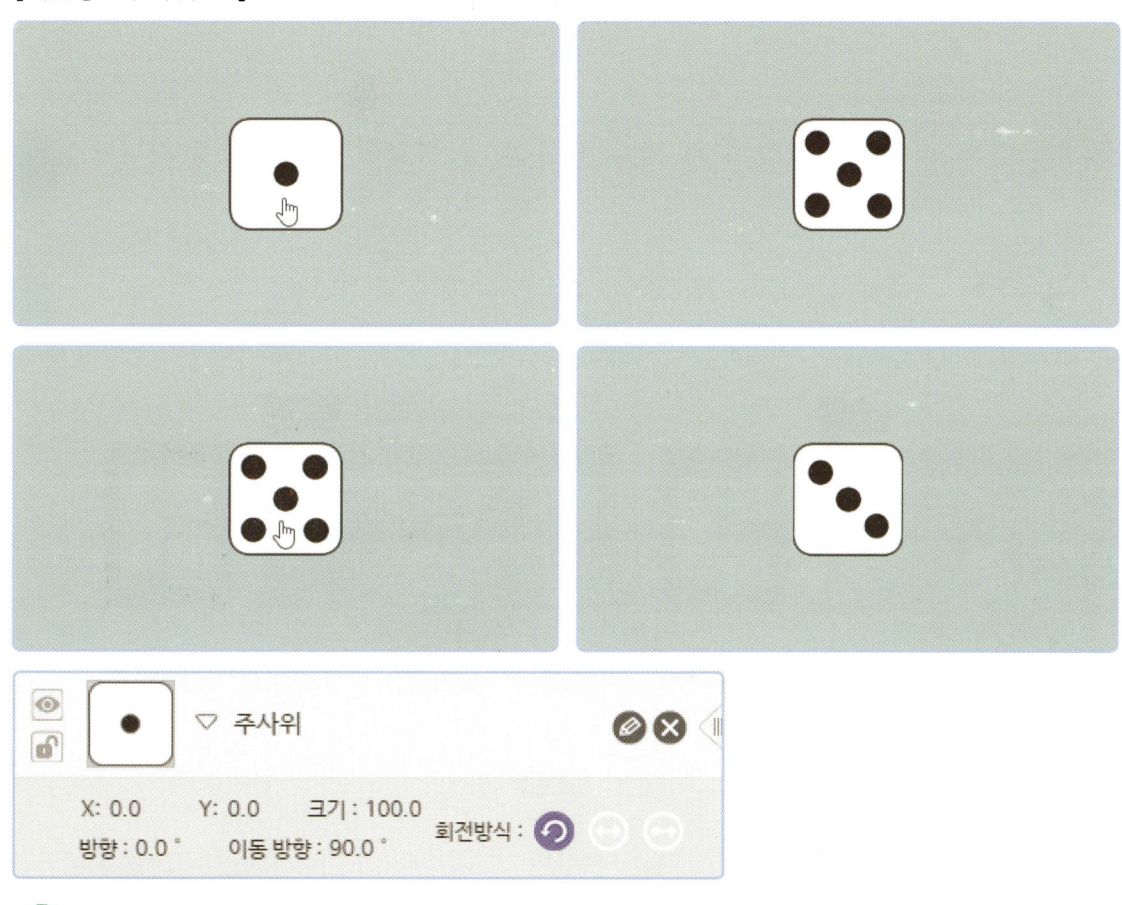

◀ 주사위 오브젝트를 클릭했을 때 1부터 20사이의 무작위 수 만큼 반복하여 0.1초 단위로 오브젝트의 모양을 다음 모양으로 바꿉니다.

▶ **TIP**

`0 부터 10 사이의 무작위 수` **블록 사용하기**

`0 부터 10 사이의 무작위 수` 블록은 입력한 두 수 사이에서 선택된 무작위 수의 값을 표현하며, 두 수 모두 정수를 입력한 경우 정수로 표현하고 두 수 중에서 하나라도 소수를 입력한 경우 소수로 무작위 수를 표현합니다.

2 연산

- 연산이란 컴퓨터의 명령 블록으로 덧셈, 뺄셈, 곱셈, 나눗셈 등의 사칙연산을 실행하며, [계산] 꾸러미에서 관련 블록을 제공합니다.

[작품명 : 연산1.ent]

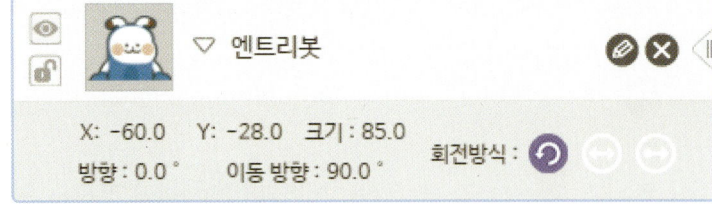

▲ 엔트리봇 오브젝트를 클릭했을 때 '4+2='과 '4+2의 연산 결과값'을 합쳐 결과(4+2=6)을 4초 동안 말합니다.

[**작품명**] : 연산2.ent]

▲ 엔트리봇 오브젝트를 클릭했을 때 '4-2='과 '4-2의 연산 결과값'을 합쳐 결과(4-2=2)를 4초 동안 말합니다.

[**작품명**] : 연산3.ent]

▲ 엔트리봇 오브젝트를 클릭했을 때 '4*2='과 '4*2의 연산 결과값'을 합쳐 결과(4*2=8)을 4초 동안 말합니다.

[**작품명**] : 연산4.ent]

▲ 엔트리봇 오브젝트를 클릭했을 때 '4/2='와 '4/2의 연산 결과값'을 합쳐 결과(4/2=2)를 4초 동안 말합니다.

STEP 06 · 복제

1 복제란?

- 복제란 원래의 것과 똑같은 것을 만드는 것으로 특정 오브젝트에 대해 복사본을 만들 수 있습니다. 또한 특정 횟수 및 계속 반복하기를 통해 하나 이상, 원하는 만큼 복제가 가능하며, 복제된 오브젝트에도 블록 코딩을 적용하여 다양한 기능을 부여할 수 있습니다.

- **오브젝트 복제하기** : [흐름] 꾸러미의 `자신▼ 의 복제본 만들기` 블록을 통해 복제하며, `복제본이 처음 생성되었을때` 블록을 사용하여 복제된 오브젝트에 블록 코딩을 적용할 수 있습니다.

    `자신▼ 의 복제본 만들기`   자신 또는 현재 열려있는 오브젝트 중에서 선택하여 복제본을 생성합니다.

    `복제본이 처음 생성되었을때`   해당 오브젝트의 복제본이 새로 생성되었을 때 아래에 연결된 블록들을 실행합니다.

- **복제된 오브젝트 삭제하기** : [흐름] 꾸러미의 `이 복제본 삭제하기` 블록을 통해 삭제하며, `모든 복제본 삭제하기` 블록을 사용하면 복제된 모든 오브젝트를 삭제할 수 있습니다.

    `이 복제본 삭제하기`   '복제본이 처음 생성되었을 때' 블록과 함께 사용하며, 생성된 복제본을 삭제합니다.

    `모든 복제본 삭제하기`   해당 오브젝트의 모든 복제본을 삭제합니다.

> **TIP**
>
> `도장찍기` 블록과 `자신▼ 의 복제본 만들기` 블록의 차이점
>
> [붓] 꾸러미의 `도장찍기` 블록은 오브젝트를 실행 화면에 도장찍듯 찍어 단순히 이미지 형태로 만드는 기능이고, [흐름] 꾸러미의 `자신▼ 의 복제본 만들기` 블록은 오브젝트를 그대로 복제하여 `복제본이 처음 생성되었을때` 블록을 통해 해당 오브젝트에 블록 코딩을 입력, 움직임 등의 지적 능력을 부여할 수 있습니다.

[**작품명** : 복제.ent]

▲ 스케이트선수 오브젝트를 클릭하면 해당 오브젝트의 모든 복제본을 만듭니다.

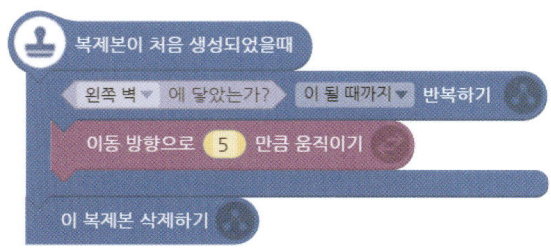

▲ 복제본이 처음 생성되었을 때 왼쪽 벽에 닿을 때까지 반복하여 이동 방향으로 5만큼씩 이동하며, 왼쪽 벽에 닿았을 경우 이 복제본을 삭제합니다.

01 방향키를 이용한 경찰차의 방향 및 이동을 아래의 〈조건〉에 맞게 코딩해 보세요.

[예제 : 경찰차.ent]

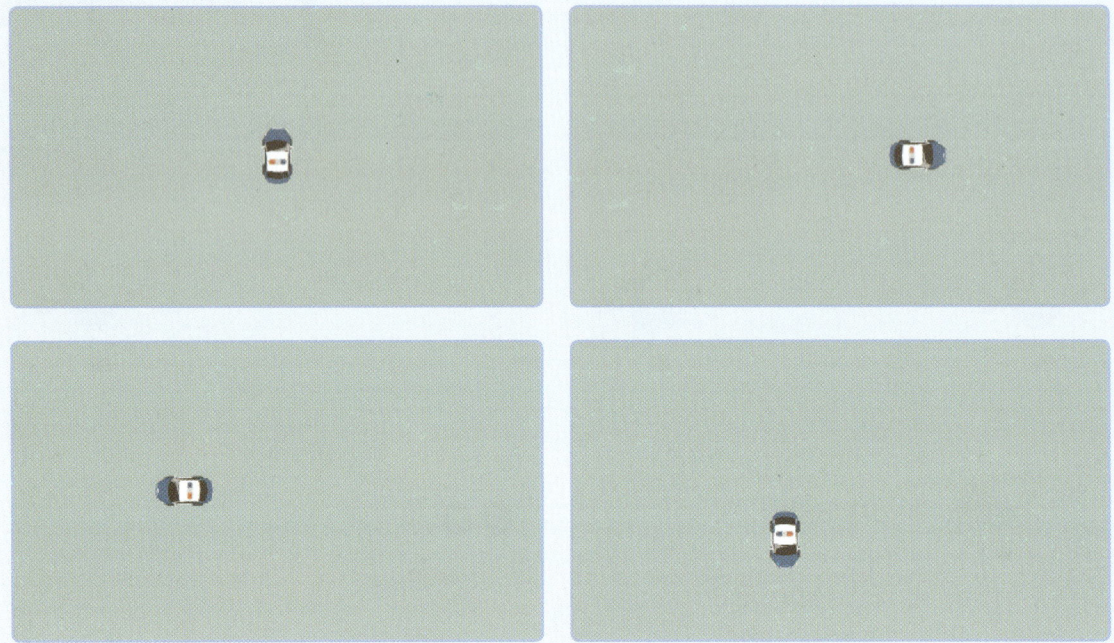

〈조건〉

- 오른쪽 화살표키를 입력하면 경찰차가 오른쪽 방향을 바라보며, x좌표를 5만큼 바꾸어 이동한다.

- 왼쪽 화살표키를 입력하면 경찰차가 왼쪽 방향을 바라보며, x좌표를 -5만큼 바꾸어 이동한다.

- 위쪽 화살표키를 입력하면 경찰차가 위쪽 방향을 바라보며, y좌표를 5만큼 바꾸어 이동한다.

- 아래쪽 화살표키를 입력하면 경찰차가 아래쪽 방향을 바라보며, y좌표를 -5만큼 바꾸어 이동한다.

사고력 Test

02 교통신호에 따른 자동차의 움직임을 아래의 〈조건〉에 맞게 코딩해 보세요.

[예제 : 교통신호.ent]

〈조건〉

- [시작하기] 버튼을 클릭하면 신호등이 출발 신호를 보내고 계속 반복하여 아래의 기능을 실행한다.
  - 신호등의 모양을 초록불 모양으로 바꾼다.
  - 만일 스페이스키를 입력하면 신호등 모양을 빨간불 모양으로 바꾸고 정지 신호를 보낸 다음 2초를 기다린다.

- 택시가 정지 신호를 받았을 때 2.1초를 기다린 후 출발 신호를 보낸다.

- 택시가 출발 신호를 받았을 때 계속 반복하여 아래의 기능을 실행한다.
  - 이동 방향으로 2만큼 움직인다.
  - 만일 스페이스키를 입력하면 반복을 중단한다.
  - 만일 택시의 x좌푯값이 260보다 크다면 x:-260 위치로 이동한다.

03 마법의 약을 뿌려 돌이된 사람을 변신시키도록 아래의 〈조건〉에 맞게 코딩해 보세요.

[예제 : 마법의약.ent]

〈조건〉

- 물약을 클릭하면 분사 신호를 보낸다.

- [시작하기] 버튼을 클릭하면 물줄기의 모양을 숨긴 후 분사 신호를 받았을 때 모양을 보이고 0.1초 기다린 다음 모양을 숨기고 0.1초를 기다리기를 5번 반복한다.

- [시작하기] 버튼을 클릭하면 돌이된사람의 모양을 돌인간1 모양으로 바꾼 후 분사 신호를 받았을 때 1초 기다렸다가 돌인간2 모양으로 바꾸고 5초를 기다린 다음 처음부터 다시 실행한다.

04 모델하우스의 구조를 설명하기 위해 아래의 〈조건〉에 맞게 코딩해 보세요.

[예제 : 모델하우스.ent]

〈조건〉

- 거실, 방, 서재 장면에서 [시작하기] 버튼을 클릭하면 모델하우스 장면을 시작한다.

- 모델하우스 장면에서 거실을 클릭하면 거실 장면을 시작한다.

- 모델하우스 장면에서 방을 클릭하면 방 장면을 시작한다.

- 모델하우스 장면에서 서재를 클릭하면 서재 장면을 시작한다.

- 거실, 방, 서재 장면에서 장면이 시작되었을 때 2초 동안 기다렸다가 모델하우스 장면을 시작한다.

05 하늘을 자유롭게 날아 다니는 열기구를 아래의 〈조건〉에 맞게 코딩해 보세요.

[예제] : 열기구.ent

〈조건〉

- [시작하기] 버튼을 클릭하면 열기구1이 계속 반복하여 아래의 기능을 실행한다.
  - 1부터 3사이의 무작위 수 초 동안 x:-200부터 200사이의 무작위 수, y:-130부터 130사이의 무작위 수 위치로 이동한다.

- [시작하기] 버튼을 클릭하면 열기구2가 계속 반복하여 아래의 기능을 실행한다.
  - 1부터 5사이의 무작위 수 초 동안 x:-200부터 200사이의 무작위 수, y:-130부터 130사이의 무작위 수 위치로 이동한다.

06 나무의 별과 장식에 효과를 적용하기 위해 아래의 〈조건〉에 맞게 코딩해 보세요.

[예제] : 트리장식.ent

〈조건〉

- 키보드의 스페이스키를 입력하면 별이 계속 반복하여 아래의 기능을 실행한다.
  - 색깔 효과를 1부터 100사이의 무작위 수 만큼 주고 0.5초를 기다린다.

- 키보드의 이에스씨키를 입력하면 별의 효과를 모두 지우고 자신의 다른 코드를 멈춘다.

- 키보드의 스페이스키를 입력하면 장식이 계속 반복하여 아래의 기능을 실행한다.
  - 색깔 효과를 1부터 100사이의 무작위 수 만큼 주고 1초를 기다린다.

- 키보드의 이에스씨키를 입력하면 장식의 효과를 모두 지우고 자신의 다른 코드를 멈춘다.

07 소피가 닿은 물건에 따라 크기가 변하는 게임을 아래의 〈조건〉에 맞게 코딩해 보세요.

[예제 : 요술지도.ent]

〈조건〉

- [시작하기] 버튼을 클릭하면 인트로 장면부터 시작하며, 시작버튼 오브젝트를 클릭했을 때 게임 장면으로 이동한다.

- 게임 장면이 시작되었을 때 소피가 계속 반복하여 1부터 3사이의 무작위 수 초 동안 x:-200부터 200사이의 무작위 수, y:-130부터 130사이의 무작위 수 위치로 이동한다.

- 게임 장면이 시작되었을 때 소피가 계속 반복하여 아래의 기능을 실행한다.
    - 만일 물약1 또는 물약2에 닿았다면 크기를 30으로 정한다.
    - 만약 음식1 또는 음식2에 닿았다면 크기를 70으로 정한다.
    - 만약 나무1 또는 나무2에 닿았다면 크기를 50으로 정한다.

사고력 TesT

08 마우스를 따라 좌우로 움직이며 무기를 발사하는 전투기를 아래의 〈조건〉에 맞게 코딩해 보세요.

[예제 : 전투기.ent]

〈조건〉

- [시작하기] 버튼을 클릭하면 전투기가 계속 반복하여 x위치를 마우스의 x좌표 위치로 이동한다.

- [시작하기] 버튼을 클릭하면 무기가 계속 반복하여 전투기 위치로 이동한다.

- 무기에서 마우스를 클릭하면 자신의 복제본을 만든다.

- 복제본이 처음 생성되었을 때 계속 반복하여 아래의 기능을 실행한다.
  - y좌표를 5만큼 바꾼다.
  - 만일 위쪽벽에 닿았다면 이 복제본을 삭제한다.

STEP 07 • 변수

1 변수란?

- 변수란 변하는 수를 의미하며 하나의 데이터를 임시로 저장하는 공간을 뜻합니다. 예를들어 격투 게임을 할 때 상대방에게 공격을 당하면 에너지가 감소되고, 휴식을 취하거나 음식 등을 섭취할 때 에너지가 증가될 수 있을 것입니다. 이렇듯 게임 캐릭터의 에너지 변수는 정해진 값이 아닌 상황에 따라 변하는 하나의 값을 가지고 있을 수 있습니다.

2 변수 추가하기

- [속성] 탭에서 [변수]를 클릭한 후 [변수 추가]를 클릭, 변수 이름을 입력한 후 [확인]을 클릭합니다.
- 생성된 변수는 [블록] 탭의 [자료] 꾸러미로 이동하면 관련 블록을 사용할 수 있습니다.

▲ 변수 생성　　　　　　　　　　　　　　　　▲ 생성된 변수를 이용한 블록

> **TIP**
>
> **변수의 정보 수정하기**
>
> 생성된 변수의 정보 수정()을 클릭하면 변수의 실행 화면에 표시 유무를 선택할 수 있고 변수의 기본값 지정 및 슬라이드 형태로 실행 화면에서 마우스를 드래그하여 최솟값에서 최댓값 사이의 값을 임의로 지정할 수 있습니다.

[작품명 : 구구단.ent]

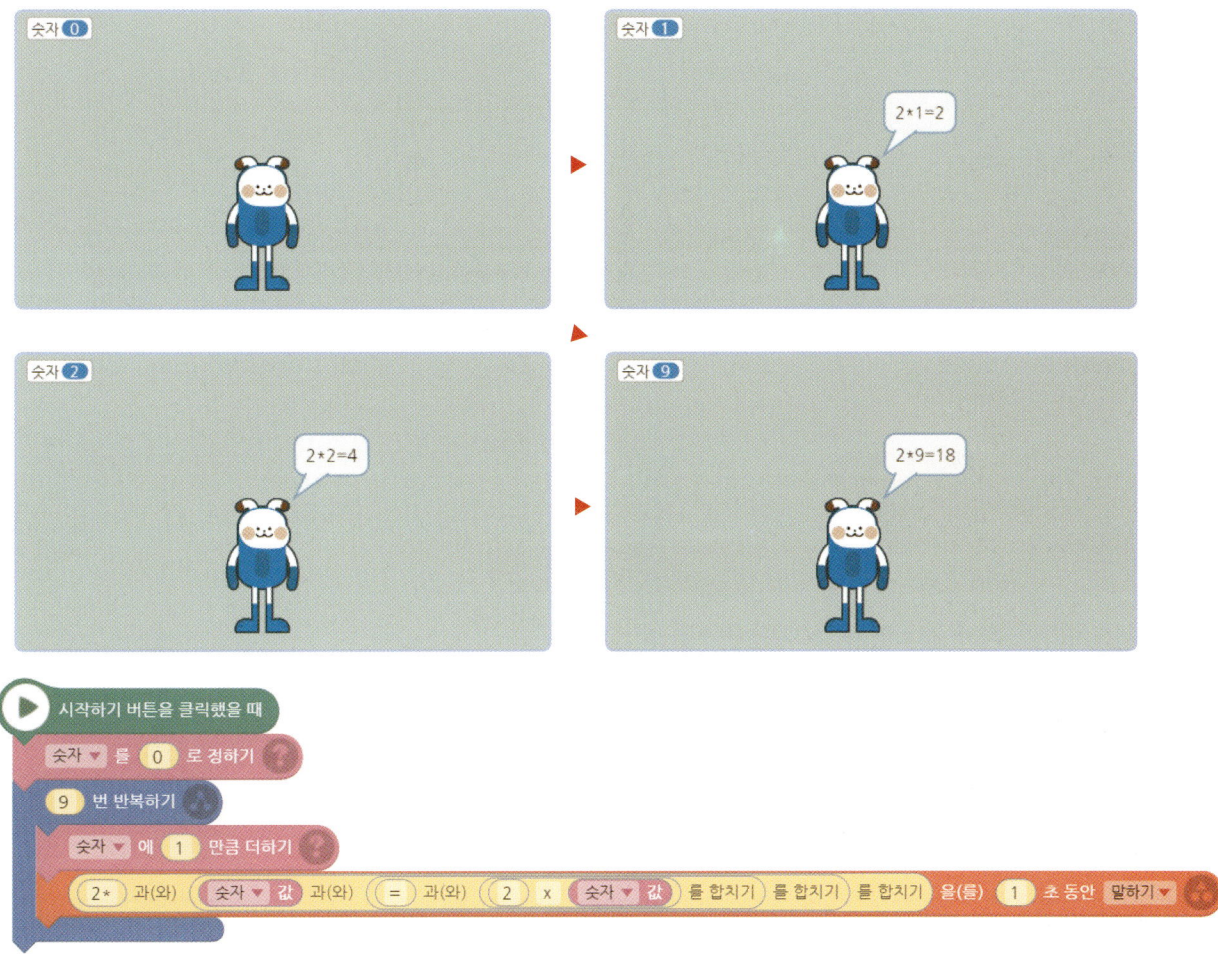

▲ [시작하기] 버튼을 클릭했을 때 숫자 변수의 값을 0으로 정하고 9번 반복하여 숫자 변수의 값에 1을 더한 후 '2*숫자 변수값(1~9)=2*숫자 변수값(1~9)의 결과값' 형태로 1초 동안 말합니다.

3 묻고 대답하기

- 사용자에게 묻고 입력된 값을 다양한 방법으로 응용할 수 있도록 도와줍니다.
- [블록] 탭의 [자료] 꾸러미에서 제공하며, `안녕! 을(를) 묻고 대답 기다리기` 블록을 사용하여 사용자에게 묻고 입력받은 값을 `대답` 변수에 저장합니다.

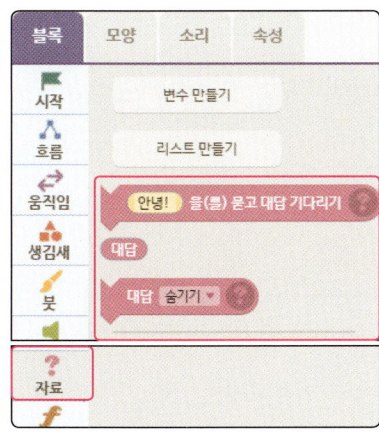

제02장 • 엔트리 프로그램의 주요 기능

[작품명 : 묻고대답하기.ent]

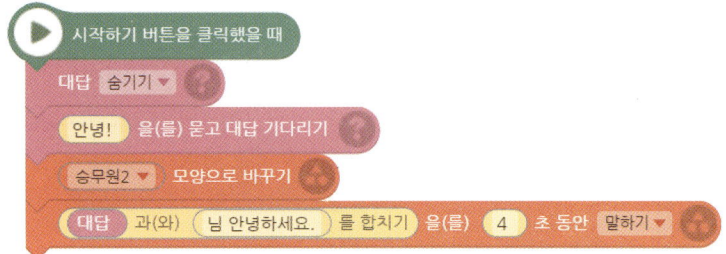

▲ [시작하기] 버튼을 클릭했을 때 대답 변수를 숨깁니다.
'이름을 입력해 주세요.'를 실행 화면에 표시 후 대답을 기다리는 텍스트 상자에 이름이 입력되면 대답 변수에 넣습니다.
승무원 모양을 '승무원2' 모양으로 바꾸고 ['대답 변수의 내용'님 안녕하세요.]를 2초 동안 말합니다.

[변수에 사용하는 블록]

꾸러미	블록	설명
자료	안녕! 을(를) 묻고 대답 기다리기	해당 오브젝트가 입력한 문자를 말풍선으로 묻고 대답을 입력받습니다. (이 블록을 블록 조립소로 가져오면 실행 화면에 '대답 창'이 생성됩니다.)
	대답	묻고 대답 기다리기에 의해 입력된 값입니다.
	대답 숨기기 / 보이기 / 숨기기	실행 화면에 있는 '대답 창'을 보이게 하거나 숨길 수 있습니다.
	변수 값	선택된 변수에 저장된 값입니다.
	변수 에 10 만큼 더하기	선택한 변수에 입력한 값을 더합니다.
	변수 를 10 로 정하기	선택한 변수의 값을 입력한 값으로 바꿉니다.
	변수 변수 보이기	선택한 변수 창을 실행 화면에 보이게 합니다.
	변수 변수 숨기기	선택한 변수 창을 실행 화면에서 숨깁니다.

STEP 08 • 리스트

1 리스트란?

- 변수가 하나의 데이터(값)를 보관하는 공간이라면 리스트는 여러개의 데이터(값)를 묶음으로 보관할 수 있는 공간을 의미합니다.

2 리스트 추가하기

- [속성] 탭에서 [리스트]를 클릭한 후 [리스트 추가]를 클릭, 리스트 이름을 입력한 후 [확인]을 클릭합니다.
- 생성된 리스트는 [블록] 탭의 [자료] 꾸러미로 이동하면 관련 블록을 사용할 수 있습니다.

▲ 리스트 생성 　　　　　　　　　▲ 생성된 리스트를 이용한 블록

리스트 항목의 직접 입력 및 수정하기

리스트 이름의 정보 수정(⊘)을 클릭하면 리스트의 실행 창 표시 유무 및 리스트 항목 수 지정과 리스트 항목의 내용을 직접 입력할 수 있습니다.

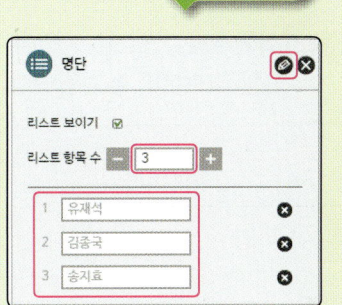

[작품명 : 회원정보.ent] **회원추가**

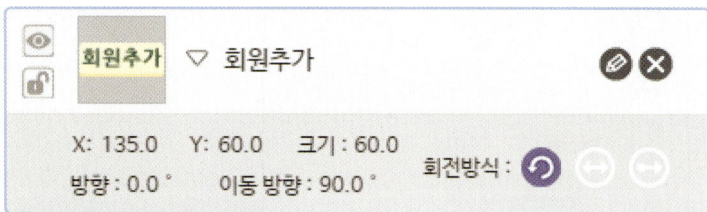

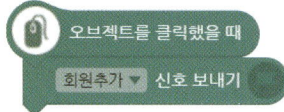

▲ 오브젝트를 클릭했을 때 [회원추가] 신호를 보냅니다.

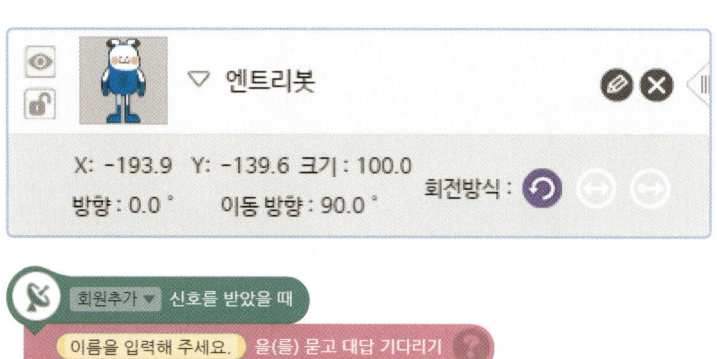

▲ [회원추가] 신호를 받았을 때 '이름을 입력해 주세요.'를 묻고 대답을 회원 리스트에 추가합니다.

[작품명 : 회원정보.ent] **회원수정**

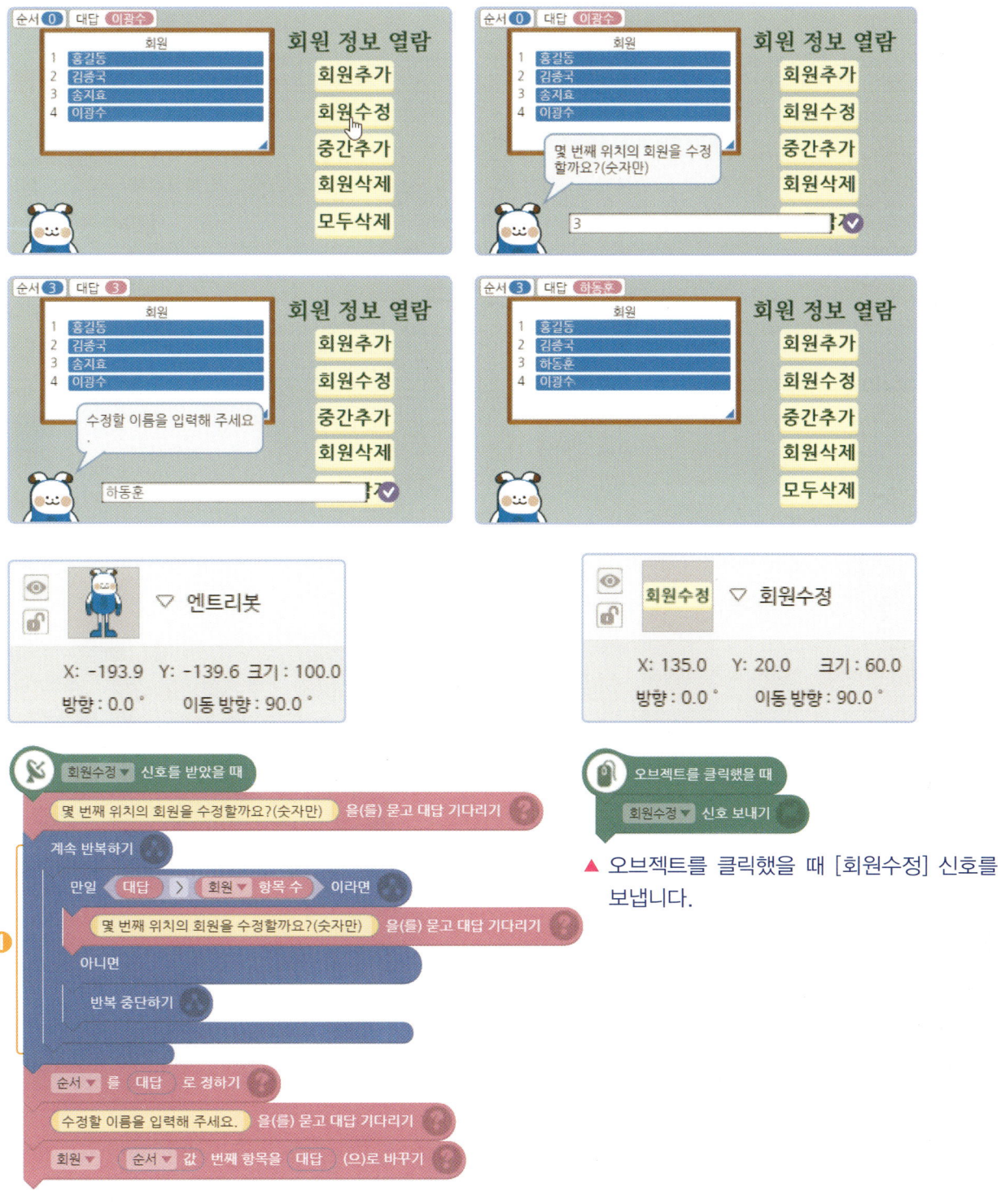

▲ [회원수정] 신호를 받았을 때 '몇 번째 위치의 회원을 수정할까요?(숫자만)'을 묻고 대답을 기다립니다.
계속 반복하여 만일 대답이 회원 항목 수 보다 크면 다시 '몇 번째 위치의 회원을 수정할까요?(숫자만)'을 묻고 대답을 기다리며, 그렇지 않으면 반복을 중단합니다.
대답 변수의 값을 순서 변수에 넣습니다.
'수정할 이름을 입력해 주세요.'를 묻고 대답을 기다립니다.
회원 리스트의 순서값 번째 항목을 대답 내용으로 바꿉니다.

❶ 회원 리스트의 회원 항목 수보다 더 큰 값이 들어왔을 때 다시 묻고 대답을 기다리기 위한 코딩입니다.

[작품명 : 회원정보.ent] 회원의 중간추가

▲ [중간추가] 신호를 받았을 때 '몇 번째 위치에 회원을 추가할까요?(숫자만)'을 묻고 대답을 기다립니다.
계속 반복하여 만일 대답이 회원 항목 수 보다 크면 다시 '몇 번째 위치에 회원을 추가할까요?(숫자만)'을 묻고 대답을 기다리며, 그렇지 않으면 반복을 중단합니다.
대답 변수의 값을 순서 변수에 넣습니다.
'추가할 이름을 입력해 주세요.'를 묻고 대답을 기다립니다.
대답 내용을 회원 리스트의 순서값 번째 항목에 넣습니다.

❶ 회원 리스트의 회원 항목 수보다 더 큰 값이 들어왔을 때 다시 묻고 대답을 기다리기 위한 코딩입니다.

[작품명 : 회원정보.ent] **회원의 삭제 및 모두삭제**

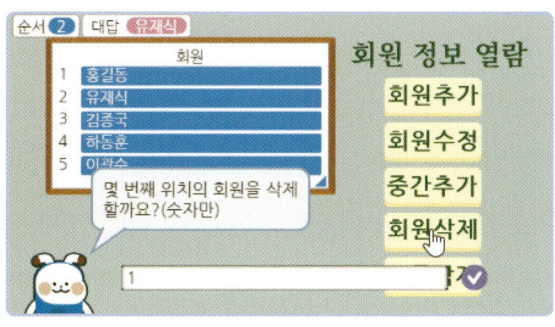
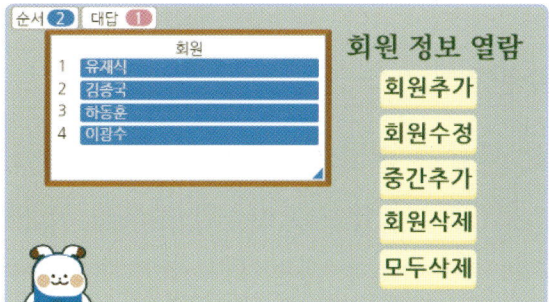

▲ 회원 삭제하기

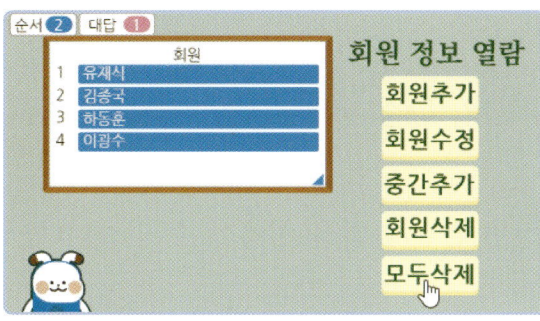
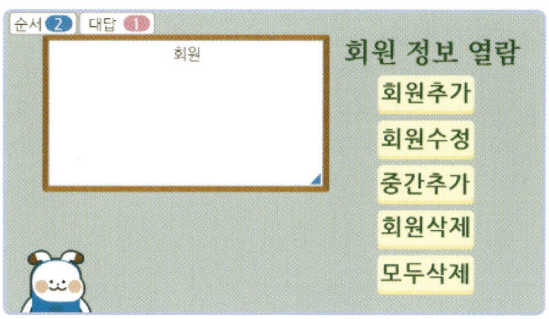

▲ 회원 모두 삭제하기

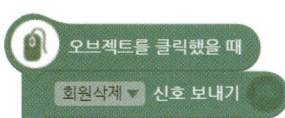
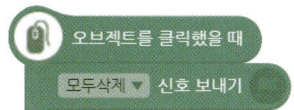

▲ 오브젝트를 클릭했을 때 [회원삭제] 신호를 보냅니다.
▲ 오브젝트를 클릭했을 때 [모두삭제] 신호를 보냅니다.

▲ [모두삭제] 신호를 받았을 때 1번째 항목을 회원 리스트에서 삭제하기를 회원 항목 수만큼 반복하여 모든 항목을 삭제합니다.

◀ [회원삭제] 신호를 받았을 때 '몇 번째 위치에 회원을 삭제할까요?(숫자만)'을 묻고 대답을 기다립니다.
계속 반복하여 만일 대답이 회원 항목 수 보다 크면 다시 '몇 번째 위치에 회원을 삭제할까요?(숫자만)'을 묻고 대답을 기다리며, 그렇지 않으면 반복을 중단합니다.
대답 변수의 값을 순서 변수에 넣습니다.
회원 리스트에서 대답 번째 항목을 삭제합니다.

STEP 09 · 함수

1 함수란?

- 함수란 복잡한 과정을 단순하게 정리하거나 반복적이고 자주 사용하는 블록들을 하나의 블록으로 만들어 함수를 이용한 블록을 사용함으로써 프로그램 코딩을 쉽고 간결하게 만들어 줄 수 있습니다.

2 함수 추가하기

- [속성] 탭에서 [함수]를 클릭한 후 [함수 추가]를 클릭, 함수 정의 화면이 표시되면 함수를 만든 후 [확인]을 클릭합니다.
- 생성된 함수는 [블록] 탭의 [함수] 꾸러미로 이동하면 관련 블록을 사용할 수 있습니다.

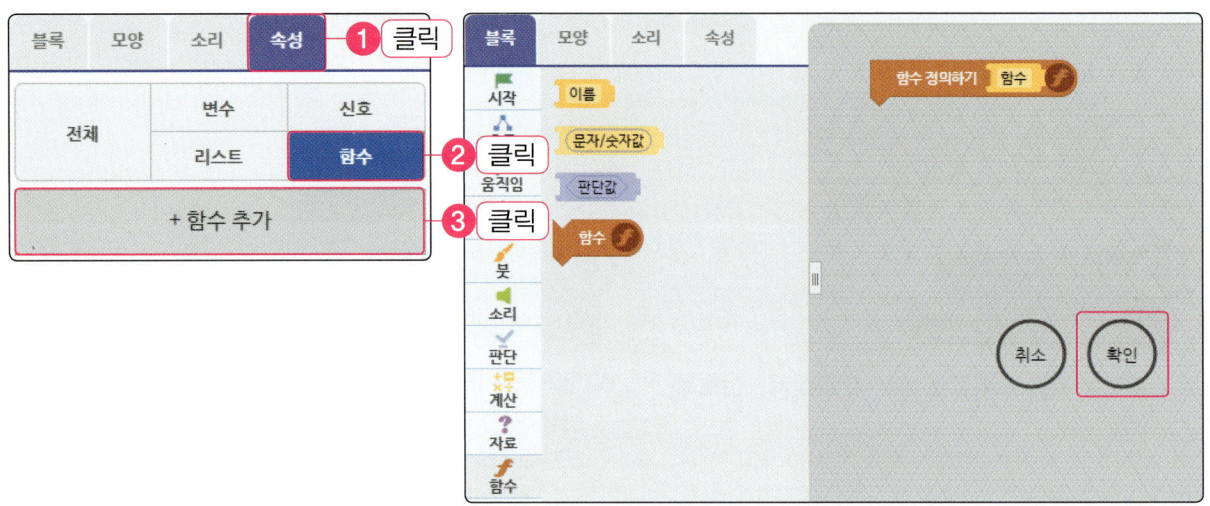

[함수에 사용하는 블록]

꾸러미	블록	설명
함수	함수 정의하기	자주 사용하게 될 코드들은 이 블록 아래에 조립하여 함수로 만듭니다.
	이름	'함수 정의하기'의 빈 칸 안에 조립하며, 이름을 입력하여 정해줍니다.
	문자/숫자값	함수를 실행하는데 문자나 숫자 값이 필요한 경우 빈칸 안에 조립하여 사용합니다.
	판단값	함수를 실행하는데 참이나 거짓을 판단할 필요가 있을 때 조립하여 사용합니다.
	함수	현재 만들고 있는 함수 블록 또는 지금까지 만들어 놓은 함수 블록들을 표시합니다.

[**작품명**: 탱크움직임.ent]

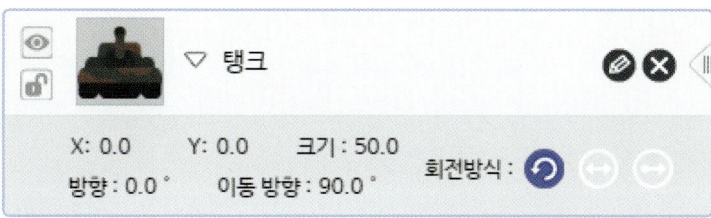

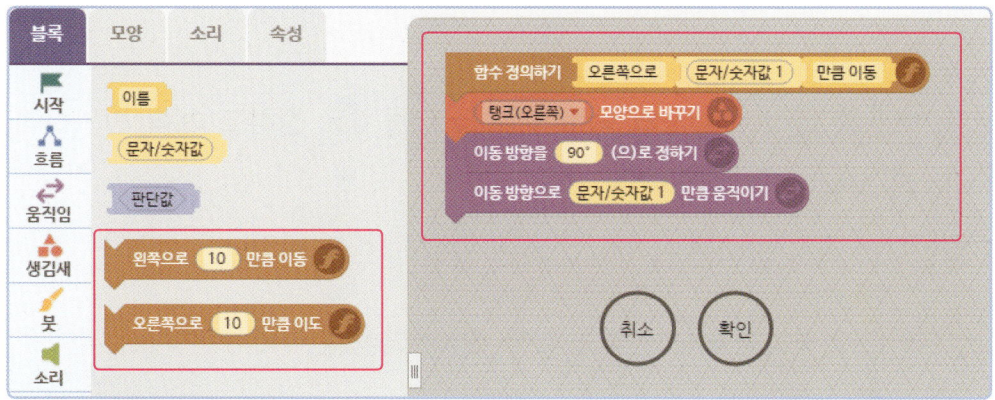

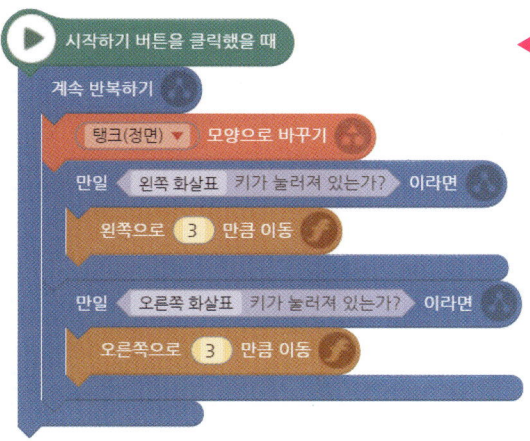

◀ [시작하기] 버튼을 클릭했을 때 탱크에서 계속 반복하여 아래의 기능을 실행합니다.
- 탱크의 모양을 '탱크(정면)' 모양으로 바꿉니다.
- 만일 왼쪽 화살표키를 눌렀을 때 왼쪽으로 3만큼 이동 함수를 실행합니다.
- 만일 오른쪽 화살표 키를 눌렀을 때 오른쪽으로 3만큼 이동 함수를 실행합니다.

사고력 TesT

01 속도를 상하 방향키로 조절, 공의 움직임을 아래의 〈조건〉에 맞게 코딩해 보세요.

[예제 : 공의속도.ent]

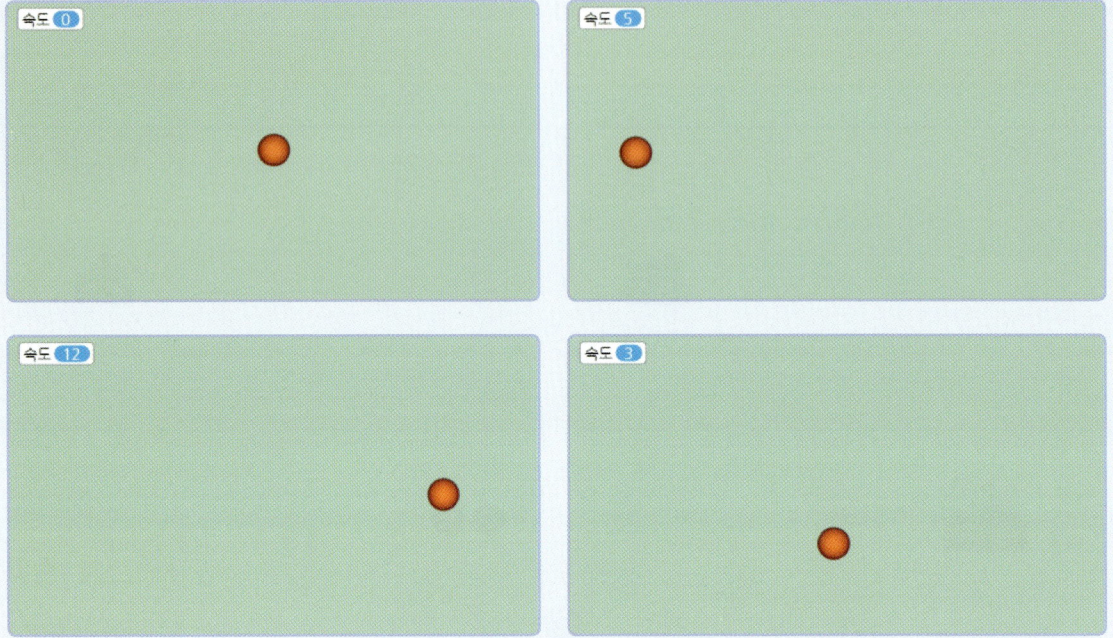

〈조건〉

- [시작하기] 버튼을 클릭하면 공의 속도 변수의 값을 5로 정하고 계속 반복하여 아래의 기능을 실행한다.
    - 이동 방향으로 속도 값만큼 움직이고 화면 끝에 닿으면 튕긴다.
- 위쪽 화살표키를 입력하면 속도 변수의 값을 1만큼 더한다.
- 아래쪽 화살표키를 입력하면 속도 변수의 값을 1만큼 뺀다.

사고력 TesT

02 변수를 이용, 떨어지는 동전의 수를 기록하도록 아래의 〈조건〉에 맞게 코딩해 보세요.

[예제 : 동전넣기.ent]

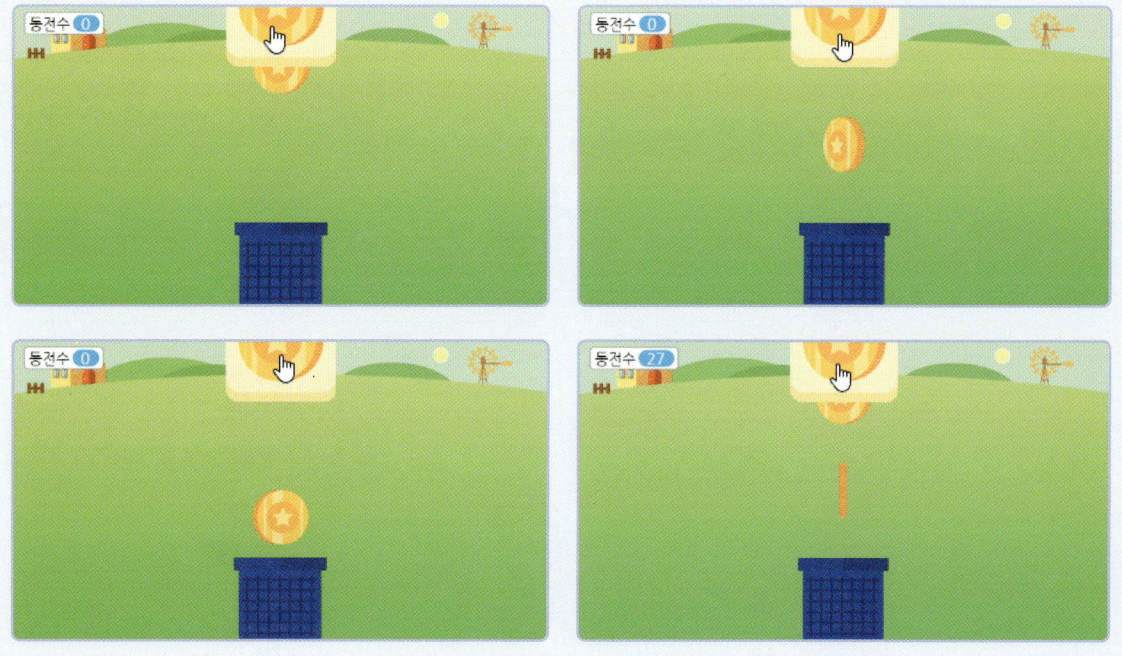

〈조건〉

- 버튼을 클릭하면 동전의 복제본을 만든다.

- 동전에서 복제본이 처음 생성되었을 때 계속 반복하여 다음 모양으로 바꾸고 0.01초를 기다린다.

- 동전에서 복제본이 처음 생성되었을 때 계속 반복하여 아래의 기능을 실행한다.
  - 이동 방향으로 5만큼 움직인다.
  - 만일 바구니에 닿았다면 모양을 숨기고 0.2초를 기다린 후 동전수에 1을 더한 다음 이 복제본을 삭제한다.

03 구구단 문제를 맞추는 구구단 게임을 아래의 〈조건〉에 맞게 코딩해 보세요.

[예제 : 구구단문제.ent]

〈조건〉

- [시작하기] 버튼을 클릭하면 엔트리봇이 10번 반복하여 아래의 기능을 실행한다.
    - 값1을 1부터 9사이의 무작위 수로 정한다.
    - 값2를 1부터 9사이의 무작위 수로 정한다.
    - "값1 변수값 '*', 값2 변수값 '= ?'"를 합쳐 묻고 대답을 기다린다.
    - 만일 대답과 값1 * 값2의 값이 같다면 '맞았습니다.'를 2초 동안 말하고 그렇지 않으면 '틀렸습니다.'를 2초 동안 말한다.

04 두 수를 입력받아 곱셈의 결과를 알려주도록 아래의 〈조건〉에 맞게 코딩해 보세요.

[예제 : 곱셈계산기.ent]

〈조건〉

- [시작하기] 버튼을 클릭하면 엔트리봇이 아래의 기능을 실행한다.
  - 첫번째 값을 입력하세요.(숫자)를 묻고 대답을 기다린다.
  - 대답을 값1 변수에 넣는다.
  - 두번째 값을 입력하세요.(숫자)를 묻고 대답을 기다린다.
  - 대답을 값2 변수에 넣는다.
  - '두 값을 곱한 결과는'과 '값1 * 값2'의 결과값, '입니다.'를 결합하여 2초 동안 말한다.

사고력 TesT

05 사각형 모양을 이용한 그림 작품을 아래의 〈조건〉에 맞게 코딩해 보세요.

[예제 : 작품그리기.ent]

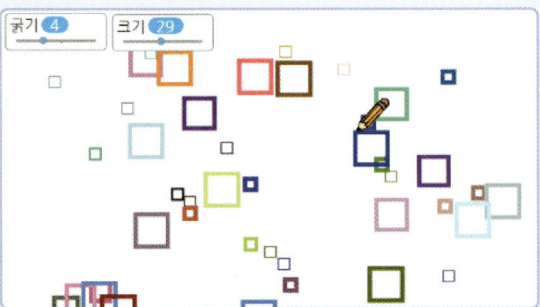
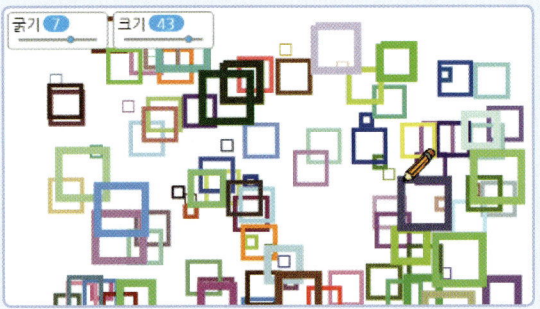
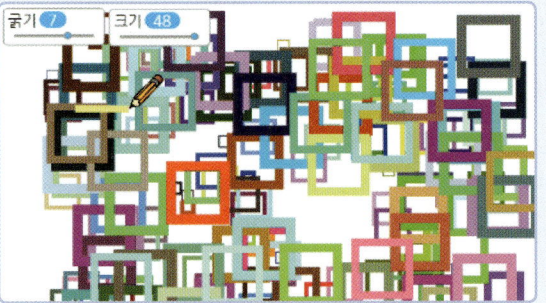

〈조건〉

- [시작하기] 버튼을 클릭하면 연필이 계속 반복하여 아래의 기능을 실행한다.
  - 붓의 색을 무작위 색으로 정한다.
  - 0.1초 동안 x: -200부터 200사이의 무작위 수, y: -130부터 130사이의 무작위 수 위치로 이동한다.
  - 붓의 굵기를 굵기 변수의 값으로 정한다.
  - 그리기를 시작한다.
  - 4번 반복하여 이동 방향으로 크기 변수값만큼 움직인 후 이동 방향을 90°만큼 회전한다.
  - 그리기를 멈춘다.
  - 만일 스페이스키를 입력하면 모든 코드를 멈춘다.

사고력 TesT

06 함수를 이용한 배경의 움직임을 아래의 〈조건〉에 맞게 코딩해 보세요.

[예제 : 얼룩말뛰기.ent]

〈조건〉

- 함수 만들기(함수이름) : 배경 움직이기
  - x좌표를 -1만큼 바꾸기
  - 만일 자신의 x좌표값이 -480보다 작다면 x:480 위치로 이동하기

- [시작하기] 버튼을 클릭하면 얼룩말이 계속 반복하여 다음 모양으로 바꾼 후 0.1초를 기다린다.

- [시작하기] 버튼을 클릭하면 배경1이 계속 반복하여 배경 움직이기 함수를 실행한다.

- [시작하기] 버튼을 클릭하면 배경2에서 x:480 위치로 이동한 후 계속 반복하여 배경 움직이기 함수를 실행한다.

사고력 Test

07 한국인이 좋아하는 매운음식 검색 프로그램을 아래의 〈조건〉에 맞게 코딩해 보세요.

[예제] : 음식검색.ent

〈조건〉

- 리스트 만들기(리스트 이름) : 좋아하는 매운음식5
  - 리스트 항목 수(5) 지정 및 항목 직접 입력 : 낙지볶음, 떡볶이, 짬뽕, 불닭, 닭볶음탕

- [시작하기] 버튼을 클릭하면 계속 반복하여 아래의 기능을 실행한다.
  - '한국인이 좋아하는 매운 음식 1~5위에는 무엇이 있을까요?'를 묻고 대답을 기다린다.
  - 만일 좋아하는 매운음식5 리스트에 대답이 포함되어 있을 경우 대답과 '은(는) 포함되어 있습니다.'를 합쳐서 2초 동안 말한다. 그렇지 않으면 대답과 '은(는) 포함되어 있지 않습니다.'를 합쳐서 2초 동안 말한다.

08 함수를 이용한 식물의 한살이 변화를 아래의 〈조건〉에 맞게 코딩해 보세요.

[예제 : 식물의한살이.ent]

〈조건〉

- 함수 만들기(함수이름) : 식물의 한살이
  - 1초를 기다린 후 식물의 모양을 다음 모양으로 바꾼다.

- [시작하기] 버튼을 클릭하면 식물이 계속 반복하여 식물의 한살이 함수를 실행한다.

출제 유형 문제

출제유형문제/달리기.ent

01 곰이 사과나무까지 이동한 후 다시 귤나무로 이동하도록, 아래 〈조건〉에 맞게 코딩하시오.

> **조건**
> - 엔트리 프로그램 화면 [블록 꾸러미]에서 필요한 블록을 가져다 사용한다.
> - [시작하기] 버튼을 클릭하면 곰이 계속 반복하여 아래의 기능을 실행한다.
>   - 이동 방향으로 5만큼 움직이고 다음 모양으로 바꾼 후 0.1초를 기다린다.
>   - 만일 사과나무에 닿았다면 이동 방향을 270°로 정한다.
>   - 만일 귤나무에 닿았다면 모든 코드를 멈추어 종료한다.

출제유형문제/다트게임.ent

02 키보드의 스페이스키를 눌러 다트 던지는 게임을 아래 〈조건〉에 맞게 코딩하시오.

> **조건**
> - 엔트리 프로그램 화면 [블록 꾸러미]에서 필요한 블록을 가져다 사용한다.
> - [시작하기] 버튼을 클릭하면 다트를 계속 반복하여 아래의 기능을 실행한다.
>   - 방향을 15°만큼 회전한 후 만일 스페이스키를 눌렀을 경우 [발사] 신호를 보내고 기다린다.
> - [시작하기] 버튼을 클릭하면 다트핀의 모양을 숨긴다.
> - [발사] 신호를 받았을 때 모양을 보이고 x:-40부터 90사이의 무작위 수, y:-40부터 90사이의 무작위 수 위치로 이동한 다음 2초 동안 기다린 후 모양을 숨긴다.

출제 유형 문제

출제유형문제/지도.ent

03 대한민국 지도에서 행정구역 검색을 위해, 아래 〈조건〉에 맞게 코딩하시오.

조건

- 엔트리 프로그램 화면 [블록 꾸러미]에서 필요한 블록을 가져다 사용한다.
- [시작하기] 버튼을 클릭하면 지도를 맨 앞으로 보내고 20번 반복하여 크기를 2만큼 바꾼 다음 20번 반복하여 크기를 -2만큼 바꾼다. 효과를 모두 지우고 맨 뒤로 보낸다.
- 강원도 오브젝트를 클릭했을 때 크기를 50만큼 바꾼 후 강원도를 2초 동안 말한 다음 0.5초를 기다렸다가 크기를 -50으로 바꾼다.
- 경기도 오브젝트를 클릭했을 때 크기를 50만큼 바꾼 후 경기도를 2초 동안 말한 다음 0.5초를 기다렸다가 크기를 -50으로 바꾼다.
- 경상북도 오브젝트를 클릭했을 때 크기를 50만큼 바꾼 후 경상북도를 2초 동안 말한 다음 0.5초를 기다렸다가 크기를 -50으로 바꾼다.
- 경상남도 오브젝트를 클릭했을 때 크기를 50만큼 바꾼 후 경상남도를 2초 동안 말한 다음 0.5초를 기다렸다가 크기를 -50으로 바꾼다.
- 충청북도 오브젝트를 클릭했을 때 크기를 50만큼 바꾼 후 충청북도를 2초 동안 말한 다음 0.5초를 기다렸다가 크기를 -50으로 바꾼다.
- 충청남도 오브젝트를 클릭했을 때 크기를 50만큼 바꾼 후 충청남도를 2초 동안 말한 다음 0.5초를 기다렸다가 크기를 -50으로 바꾼다.
- 전라북도 오브젝트를 클릭했을 때 크기를 50만큼 바꾼 후 전라북도를 2초 동안 말한 다음 0.5초를 기다렸다가 크기를 -50으로 바꾼다.
- 전라남도 오브젝트를 클릭했을 때 크기를 50만큼 바꾼 후 전라남도를 2초 동안 말한 다음 0.5초를 기다렸다가 크기를 -50으로 바꾼다.
- 제주도 오브젝트를 클릭했을 때 크기를 50만큼 바꾼 후 제주도를 2초 동안 말한 다음 0.5초를 기다렸다가 크기를 -50으로 바꾼다.

출제 유형 문제

출제유형문제/번개.ent

04 먹구름이 서로 부딪치면 번개가 표시되도록, 아래 〈조건〉에 맞게 코딩하시오.

조건

- 엔트리 프로그램 화면 [블록 꾸러미]에서 필요한 블록을 가져다 사용한다.
- [시작하기] 버튼을 클릭하면 먹구름1과 먹구름2가 계속 반복하여 아래의 기능을 실행한다.
  - 이동 방향으로 0.1부터 1사이의 무작위 수만큼 움직인 후 화면 끝에 닿으면 튕긴다.
- [시작하기] 버튼을 클릭하면 먹구름1이 계속 반복하여 아래의 기능을 실행한다.
  - 만일 먹구름2에 닿으면 [충돌] 신호를 보내고 기다린다.
- [시작하기] 버튼을 클릭하면 번개의 모양을 숨긴다.
- [충돌] 신호를 받았을 때 번개의 모양을 보이고 0.5초를 기다린 후 다음 모양으로 바꾸고 모양을 숨긴다.

출제유형문제/로봇청소기.ent

05 청소기를 따라 다니는 무당벌레를 아래 〈조건〉에 맞게 코딩하시오.

조건

- 엔트리 프로그램 화면 [블록 꾸러미]에서 필요한 블록을 가져다 사용한다.
- [시작하기] 버튼을 클릭하면 로봇청소기가 계속 반복하여 아래의 기능을 실행한다.
  - 이동 방향으로 3만큼 움직이며, 화면 끝에 닿으면 튕긴다.
- [시작하기] 버튼을 클릭하면 무당벌레가 계속 반복하여 로봇청소기 쪽을 바라보며, 이동 방향으로 1부터 2사이의 무작위 수 만큼 움직인다.
- [시작하기] 버튼을 클릭하면 무당벌레가 계속 반복하여 0.1초를 기다린 후 무당벌레의 모양을 다음 모양으로 바꾼다.

출제 유형 문제

출제유형문제/히터스위치.ent

06 스위치를 이용하여 히터를 켜고 끄는 기능을, 아래 〈조건〉에 맞게 코딩하시오.

조건

- 엔트리 프로그램 화면 [블록 꾸러미]에서 필요한 블록을 가져다 사용한다.
- [시작하기] 버튼을 클릭하면 스위치의 모양을 꺼짐 모양으로 바꾼다.
- 스위치의 오브젝트를 클릭했을 때 계속 반복하여 아래의 기능을 실행한다.
  - 만일 스위치의 모양 이름이 꺼짐일 경우 스위치의 모양을 켜짐 모양으로 바꾸고 [ON] 신호를 보내고 그렇지 않으면 꺼짐 모양으로 바꾸고 [OFF] 신호를 보낸다.
  - 반복을 중단한다.
- [ON] 신호를 받았을 때 히터의 모양을 히터_켜짐 모양으로 바꾼다.
- [OFF] 신호를 받았을 때 히터의 모양을 히터_꺼짐 모양으로 바꾼다.

출제유형문제/개구리.ent

07 개구리가 그루터기까지 이동하다가 멈추도록 아래 〈조건〉에 맞게 코딩하시오.

조건

- 엔트리 프로그램 화면 [블록 꾸러미]에서 필요한 블록을 가져다 사용한다.
- [시작하기] 버튼을 클릭하면 개구리가 계속 반복하여 아래의 기능을 실행한다.
  - 개구리의 모양을 다음 모양으로 바꾼다.
  - 이동 방향으로 20만큼 움직인 후 0.5초를 기다린다.
  - 만일 그루터기에 닿았을 경우 반복을 중단한다.

출제 유형 문제

출제유형문제/같은그림맞추기.ent

08 버튼을 눌러 같은 그림을 맞추는 게임을 아래 〈조건〉에 맞게 코딩하시오.

조건

- 엔트리 프로그램 화면 [블록 꾸러미]에서 필요한 블록을 가져다 사용한다.
- 버튼 오브젝트를 클릭했을 때 [선택] 신호를 보낸다.
- 선택1 오브젝트에서 [선택] 신호를 받았을 때 아래의 기능을 실행한다.
  – 20부터 50사이의 무작위 수 번 반복하여 선택1의 모양을 다음 모양으로 바꾸고 0.1초를 기다린다.
  – 결과1 변수의 값을 1로 정한다.
- 선택2 오브젝트에서 [선택] 신호를 받았을 때 아래의 기능을 실행한다.
  – 20부터 50사이의 무작위 수 번 반복하여 선택2의 모양을 다음 모양으로 바꾸고 0.1초를 기다린다.
  – 결과2 변수의 값을 1로 정한다.
- 글상자에서 [선택] 신호를 받았을 때 계속 반복하여 아래의 기능을 실행한다.
  – 만일 결과1 변수의 값이 1이고 결과2 변수의 값이 1이면 아래의 기능을 실행한다.
    ·· 만일 선택1의 모양번호가 선택2의 모양번호와 같으면 글상자에 '성공'이라고 글을 쓰고 그렇지 않으면 '실패'라고 글을 쓴다.
  – 결과1의 변수 값을 0으로 정한다.
  – 결과2의 변수 값을 0으로 정한다.

출제 유형 문제

출제유형문제/복제공.ent

09 공이 이동하며 벽에 닿을때 복제공이 만들어 지도록 아래 〈조건〉에 맞게 코딩하시오.

조건

- 엔트리 프로그램 화면 [블록 꾸러미]에서 필요한 블록을 가져다 사용한다.
- [시작하기] 버튼을 클릭하면 공이 계속 반복하여 아래의 기능을 실행한다.
  - 이동 방향으로 2만큼 움직이며, 화면 끝에 닿으면 튕긴다.
  - 만일 벽에 닿았을 경우 자신의 복제본을 만든다.
- 복제본이 처음 생성되었을 때 계속 반복하여 아래의 기능을 실행한다.
  - 이동 방향으로 2부터 3사이의 무작위 수 만큼 움직이며, 화면 끝에 닿으면 튕긴다.
  - 이동 방향을 -5부터 5사이의 무작위 수 만큼 회전한다.
- 키보드의 스페이스키를 누르면 모든 복제본이 삭제된다.

출제유형문제/그림그리기.ent

10 실행 화면의 굵기 슬라이드를 드래그하여 굵기를 조절, 연필로 그림을 그리도록 아래의 〈조건〉에 맞게 코딩하시오.

조건

- 엔트리 프로그램 화면 [블록 꾸러미]에서 필요한 블록을 가져다 사용한다.
- [시작하기] 버튼을 클릭하면 연필에서 계속 반복하여 아래의 기능을 실행한다.
  - 마우스포인터 위치로 이동한다.
  - 붓의 색을 검정색으로 정한다.
  - 붓의 굵기를 굵기 변수의 값으로 정한다.
  - 만일 마우스를 클릭했을 경우 그리기를 시작하고 그렇지 않으면 그리기를 멈춘다.

PART 04

피지컬 컴퓨팅

피지컬 컴퓨팅

01장 피지컬 컴퓨팅의 이해

01장 피지컬 컴퓨팅의 이해

STEP 01 · 피지컬 컴퓨팅의 정의 및 시스템

1 피지컬 컴퓨팅이란?

- 센서(Sensor)와 액추에이터(Actuators)를 이용하여 아날로그 현실 세계와 디지털 세계가 서로 상호작용(Interaction)하는 시스템을 의미합니다.
- 디지털 기술 장치인 센서를 이용하여 정보를 입력받아 프로그래밍을 통해 제어, 그 결과를 액추에이터(출력)하는 기기 및 시스템을 의미합니다.

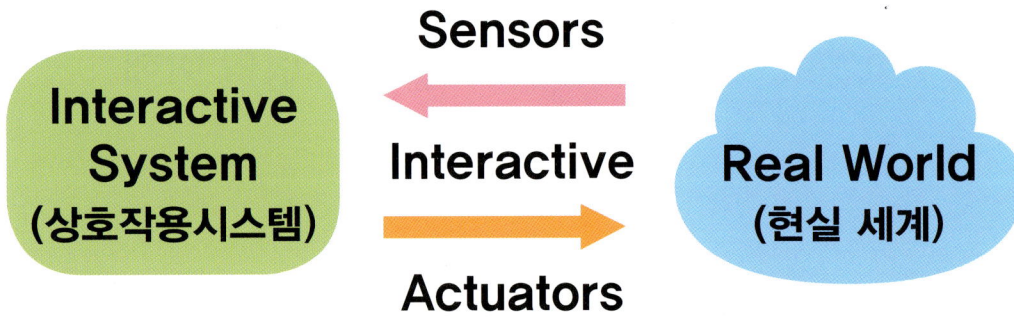

2 피지컬 컴퓨팅 시스템

- 생활에서의 시각, 청각, 후각, 촉각과 같은 사람의 직관력을 센서를 통해 입력받아 연결된 제어장치에 전송하면 제어장치는 센서로부터 감지된 정보를 통해 소프트웨어 코딩으로 정보를 처리한 후 제어장치에 연결된 액추에이터 장치에 명령을 실행시켜 동작을 만듭니다.

〈코딩〉　　　〈제어장치〉　　　〈센서 및 액추에이터〉

3 제어장치의 센서 및 액추에이터

- **제어장치** : 감지된 센서 정보를 사용자 요구에 따라 제어합니다.
  (아두이노, 라즈베리파이, 마이크로비트 등)

- **센서(입력)** : 여러 정보를 감지하여 제어장치에 신호를 보냅니다.
  (빛(조도), 온도, 거리(초음파), 소리, 적외선, 슬라이드, 버튼 등 감지 센서 등)

- **액추에이터(출력)** : 처리된 제어 신호에 의해 물리적 장치를 구동합니다.
  (LED, RGB LED, 부저, 회전 모터, 서보 모터 등)

◀ 라즈베리파이

아두이노 ▶

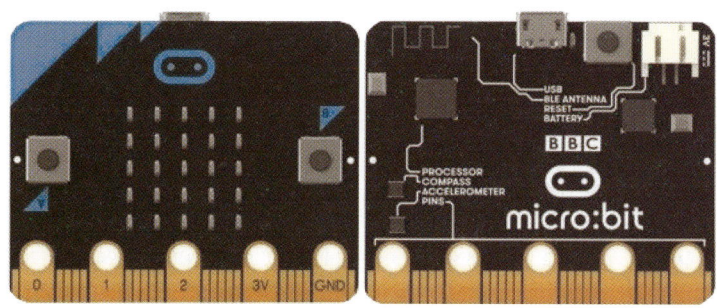
◀ 마이크로비트

STEP 02 · 센서(Sensor)

1 센서란?

- 센서란 실제 세상에 일어나는 물리적인 변화를 감지하여 전기적인 신호로 바꾸어 전달하는 장치입니다.
- 실 생활에서 일어나는 다양한 환경(빛, 소리, 온도 등)을 센서를 통해 전달할 수 있습니다.

2 센서의 종류

[빛(조도) 센서]

- 빛의 양(밝기)을 감지하여 그 변화 값을 전송합니다.
- 빛의 밝기를 나타내는 정도로 조도 센서라고도 합니다.
- 해가 뜨고 질 때 자동으로 꺼지고 켜지는 가로등 및 가정에서의 커튼 제어, 스마트폰과 태블릿 등의 자동 밝기 조절 등에 사용합니다.

[온도 센서]

- 주변의 온도를 감지하여 그 변화 값을 전송합니다.
- 실내 온도에 따른 에어컨 및 난방기 등의 작동 등에 사용합니다.

[거리 센서]

- 측정할 물체와 거리가 얼마나 떨어져 있는지 그 결과 값을 전송합니다.
- 측정할 물체에 초음파 또는 적외선을 쏘고 물건에 반사되어 되돌아오는 초음파 또는 적외선을 측정하여 다시 되돌아오는 시간의 지연 차이 등을 이용합니다.
- 자동문, 로봇청소기, 자동차의 주차 및 주행 시스템 등에 사용합니다.

[소리 센서]

- 소리의 세기에 따른 공기의 압력 변화를 소리 센서가 감지하여 그 결과 값을 전송합니다.
- 목적지를 말하면 듣고 방향을 안내하는 스마트 네비게이션, 인공지능 스피커 등에서의 소리 감지 등 음성인식에 사용합니다.

[압력 센서]

- 누르는 힘(압력)의 세기 정도를 입력 받아 전기신호로 변환하여 그 결과값을 전송합니다.
- 신발 밑창에 압력센서를 통해 몸의 균형 상태 및 걸음걸이 등 분석으로 건강관리 등에 도움을 주는 스마트 신발 및 스마트 체중계, 스마트 방석 등에 사용합니다.

[슬라이드]

- 슬라이드 손잡이를 움직여 값을 조절하여 그 결과 값을 전송합니다.
- 볼륨 조절 및 음질을 조정하는 다양한 음향 컨트롤 장치 등에 사용합니다.

[버튼]

- 버튼은 전류의 흐름을 연결해주거나 차단해 주는 부품으로 전류가 흐르면 1, 흐르지 않으면 0으로 신호를 보내 스위치 및 전원의 ON, OFF 등에 사용합니다.
- 버튼을 눌렀는지 그렇지 않은지 등의 동작으로 전원의 ON, OFF 스위치에 사용합니다.

STEP 03 · 액추에이터(Actuator)

1 액추에이터란?

- 액추에이터란 센서를 통한 감지 신호 및 사용자 코딩 등의 명령 제어 정보를 전기 신호로 전송, 이에 반응하여 동작하는 장치들을 의미합니다.
- LED 조명 및 RGB LED를 이용한 전광판, 자동화 로봇장비, 센서로봇, 드론 등 다양하게 사용합니다.

2 액추에이터의 종류

[LED]

- 발광 다이오드를 의미하며, 전류를 흐르게 할 때 적외선이나 가시광선을 방출하는 반도체 장치입니다.
- 소프트웨어 코딩으로 빛의 밝기 조정 및 켜고 끄는 동작을 할 수 있습니다.
- 빨간색 및 초록색 등의 신호등이나 가정 및 산업용 LED 등으로 사용합니다.

[RGB LED]

- RGB는 빛의 3원색(빨강-Red, 녹색-Green, 파랑-Blue)을 이용하여 다양한 칼라 색상을 표현할 수 있도록 만든 장치입니다.
- RGB LED는 4개의 다리를 가지며, 센서보드 제품에 따라 하나는 GND 또는 전압(5v)에 연결하고 나머지 3개를 보드의 PWM 핀에 각각 연결하여 색을 표현합니다.
- 다양한 색상을 표현할 수 있는 광고판 등에 사용합니다.

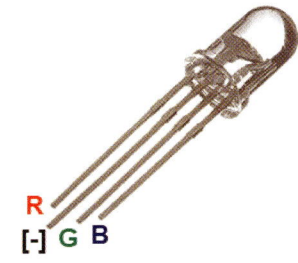 

[부저]

- 음 높이에 맞는 주파수를 맞추어 전기 신호를 전송하면 해당하는 음 높이의 소리를 들려줍니다.
- 스피커 소리보다 작고 단순하여 간단한 멜로디 및 알람소리 정도로 자동차 후방 감지에 따른 경고음 등에 활용합니다.

[회전 모터]

- 축이 연속적으로 360도 회전하는 모터를 의미하며, 주로 직류 전압을 사용하는 DC모터를 사용합니다.
- 회전 모터는 회전 속도 및 회전 방향 등을 제어할 수 있으며, 일반 생활용품 및 가전제품 등에서 다양하게 사용합니다.

[서보 모터]

- 각도를 바꿀 수 있는 모터로 모터와 제어구동보드(제어회로와 알고리즘)를 포함하여 서보 모터라고 합니다.
- 장난감 자동차의 앞바퀴 조향이나 헬리콥터의 로터 및 뒷 날개의 제어 등에 사용합니다.
- CCTV카메라 및 캠코더, DVD, 프린터 등에 사용되는 모터처럼 명령에 따라 정확한 위치와 속도를 맞출 때도 서보 모터를 사용합니다

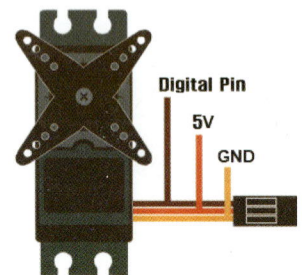

사고력 TesT

01 아래의 내용이 설명하는 용어가 무엇인지 〈보기〉에서 찾아 적어보세요.

❶ 아날로그 현실 세계와 디지털 세계를 서로 상호작용(Interaction)하는 시스템으로 실 생활의 여러 가지 현상을 입력받고 소프트웨어 형태로 처리, 여러 장치를 통해 현실로 결과를 출력해 주는 시스템입니다.

[   ]

❷ 빛, 온도, 소리 등 실제 세계의 여러 가지 현상을 신호로 바꾸어 제어장치에 전송해 주는 역할을 합니다.

[   ]

❸ 실 생활의 감지 신호 및 소프트웨어 코딩을 통한 명령 신호를 제어장치를 통해 전송, 이에 반응하여 동작하는 장치들을 의미합니다.

[   ]

〈보기〉 피지컬 컴퓨팅 / 센서 / 액추에이터

02 식물을 키우는 하우스가 있습니다. 식물들이 잘 자라도록 만들기 위해 필요한 센서에는 어떤 것들이 있는지 기능 설명을 참고하여 〈보기〉에서 이름을 적어 보세요.

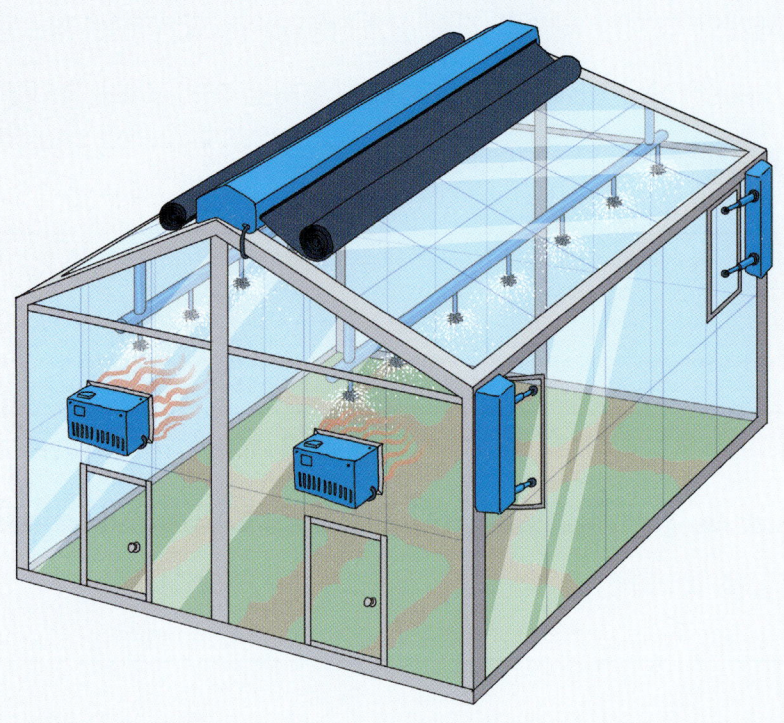

〈보기〉

온도 센서 / 조도(빛) 센서 / 습도 센서 / 풍속 센서

센서 이름	센서의 기능
❶	식물 하우스 안의 밝기를 체크하여 어두우면 지붕의 암막 커튼이 열리고 밝으면 닫히도록 만듭니다.
❷	바람이 적당하게 통하도록 체크하여 하우스의 창을 열고 닫히도록 만듭니다.
❸	식물 하우스 안이 덥지도 춥지도 않도록 적당한 실내 기온을 유지하기 위해 난방기를 작동합니다.
❹	건조하거나 너무 습하지 않도록 체크하여 건조하면 연결된 호스에서 물이 나와 수분을 공급해 줍니다.

03 RC 자동차를 제어하기 위해 필요한 액추에이터 장치를 수집하고 있습니다. 아래의 보기를 참고하여 기능 설명에 필요한 액추에이터 장치를 적어 보세요.

〈보기〉

서보 모터 / 회전(DC) 모터 / LED / RGB LED

액추에이터 이름	액추에이터의 기능
❶	자동차 바퀴가 좌우 원하는 방향으로 움직이도록 만듭니다.
❷	자동차 바퀴의 돌아가는 속도와 전진 혹은 후진 하도록 만듭니다.
❸	자동차 전조등이 켜지거나 꺼지도록 만듭니다.
❹	자동차 실내에 칼라 네비게이션을 만듭니다.

출제 유형 문제

01 시온이는 다양한 색상의 불빛이 나오는 노래방 조명을 만들려고 한다. 아래 〈보기〉를 보고 질문에 답하시오.

보기

〈빛의 3원색〉 R : 빨간색 G : 초록색 B : 파란색

(가) R: 255, G: 255, B: 255
(나) R: 255, G: 255, B: 0
(다) R: 255, G: 0, B: 255
(라) R: 0, G: 255, B: 255
(마) R: 0, G: 255, B: 0
(바) R: 255, G: 0, B: 0
(사) R: 0, G: 0, B: 255
(아) R: 0, G: 0, B: 0

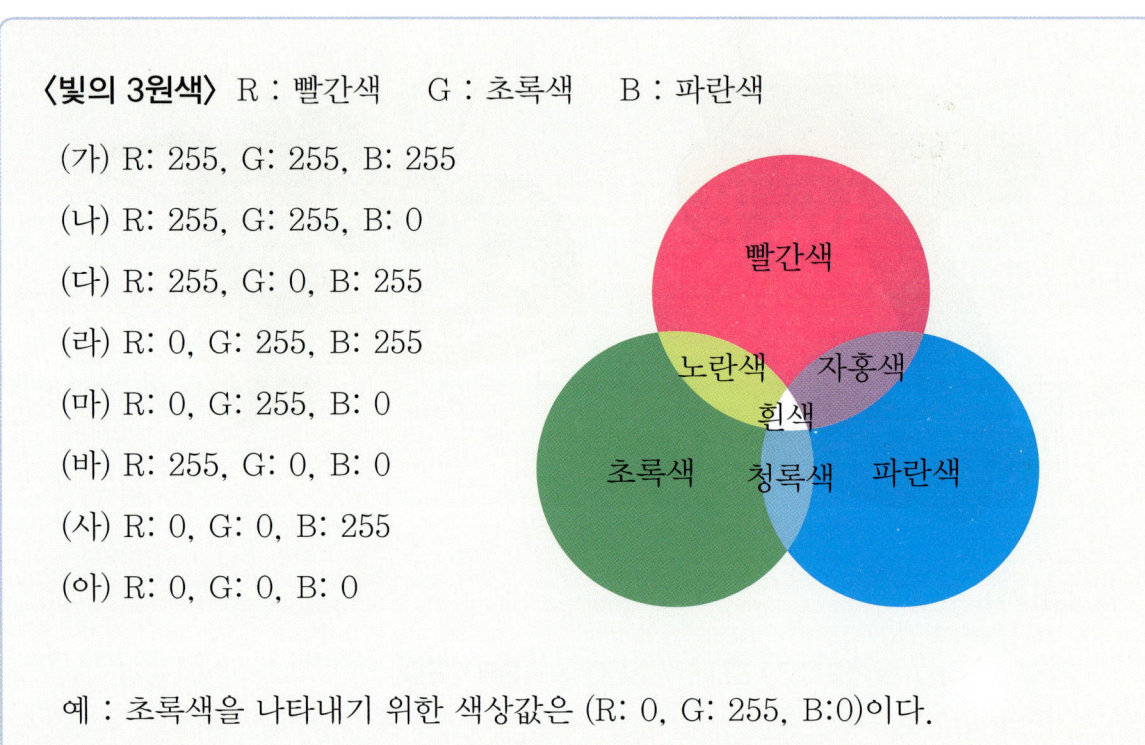

예 : 초록색을 나타내기 위한 색상값은 (R: 0, G: 255, B:0)이다.

문제

※ 답안 작성 요령 : 〈보기〉의 〈빛의 3원색〉을 참고하여, 빈칸 ①과 ②를 채워 넣으시오.

시온이가 만든 조명에서 파란색이 빛나도록 만들때 RGB 색상값은 (①   )이다.

시온이가 만든 조명에서 노란색이 빛나도록 만들때 RGB 색상값은 (②   )이다.

02 시온이는 실내의 밝기에 따라 창문의 블라인드 각도가 움직이며 빛의 양을 조절하는 스마트 블라인드를 만들려고 한다. 아래 〈보기〉를 보고 질문에 답하시오.

보기

〈센서의 종류〉
- 온도 센서
- 조도 센서
- 풍속 센서
- 습도 센서
- 거리 센서

〈액추에이터의 종류〉
- LED
- RGB LED
- 서보 모터
- 7세그먼트
- 부저

문제

※ 답안 작성 요령 : 〈보기〉를 참고하여, 빈칸 ①과 ②를 채워 넣으시오.

전동 블라인드를 만들 때 필요한 재료 중 주변 빛의 밝기를 측정하여 입력하는 센서는 (①   )이며, 블라인드의 각도를 조절하여 햇빛을 가리기 위해 필요한 부품은 (②   )이다.

출제 유형 문제

03 시온이가 거주하는 아파트 현관에서 비밀번호를 눌러 문을 열려고 한다. 아래 〈보기〉를 보고 질문에 답하시오.

보기

〈버튼을 이용한 현관 문 열기〉

시온이가 사는 아파트의 현관에는 숫자 버튼으로 이루어진 키패드가 있으며 집 주인에게 부여한 4자리의 번호를 누르면 문이 자동으로 열립니다.

〈생활의 편의 기능〉

(가) 숫자를 눌러 통화하는 전화기

(나) 햇빛의 양을 측정하여 열리고 닫히는 커튼

(다) 불을 켜고 끄는 전원 스위치

(라) 바람의 세기에 따라 문이 열리고 닫히는 창문

(마) 자동차의 주행 중 차선 이탈 감지 장치

문제

※ 답안 작성 요령 : 〈보기〉를 참고하여, 빈칸 ①과 ②를 채워 넣으시오.

시온이가 거주하는 아파트 현관문의 키패드와 같이 버튼을 이용한 생활의 편의 기능에는 (가) ~ (마) 중 ①(   )과 ②(   )가(이) 있다.

132 Part 4 피지컬 컴퓨팅

04 겨울을 맞은 동물원에 동물들이 밖에서 놀 때 온도가 내려가면 집으로 들어오도록 만들려고 한다. 아래 〈보기〉를 보고 질문에 답하시오.

보기

〈센서의 종류〉
- 온도 센서
- 조도 센서
- 풍속 센서
- 습도 센서
- 거리 센서

〈액추에이터의 종류〉
- 7세그먼트
- RGB LED
- 서보 모터
- 부저
- LCD

문제

※ 답안 작성 요령 : 〈보기〉를 참고하여, 빈칸 ①과 ②를 채워 넣으시오.

추운 겨울 동물원에 원숭이가 밖에서 놀고 싶어합니다. 동물원 사육사님이 특별이 밖에서 놀고 싶어하는 원숭이 친구를 위해 조끼를 만들어 입혀 주었는데 이 조끼에는 원숭이의 체온을 체크하며, 체온이 평균 체온보다 떨어지면 멜로디 소리가 들리도록 만들어 사육사님이 듣고 원숭이를 안으로 들여보낸다.

원숭이의 조끼에 설치된 센서 및 액추에이터 장치에는 어떤 것이 있는지 표기하시오.

센서 : (①   ), 액추에이터 : (②   )

PART 05

기출예상문제

기출예상문제

제01회	기출예상문제	제06회	기출예상문제
제02회	기출예상문제	제07회	기출예상문제
제03회	기출예상문제	제08회	기출예상문제
제04회	기출예상문제	제09회	기출예상문제
제05회	기출예상문제	제10회	기출예상문제

제01회 기출 예상 문제

SW코딩자격(2급)
– Software Coding and Computing Test –

SW	시험시간	급수	응시일	수험번호	성명
Entry 1.6.4 이상	45분	2	년 월 일		

수험자 유의사항

- 수험자는 감독관의 안내에 따라 시험지와 시험용 SW 등의 이상 여부를 확인해야 합니다.
- 시험지는 시험이 끝난 후 답안지와 함께 제출해야 하며, 미제출 시 실격 처리 됩니다.
- 제한된 시간 내에 시험을 완료하여야 합니다.
- 시험 시작 후에는 화장실 출입이 불가하며, 시험 시간 중에는 퇴실할 수 없습니다.
- 시험 시간 중 고사실 내에서 휴대 전화기, 디지털카메라, MP3 등 전자 기기를 소지한 경우, 해당자의 시험을 무효로 처리하오니 절대 휴대하지 않도록 합니다.
- 부정 응시 및 문제 유출에 해당하는 행위 즉, 답안을 타인에게 전달 및 외부로 반출하는 경우, 자격기본법 제 32조에 의거 부정행위로 간주되어 해당자의 시험을 무효처리하며 민/형사상의 책임을 물을 수 있습니다.

답안 작성요령

- 답안 작성 절차
  - 바탕화면(Desktop) / SW2-시험 / 수험번호-성명 / 파일에 답안을 작성 또는 작업 후 저장
- 시험을 완료한 수험자는 감독관의 안내에 따라 ①시험지를 제출하고 ②답안파일을 저장한 후 퇴실합니다.

과목1   컴퓨팅적 사고력과 문제해결

1. 시온이네 집은 5호선 '애오개'역 근처에 있고 시온이가 다니는 학교는 4호선 '명동'역에 위치하고 있다. 아래 〈보기〉를 참고하여 〈문제〉의 빈 칸을 완성하시오. (10점)

〈보기〉

〈 지하철 환승 및 이동 시간 〉

● 노선(호선)이 다른 경우 환승하는 시간은 5분이 소요된다.
● 공항철도선을 제외한 지하철역과 역 사이의 이동 및 정차 시간은 2분이 소요된다.
● 공항철도선 역과 역 사이의 이동 및 정차 시간은 20분이 소요된다.

〈 지하철 노선도 〉

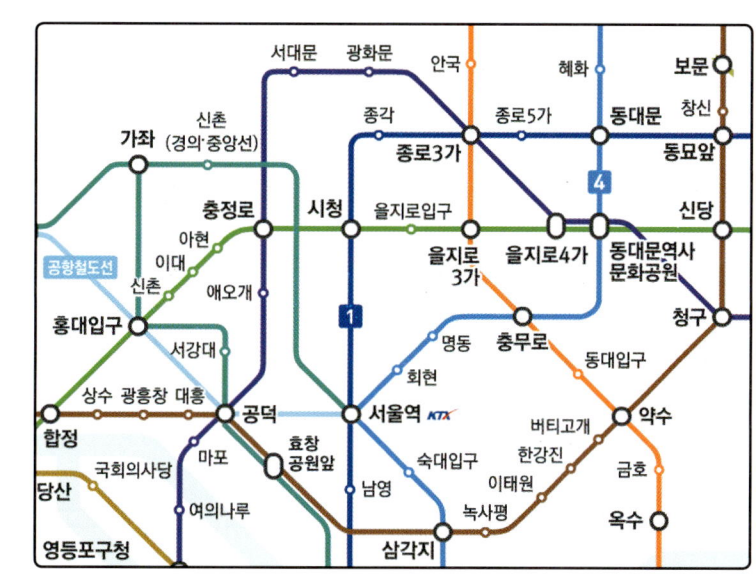

〈문제〉

※ 답안 작성 요령 : 〈보기〉를 참고하여, 빈 칸 ①과 ②를 채워 넣으시오.

- 집에서 학교까지 갈 때 가장 짧게 걸리는 지하철 소요시간은 (①   ) 이다.
- '애오개'역에서 '공덕'역으로 이동한 후 공항철도선으로 환승한 다음 서울역으로 이동, 4호선으로 환승하여 명동역으로 갈 때의 소요시간은 (②   ) 이다.

2. 시온이는 매일 매일 일기를 쓴다. 아래 〈보기〉의 시온이 일기를 참고하여 〈문제〉의 빈 칸을 완성하시오. (10점)

〈보기〉

〈시온이의 일기〉

10월 달에는 쉬는 날이 많아서 참 좋다.

10월 3일 수요일은 개천절이다. 우리학교 개교기념일도 10월 달에 있는데 한글날 다음 다음날로 징검다리 휴일이 되어 한글날과 같이 연결하여 수요일날 쉬기로 결정했다고 한다. 만약 학교 재량 휴업일이 10월에 있다면 이날로 지정해서 5일 연속으로 쉬는 황금 연휴로 만들 수 있을 텐데... 그건 꿈이겠지?

10:October

Sun	Mon	Tue	Wed	Thu	Fri	Sat
	1	2	개천절 3	4	5	6
7	8	한글날 9	10	11	12	13
14	15	16	17	18	19	20
21	22	23	24	25	26	27
28	29	30	31			

〈문제〉

※ 답안 작성 요령 : 〈보기〉를 참고하여, 빈 칸 ①과 ②를 채워 넣으시오.

- 시온이네 학교의 실제 개교기념일은 언제입니까? (①   월   일   요일)
- 시온이가 원하는 재량 휴업일은 언제입니까? (②   월   일   요일)

과목2 알고리즘 설계

3. 시온이는 체력 운동을 위해 헬스클럽에 가서 매일 출석을 체크하고 팔굽혀펴기 및 윗몸일으키기를 15회 실시하며, 운동과 운동 사이에 1분 휴식 등으로 5세트를 반복 실시하려고 한다. 아래 〈보기〉를 참고하여 〈문제〉의 빈 칸을 완성하시오. (10점)

〈보기〉
〈시온이의 체력 운동〉 – 5회 반복하기　　　　　　– 헬스클럽 가기 – 1분 휴식하기　　　　　　– 출석 체크하기 – 윗몸일으키기 15회　　　 – 팔굽혀펴기 15회

〈문제〉

※ 답안 작성 요령 : 〈보기〉를 참고하여 작성하되, 〈시온이의 체력 운동〉에서 적절한 내용을 골라 빈 칸 ①과 ②를 채워 넣으시오.

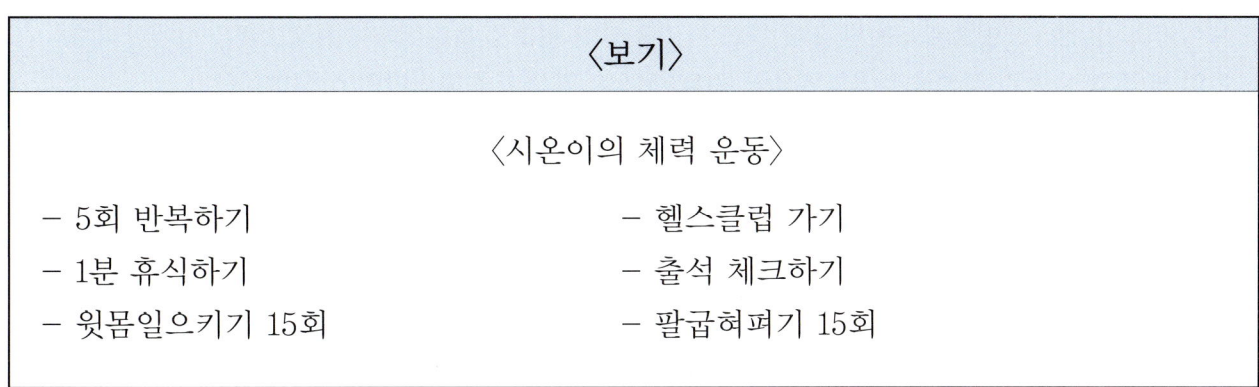

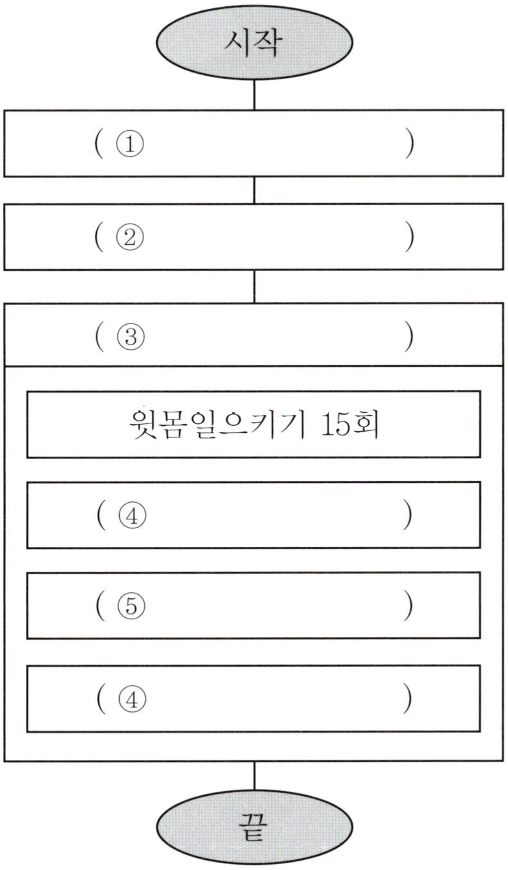

과목3 프로그래밍 언어 이해와 프로그래밍

※ 프로그래밍 작업 가이드
- 바탕화면(Desktop) / SW2-시험
- 수험번호-성명 폴더를 마우스 오른쪽 버튼으로 클릭한 후, [이름 바꾸기]를 클릭
  → 본인의 수험번호-성명으로 수정하시오.
- 본인의 수험번호-성명으로 수정된 폴더 안의 파일을 문항 별로 더블클릭하여 프로그램을 실행합니다.
- 문항 별 조건에 따라 작업을 완료하였으면, 파일>저장하기 버튼을 클릭하여 저장합니다.

4. 버튼의 진행 모양에 따라 무용수가 춤을 추도록, 아래 〈조건〉에 맞게 코딩하시오. (10점)

〈조건〉
- 엔트리 프로그램 화면 [블록 꾸러미]에서 필요한 블록을 가져다 사용한다.
- ▶시작하기 버튼을 클릭하면 버튼이 x좌표 160, y좌표 -90에 위치한다.
- 버튼을 클릭하면 '춤추기' 신호를 보낸 후 다음 모양으로 바꾼다.
- 무용수는 '춤추기' 신호를 받으면 아래의 기능을 실행한다.
   - 다음 모양으로 바꾸고 0.2초 동안 x좌표 -80, y좌표 -30 위치로 이동한다.
   - 다음 모양으로 바꾸고 0.2초 동안 x좌표 -40, y좌표 -30 위치로 이동한다.

5. 큐피트가 쏜 화살로 화난 다람쥐가 사랑스런 다람쥐 모습으로 변신하도록, 아래 〈조건〉에 맞게 코딩하시오. (10점)

〈조건〉
- 엔트리 프로그램 화면 [블록 꾸러미]에서 필요한 블록을 가져다 사용한다.
- ▶시작하기 버튼을 클릭하면 화살은 큐피트의 위치로 이동한다.
- 키보드의 스페이스키를 입력하면 아래의 기능을 실행한다.
  (1) 큐피트가 '얍'이라고 말한다.
  (2) 화살이 화난다람쥐에 닿을 때까지 이동 방향으로 5만큼 계속 반복하여 이동한다.
- 화살이 화난다람쥐에 닿으면 '마법' 신호를 보내고 모양을 숨긴다.
- 화난다람쥐는 '마법' 신호를 받으면 사랑스런다람쥐 모양으로 변경 후 크기를 120으로 바꾼다.

6. 좌우로 이동하는 여객선에서 스페이스키를 입력하면 연기가 나오도록, 아래 〈조건〉에 맞게 코딩하시오. (10점)

〈조건〉

- 엔트리 프로그램 화면 [블록 꾸러미]에서 필요한 블록을 가져다 사용한다.
- ▶시작하기 버튼을 클릭하면 연기는 모양을 숨긴다.
- 여객선은 계속 반복하여 0.2초 기다린 후 이동 방향으로 10만큼 움직이며, 화면 끝에 닿으면 튕긴다.
- 연기에서 스페이스키를 입력하면 0.1초를 기다린 후 자신의 복제본 만들기를 2번 반복한다.
- 복제본이 처음 생성되었을 때 연기를 여객선 위치로 이동하며, 모양을 보이고 벽에 닿을 때까지 반복하여 y좌표를 5만큼 바꾼 후 벽에 닿으면 이 복제본을 삭제한다.

7. 대포를 클릭할 때마다 폭탄이 나타나 발사되도록, 아래 〈조건〉에 맞게 코딩하시오. (10점)

〈조건〉

- 엔트리 프로그램 화면 [블록 꾸러미]에서 필요한 블록을 가져다 사용한다.
- ▶시작하기 버튼을 클릭하면 폭탄 모양을 숨긴다.
- 대포를 클릭하면 폭탄을 복제한다.
- 폭탄에서 복제본이 처음 생성되었을 때 아래와 같이 움직임을 만든다.
  (1) 폭탄 모양으로 바꾼 후 대포 위치로 이동한다.
  (2) 이동 방향을 280 부터 310 사이의 무작위 수로 정한 후 모양을 보인다.
  (3) 50 부터 100 사이의 무작위 수만큼 반복하여 이동 방향으로 5만큼 움직이며, 화면 끝에 닿으면 튕긴다.
  (4) 터진폭탄 모양으로 바꾼 후 0.2초를 기다렸다가 이 복제본을 삭제한다.

8. 소피가 길을 따라 이동, 보물을 찾을 수 있도록 아래 〈조건〉에 맞게 코딩하시오. (10점)

〈조건〉

- 엔트리 프로그램 화면 [블록 꾸러미]에서 필요한 블록을 가져다 사용한다.
- ▶시작하기 버튼을 클릭하면 소피가 힌색 길을 따라 보물 위치까지 이동한다.
  (1) 보물 위치에 닿을 때까지 이동 방향으로 2만큼 계속 반복하여 이동한다.
  (2) 배경에 닿으면 -20만큼 이동 후 방향을 90도 만큼 회전한다.
  (3) 보물에 닿으면 '도착' 신호를 보낸다.
- 보물에서 '도착' 신호를 받으면 열린보물상자 모양으로 바꾼다.

과목4 피지컬 컴퓨팅 이해

9. 시온이는 요즘 학교에서 스마트 화분에 대해 공부를 하고있다. 〈보기〉를 참고하여 〈문제〉의 빈 칸을 완성하시오. (10점)

〈보기〉

〈스마트 화분 만들기〉

식물이 잘 자라기 위해 꼭 필요한 요소에는 물과 적정한 온도 그리고 공기와 빛, 거름 등이 있다. 그중에서 꼭 필요한 요소를 든다면 적당한 빛과 온도를 맞추어 주어야 건강한 식물을 키울 수 있을 것이다. 최근 스마트 화분이라고 해서 IOT 기술을 접목시켜 다양한 센서를 이용, 적정한 빛과 수분을 공급하여 식물을 키울 수 있는 방법이 나오기 시작했다.

스마트 화분의 구조 방식은 화분 안에 토양을 (①   )를 통해 감지하여 수분의 양이 적을 때 물을 공급해 주고, 일정한 양의 빛을 받지 못할 경우 (②   )를 통해 체크, 인공 조명을 비추어 건강하게 자라도록 돕는 방식이다.

〈센서의 종류〉

조도 센서, 거리 센서, 소리 센서, 습도 센서, 적외 센서, 온도 센서

〈문제〉

※ 답안 작성 요령 : 〈보기〉를 참고하여, 빈 칸 ①과 ②를 채워 넣으시오.

〈스마트 화분 만들기〉에서 빈 칸 ①과 ②에 들어갈 센서의 종류로 옳은 것을 〈센서의 종류〉에서 고르시오. (①   ), (②   )

10. 불빛이 나오는 운동화에 관심이 많은 시온이는 그 원리가 무엇인지 궁금해 졌다. 〈보기〉를 참고하여 〈문제〉의 빈 칸을 완성하시오. (10점)

〈보기〉
〈불빛이 나오는 운동화의 원리〉 전원은 운동화 밑창에 배터리를 장착하여 사용하며, 운동화를 신고 걸을 때 바닥과 운동화 사이의 거리를 감지하여 신호 정보를 전송한다. 신호를 받은 제어장치가 액추에이터 장치에 명령을 전송 운동화에 빛이 나오는 원리이다. 〈센서의 종류〉 조도(빛) 센서, 온도 센서, 열 센서, 거리 센서, 적외선 센서 〈액추에이터의 종류〉 LED, 회전 모터, 서보 모터, 부저

〈문제〉
※ 답안 작성 요령 : 〈보기〉를 참고하여, 빈 칸 ①과 ②를 채워 넣으시오.
- 운동화가 바닥에 닿을 때를 감지하기 위해 필요한 센서로 좋은 것을 〈센서의 종류〉에서 고르시오. (①   ) - 운동화가 불빛을 나타내기 위해 필요한 장치를 〈액추에이터의 종류〉에서 고르시오. (②   )

※ 시험 종료 전,
- 본인의 수험번호-성명 폴더 내에 작업한 답안 파일이 정상적으로 저장되었는지 확인합니다.
  → 시험 종료 후, 감독관이 답안파일을 수거합니다.
- 수험번호, 성명을 잘못 기재하였거나, 답안 파일을 잘못 저장하여 발생한 문제나 불이익에 대한 일체의 책임은 수험자에게 있습니다.
- 감독관의 안내에 따라 시험지를 제출하고 퇴실합니다.

〈 끝 〉

제02회 기출 예상 문제

SW코딩자격(2급)
— Software Coding and Computing Test —

SW	시험시간	급수	응시일	수험번호	성명
Entry 1.6.4 이상	45분	2	년 월 일		

수험자 유의사항

- 수험자는 감독관의 안내에 따라 시험지와 시험용 SW 등의 이상 여부를 확인해야 합니다.
- 시험지는 시험이 끝난 후 답안지와 함께 제출해야 하며, 미제출 시 실격 처리 됩니다.
- 제한된 시간 내에 시험을 완료하여야 합니다.
- 시험 시작 후에는 화장실 출입이 불가하며, 시험 시간 중에는 퇴실할 수 없습니다.
- 시험 시간 중 고사실 내에서 휴대 전화기, 디지털카메라, MP3 등 전자 기기를 소지한 경우, 해당자의 시험을 무효로 처리하오니 절대 휴대하지 않도록 합니다.
- 부정 응시 및 문제 유출에 해당하는 행위 즉, 답안을 타인에게 전달 및 외부로 반출하는 경우, 자격기본법 제 32조에 의거 부정행위로 간주되어 해당자의 시험을 무효처리하며 민/형사상의 책임을 물을 수 있습니다.

답안 작성요령

- 답안 작성 절차
  - 바탕화면(Desktop) / SW2-시험 / 수험번호-성명 / 파일에 답안을 작성 또는 작업 후 저장
- 시험을 완료한 수험자는 감독관의 안내에 따라 ①시험지를 제출하고 ②답안파일을 저장한 후 퇴실합니다.

과목1 컴퓨팅적 사고력과 문제해결

1. 시온이가 컴퓨터의 정보 표현 방식에 대해 알아보려고 한다. 아래 〈보기〉를 참고하여 〈문제〉의 빈 칸을 완성하시오. (10점)

〈보기〉

〈컴퓨터의 정보 표현 방식〉

컴퓨터는 전기 신호에 의해 정보를 표현한다. 전기 신호가 없는 경우 0, 신호가 들어오면 1 등으로 구분하여 두 가지 신호를 이용하여 정보를 표현하는데 0 또는 1 하나의 정보를 담을 수 있는 정보 표현의 단위를 비트(Bit)라고 한다. 이렇게 1개의 비트(Bit)가 2가지의 정보를 표현할 수 있어 여러 가지의 정보를 표현하기 위해서는 여러 개의 비트(Bit)가 필요하다.

〈비트 당 정보 표현 가능한 가지 수〉

구 분	1비트	2비트	3비트
표현 가능한 정보의 수	0 1	0 0 0 1 1 0 1 1	0 0 0 0 0 1 0 1 0 0 1 1 1 0 0 1 0 1 1 1 0 1 1 1
계산식	2	2 × 2	2 × 2 × 2
표현 가지 수	2가지	4가지	8가지

〈문제〉

※ 답안 작성 요령 : 〈보기〉를 참고하여, 빈 칸 ①과 ②를 채워 넣으시오.

- 1비트(Bit)는 2가지, 2비트는 4가지의 정보를 표현하며, 4비트(Bit)를 이용하여 표현할 수 있는 가지 수는 (①   ) 이다.
- 4비트(Bit)의 정보를 표현할 때 계산식은 (①   ) 이다.

2. 공연을 관람하기 위해 시온이와 친구들이 티켓 예매처 앞에 줄을 서있다. 아래 <보기>를 참고하여 <문제>의 빈 칸을 완성하시오. (10점)

<보기>	
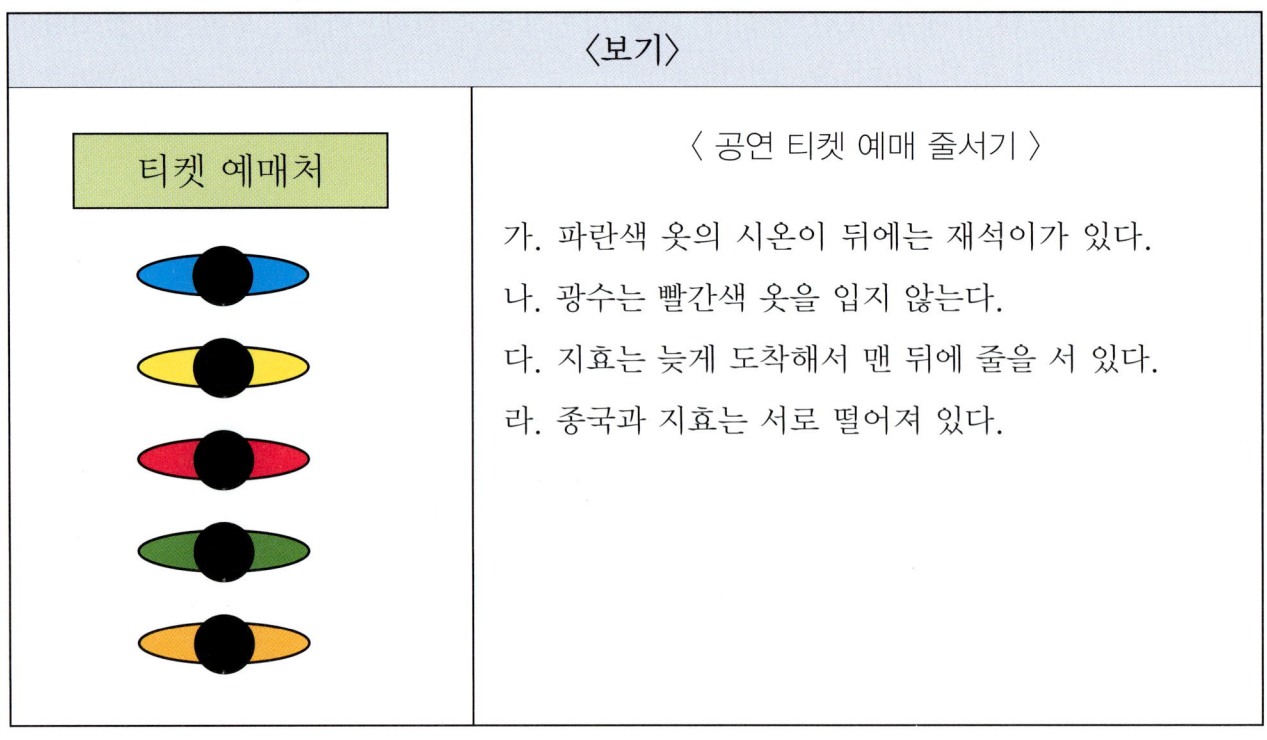	< 공연 티켓 예매 줄서기 > 가. 파란색 옷의 시온이 뒤에는 재석이가 있다. 나. 광수는 빨간색 옷을 입지 않는다. 다. 지효는 늦게 도착해서 맨 뒤에 줄을 서 있다. 라. 종국과 지효는 서로 떨어져 있다.

<문제>
※ 답안 작성 요령 : <보기>를 참고하여, 빈 칸 ①과 ②를 채워 넣으시오.
- 티켓 예매처의 줄 가운데 빨간옷을 입은 사람은 누구입니까? (①   ) - 티켓 예매처의 줄 가운데 초록색 옷을 입은 사람은 누구입니까 (②   )

과목2 알고리즘 설계

3. 시온이는 이번에 졸업하는 5명의 동생들에게 선물을 주기로 했다. 아래 〈보기〉를 참고하여 〈문제〉의 빈 칸을 완성하시오. (10점)

〈보기〉
〈 졸업 선물 준비하기 〉 – 졸업축하 카드쓰기   – 선물, 카드, 포장지 – 5번 반복하기   – 카드넣고 선물 포장하기 – 쇼핑백에 넣는다.

〈문제〉
※ 답안 작성 요령 : 〈보기〉를 참고하여 작성하되, 〈졸업 선물 준비하기〉에서 적절한 내용을 골라 빈 칸 ①과 ②를 채워 넣으시오.

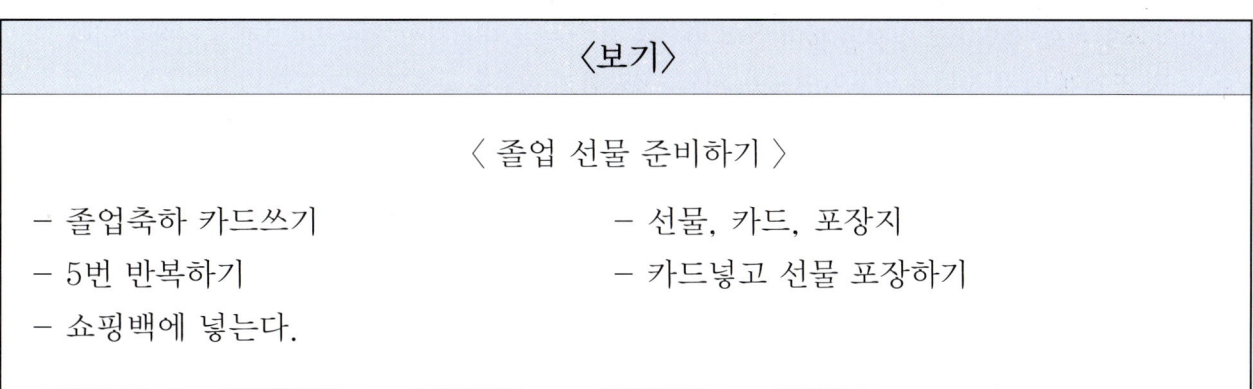

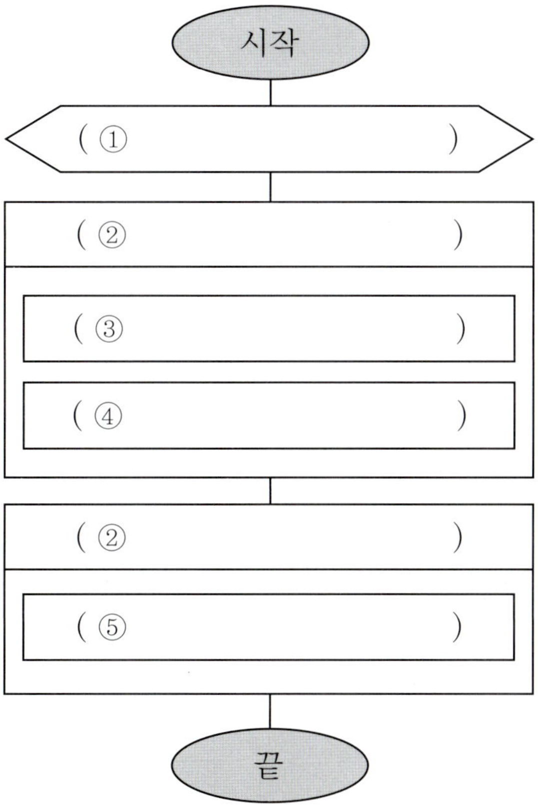

과목3 프로그래밍 언어 이해와 프로그래밍

※ 프로그래밍 작업 가이드
- 바탕화면(Desktop) / SW2-시험
- 수험번호-성명 폴더를 마우스 오른쪽 버튼으로 클릭한 후, [이름 바꾸기]를 클릭
  → 본인의 수험번호-성명으로 수정하시오.
- 본인의 수험번호-성명으로 수정된 폴더 안의 파일을 문항 별로 더블클릭하여 프로그램을 실행합니다.
- 문항 별 조건에 따라 작업을 완료하였으면, 파일>저장하기 버튼을 클릭하여 저장합니다.

4. 시간이 흘러 햇님이 사라지고 달님이 나타나도록, 아래 〈조건〉에 맞게 코딩하시오. (10점)

〈조건〉

- 엔트리 프로그램 화면 [블록 꾸러미]에서 필요한 블록을 가져다 사용한다.
- ▶시작하기 버튼을 클릭하면 햇님이 x좌표 -90, y좌표 100 위치로 이동한다.
- 스페이스키를 입력하면 투명 배경과 달님이 투명도 효과를 100으로 정한 후 50번 반복하여 투명도 효과를 -2만큼씩 주고 0.1초를 기다린다.
- 스페이스키를 입력하면 햇님은 50번 반복하여 투명도 효과를 2만큼씩 주고 0.1초를 기다린다.

5. 숫자 버튼을 이용하여 앉았다 일어나는 운동과 런닝머신을 이용한 걷기 운동을 하도록, 아래 〈조건〉에 맞게 코딩하시오. (10점)

〈조건〉

- 엔트리 프로그램 화면 [블록 꾸러미]에서 필요한 블록을 가져다 사용한다.
- ▶시작하기 버튼을 클릭하면 미니남이 x좌표 65, y좌표 -30 위치로 이동한다.
- 숫자1을 클릭하면 '운동' 신호를 보낸다.
- 엔트리봇이 '운동' 신호를 받으면 10번 반복하여 다음 모양으로 바꾸고 0.5초를 기다린다.
- 숫자2를 클릭하면 '걷기' 신호를 보낸다.
- 미니남이 걷기 신호를 받으면 12번 반복하여 y좌표를 2만큼 바꾸고 다음 모양으로 바꾼 다음 0.2초를 기다렸다가 y좌표를 -2만큼 바꾼다.

6. 칠판에 그림을 그린 후 지우개로 지울 수 있도록, 아래 〈조건〉에 맞게 코딩하시오. (10점)

〈조건〉
- 엔트리 프로그램 화면 [블록 꾸러미]에서 필요한 블록을 가져다 사용한다. - ▶ **시작하기** 버튼을 클릭하면 연필이 붓의 색을 빨간색으로 정한 후 계속 반복하여 마우스 포인터 위치로 이동한다. - 마우스를 클릭하면 연필이 그리기를 시작한다. - 마우스 클릭을 해제하면 연필이 그리기를 멈춘다. - 키보드의 1번 키를 입력하면 붓의 색을 검정으로 정한다. - 키보드의 2번 키를 입력하면 붓의 굵기를 5로 정한다. - 지우개 오브젝트를 클릭하면 '지우기' 신호를 보낸다. - 연필이 '지우기' 신호를 받았을 때 모든 붓 지우기로 지운다.

7. 구구단 문제를 내고 대답에 따라 정답 여부를 알려주도록, 아래 〈조건〉에 맞게 코딩하시오. (10점)

〈조건〉

- 엔트리 프로그램 화면 [블록 꾸러미]에서 필요한 블록을 가져다 사용한다.
- ▶ **시작하기** 버튼을 클릭하면 마술이 2번 반복하여 다음 모양으로 바꾸고 0.1초를 기다린다.
- 마술의 모양이 사람으로 바뀐 상태에서 계속 반복하여 아래의 기능을 실행한다.
  (1) '단' 변수를 2부터 9까지 무작위 수로 정한다.
  (2) '수' 변수를 1부터 9까지 무작위 수로 정한다.
  (3) '정답' 변수에 '단' 변수 값과 '수' 변수 값을 곱한 결과를 넣는다.
  (4) '정답은?'을 묻고 대답을 기다린다.
  (5) 만약 '정답' 변수의 값과 '대답' 변수의 값이 같다면 '정답입니다.'를 2초 동안 말하고 그렇지 않으면 '틀렸습니다.'를 2초 동안 말한다.

8. 유치원생이 고양이 버스를 탈 수 있도록, 아래 〈조건〉에 맞게 코딩하시오. (10점)

〈조건〉

- 엔트리 프로그램 화면 [블록 꾸러미]에서 필요한 블록을 가져다 사용한다.
- ▶ **시작하기** 버튼을 클릭하면 유치원생이 '유치원생1' 모양으로 바꾸고 1초 동안 x좌표 195, y좌표 -70 위치로 이동한다.
- ▶ **시작하기** 버튼을 클릭하면 고양이 버스는 계속 반복하여 x좌표를 2만큼 바꾸고 아래의 기능을 실행한다.
  (1) 만일 정거장에 닿으면 '도착' 신호를 보낸다.
  (2) 만일 유치원생까지의 거리가 100보다 작다면 모든 코드를 멈춘다.
- '도착' 신호를 받으면 유치원생이 '유치원생2' 모양으로 바꾸고 세워주세요!를 2초 동안 말한다.

과목4 피지컬 컴퓨팅 이해

9. 시온이는 센서를 이용한 스마트폰의 기능에 대해 알아보았다. 〈보기〉를 참고하여 〈문제〉의 빈 칸을 완성하시오. (10점)

〈보기〉

〈 센서와 직관력 〉

센서란 시각, 청각, 촉각 등 사람의 직관력을 대신하여 빛의 밝기, 소리의 세기, 터치 유무 등 다양한 정보를 수집할 수 있도록 도와준다.

〈 스마트폰의 센서 〉

스마트폰의 밝기 조절을 자동으로 해 놓을 경우 ◎센서에 의해 주변이 어두운 곳에서는 저절로 화면이 조금 어두워지고 밝은 곳에서는 화면이 잘 보이도록 더욱 밝아지게 되어 쓸데없는 배터리 낭비를 최소화할 수 있다. 또한 스마트폰의 화면을 터치하면 ★센서를 통해 다양한 앱을 실행, 음악을 듣고 문서를 작성하며, 친구와 문자로 대화를 하는 등 기계와 쉽게 소통할 수 있도록 도와준다.

〈 센서의 종류 〉

조도 센서, 소리 센서, 온도 센서, 촉각 센서, 거리 센서, 열 센서

〈문제〉

※ 답안 작성 요령 : 〈 보기 〉를 참고하여, 빈 칸 ①과 ②를 채워 넣으시오.

- ◎센서의 기능을 〈센서의 종류〉에서 고르시오. (①   )
- ★센서는 사람의 어떤 직관력을 대신하는지 〈센서와 직관력〉에서 고르시오.
  (②   )

10. 반려동물을 위해 일정 시간이 되면 물그릇에 물을 채워 주는 자동 물 공급 장치를 만들려고 한다. 〈보기〉를 참고하여 〈문제〉의 빈 칸을 완성하시오. (10점)

〈보기〉

〈 자동 물 공급 장치의 원리 〉

디지털 핀번호	장치	1비트	장치
10번	서보 모터	0	모터를 끈다.
		1	모터를 돌려 물을 채운다.
11번	무게 센서	물그릇의 무게를 측정한다.	
12번	시간 측정	시간을 측정한다.	

- 무게 센서가 물그릇의 기본 무게를 제외하고 물의 무게를 계속해서 측정한다.
- 물그릇의 기본 무게를 제외한 물의 무게를 측정하여 100 이하이면서 시간 측정 결과 오전 10시 또는 오후 5시가 되면 물그릇에 물을 채운다.

〈문제〉

※ 답안 작성 요령 : 〈보기〉를 참고하여, 빈 칸 ①과 ②를 채워 넣으시오.

디지털 11번핀을 통해 측정한 물그릇에서 물의 무게가 99이고 디지털 12번핀을 통해 측정한 현재 시간이 오후 5시일 때 디지털 (①   )번핀에 신호 (②   )을 내보낸다.

※ 시험 종료 전,
- 본인의 수험번호-성명 폴더 내에 작업한 답안 파일이 정상적으로 저장되었는지 확인합니다.
  → 시험 종료 후, 감독관이 답안파일을 수거합니다.
- 수험번호, 성명을 잘못 기재하였거나, 답안 파일을 잘못 저장하여 발생한 문제나 불이익에 대한 일체의 책임은 수험자에게 있습니다.
- 감독관의 안내에 따라 시험지를 제출하고 퇴실합니다.

〈 끝 〉

제03회 기출 예상 문제

SW코딩자격(2급)
- Software Coding and Computing Test -

SW	시험시간	급수	응시일	수험번호	성명
Entry 1.6.4 이상	45분	2	년 월 일		

수험자 유의사항

- 수험자는 감독관의 안내에 따라 시험지와 시험용 SW 등의 이상 여부를 확인해야 합니다.
- 시험지는 시험이 끝난 후 답안지와 함께 제출해야 하며, 미제출 시 실격 처리 됩니다.
- 제한된 시간 내에 시험을 완료하여야 합니다.
- 시험 시작 후에는 화장실 출입이 불가하며, 시험 시간 중에는 퇴실할 수 없습니다.
- 시험 시간 중 고사실 내에서 휴대 전화기, 디지털카메라, MP3 등 전자 기기를 소지한 경우, 해당자의 시험을 무효로 처리하오니 절대 휴대하지 않도록 합니다.
- 부정 응시 및 문제 유출에 해당하는 행위 즉, 답안을 타인에게 전달 및 외부로 반출하는 경우, 자격기본법 제 32조에 의거 부정행위로 간주되어 해당자의 시험을 무효처리하며 민/형사상의 책임을 물을 수 있습니다.

답안 작성요령

- 답안 작성 절차
  - 바탕화면(Desktop) / SW2-시험 / 수험번호-성명 / 파일에 답안을 작성 또는 작업 후 저장
- 시험을 완료한 수험자는 감독관의 안내에 따라 ①시험지를 제출하고 ②답안파일을 저장한 후 퇴실합니다.

과목1 컴퓨팅적 사고력과 문제해결

1. 아빠와 시온이는 글자를 암호화하여 사용하는 것을 좋아한다. 어느날 시온이가 컴퓨터 비밀번호를 바꾼것을 아빠에게 알려주지 않아 SNS를 통해 대화하며 비밀번호를 알려주고 있다. 아래 〈보기〉를 참고하여 〈문제〉의 빈 칸을 완성하시오. (10점)

〈보기〉

〈 문자별 코드값 〉

A	B	C	D	E
65	66	67	68	69
F	G	H	I	J
70	71	72	73	74
K	L	M	N	O
75	76	77	78	79
P	Q	R	S	T
80	81	82	83	84

〈 SNS 대화 〉

[아빠]
시온아! 컴퓨터 비밀번호 바꿨니?

[아빠]
로그인이 안된다!

[시온이]
네~ 아빠! 73818170으로 바꿨어요.

[아빠]
OK~ 알았다.

〈 암호화 방법 〉 : 문자별 코드값에 2를 더하여 만든다.

〈 복호화 방법 〉 : 암호화된 값에 2를 뺀 후 문자별 코드값을 매칭한다.

〈문제〉

※ 답안 작성 요령 : 〈보기〉를 참고하여, 빈 칸 ①과 ②를 채워 넣으시오.

- 시온이가 대화에 표시한 '73838370'을 복호화 하였을 때 내용은 (①   ) 이다.
- 문자별 코드값을 이용하여 아빠가 대화에 남긴 'OK'를 암호화 하면 (②   ) 이다.

2. 〈보기〉의 〈규칙〉을 이용하여 〈상승 및 하락세의 변화〉의 값을 알아보려 한다. 〈보기〉를 참고하여 〈문제〉의 빈 칸을 완성하시오. (10점)

〈보기〉
〈규칙〉 상승세 : 시작값이 증가한다. 하락세 : 시작값이 감소한다. 〈상승 및 하락세의 변화〉 가. 상승세 – 시작값(12), 단위값(2), 횟수값(4) : 12, 14, 16, 18 나. 하락세 – 시작값(20), 단위값(3), 횟수값(3) : 20, 17, 14 다. 상승세 – 시작값(32), 단위값(①), 횟수값(5) : 32, 36, 40, 44, 48 라. 하락세 – 시작값(25), 단위값(6), 횟수값(2) : 25, ②

〈문제〉
※ 답안 작성 요령 : 〈보기〉를 참고하여, 빈 칸 ①과 ②를 채워 넣으시오.
– 〈상승 및 하락세의 변화〉에서 ①에 들어갈 값을 기록하시오. (①   ) – 〈상승 및 하락세의 변화〉에서 ②에 들어갈 값을 기록하시오. (②   )

과목2 알고리즘 설계

3. 시온이가 편의점에서 할인쿠폰을 사용하여 물건을 구매하려고 한다. 아래 〈보기〉를 참고하여 〈문제〉의 빈 칸을 완성하시오. (10점)

〈보기〉
〈편의점 물건 구매하기〉 – 할인쿠폰, 결재카드　　　　– 물건 고르기 – 금액 지불하기　　　　　　– 할인쿠폰 제시하기 – 편의점에 들어가기　　　　– 물건을 모두 골랐습니까?

〈문제〉

※ 답안 작성 요령 : 〈보기〉를 참고하여 작성하되, 〈편의점 물건 구매하기〉에서 적절한 내용을 골라 빈 칸 ①과 ②를 채워 넣으시오.

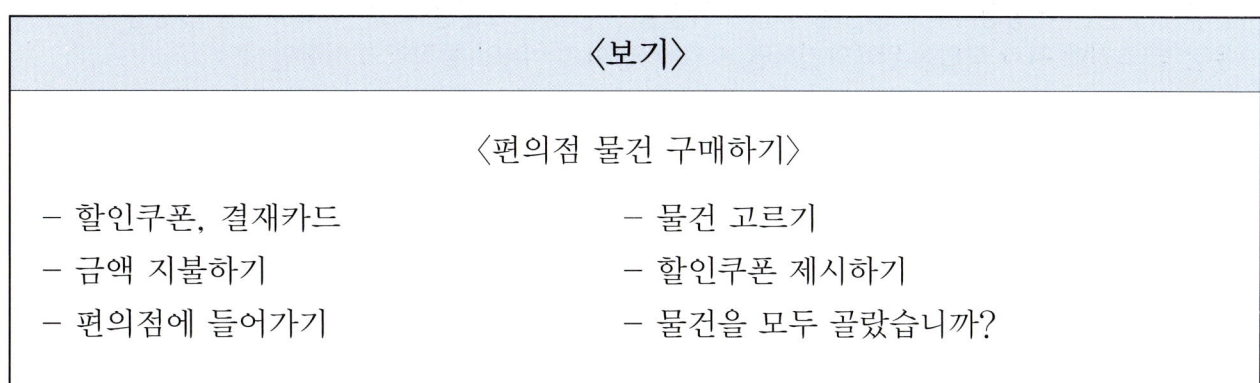

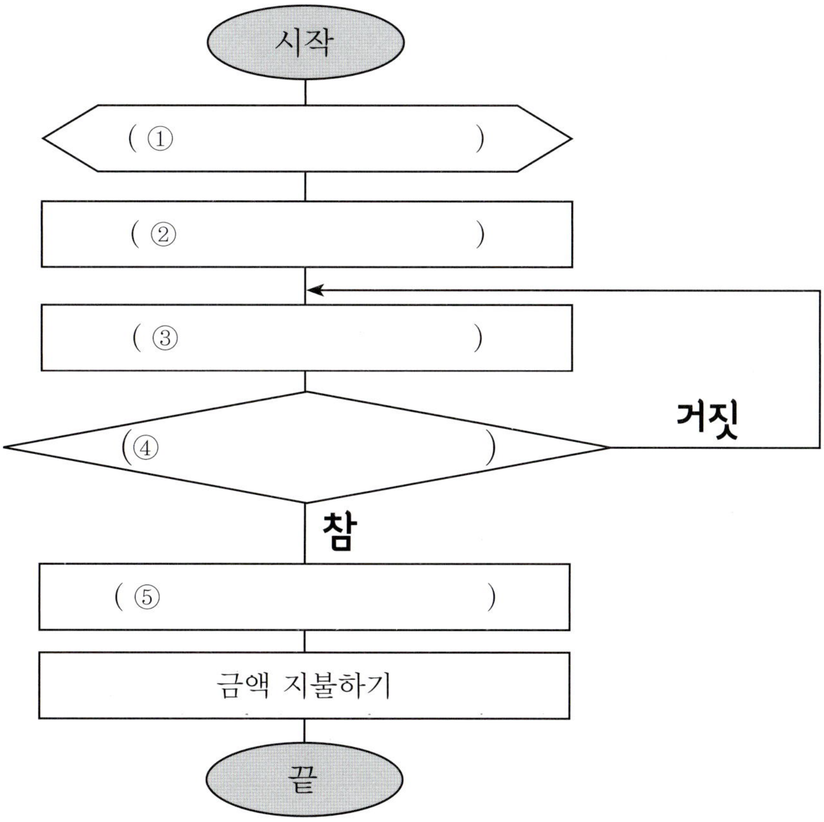

과목3 프로그래밍 언어 이해와 프로그래밍

※ 프로그래밍 작업 가이드
- 바탕화면(Desktop) / SW2-시험
- 수험번호-성명 폴더를 마우스 오른쪽 버튼으로 클릭한 후, [이름 바꾸기]를 클릭
  → 본인의 수험번호-성명으로 수정하시오.
- 본인의 수험번호-성명으로 수정된 폴더 안의 파일을 문항 별로 더블클릭하여 프로그램을 실행합니다.
- 문항 별 조건에 따라 작업을 완료하였으면, 파일>저장하기 버튼을 클릭하여 저장합니다.

4. 칠판에 도장찍기로 여러 가지 모양의 도형을 찍도록, 아래 〈조건〉에 맞게 코딩하시오. (10점)

〈조건〉
– 엔트리 프로그램 화면 [블록 꾸러미]에서 필요한 블록을 가져다 사용한다.
– ▶**시작하기** 버튼을 클릭하면 도형이 계속 반복하여 마우스 포인터 위치로 이동하며, 만약, 마우스를 클릭할 경우 도장을 찍는다.
– 키보드의 1번을 입력하면 도형의 모양을 다음 모양으로 바꾼다.
– 키보드의 2번을 입력하면 도형의 모양을 이전 모양으로 바꾼다.
– 키보드의 3번을 입력하면 크기를 5만큼 바꾼다.
– 키보드의 4번을 입력하면 크기를 −5만큼 바꾼다.

5. 독수리가 나무에 앉으면 놀란 두더지가 숨도록, 아래 〈조건〉에 맞게 코딩하시오. (10점)

〈조건〉
– 엔트리 프로그램 화면 [블록 꾸러미]에서 필요한 블록을 가져다 사용한다.
– ▶**시작하기** 버튼을 클릭하면 독수리가 x좌표 −240, y좌표 140 위치로 이동한다.
– 독수리의 모양을 '나는독수리' 모양으로 바꾼 후 2초 동안 x좌표 −90, y좌표 −20 위치로 이동한 다음 '앉은독수리' 모양으로 바꾸고 '탐색' 신호를 보낸다.
– 두더지가 '탐색' 신호를 받으면 0.5초 기다렸다가 '두더지_2' 모양으로 바꾼 후 독수리 닷!을 1초 동안 말한다.
– 두더지가 3회 반복하여 다음 모양으로 바꾼 후 0.2초를 기다린다.

6. 운동선수가 10회 반복하여 달리기 운동을 하도록, 아래 〈조건〉에 맞게 코딩하시오. (10점)

〈조건〉
– 엔트리 프로그램 화면 [블록 꾸러미]에서 필요한 블록을 가져다 사용한다.
– ▶**시작하기** 버튼을 클릭하면 운동선수가 계속 반복하여 다음 모양으로 바꾸고 0.1초를 기다린다.
– ▶**시작하기** 버튼을 클릭하면 운동선수가 계속 반복하여 아래의 기능을 실행한다. (1) 2초 동안 1번트레이닝콘 위치로 이동한 후 이동 방향을 90°으로 정한다. (2) 말하기를 지운다. (3) 2초 동안 2번트레이닝콘 위치로 이동한 후 이동 방향을 270°으로 정한다. (4) 횟수 변수에 1을 더한 후 횟수 변수의 값을 말한다. (5) 만일 횟수 변수의 값이 10보다 크거나 같다면 모든 코드를 멈춘다.

7. 소피가 방향키로 움직여 10개의 과일을 모두 먹도록, 아래 〈조건〉에 맞게 코딩하시오. (10점)

〈조건〉
- 엔트리 프로그램 화면 [블록 꾸러미]에서 필요한 블록을 가져다 사용한다.
- ▶시작하기 버튼을 클릭하면 소피가 계속 반복하여 아래의 기능을 실행한다.
  (1) 만일 왼쪽 화살표키를 입력하면 x좌표를 -3만큼 바꾼다.
  (2) 만일 오른쪽 화살표키를 입력하면 x좌표를 3만큼 바꾼다.
  (3) 만일 위쪽 화살표키를 입력하면 y좌표를 3만큼 바꾼다.
  (4) 만일 아래쪽 화살표키를 입력하면 y좌표를 -3만큼 바꾼다
  (5) 만일 횟수 변수의 값이 10보다 크거나 같다면 '게임끝~'을 2초 동안 말한 후 모든 코드를 멈춘다.
- ▶시작하기 버튼을 클릭하면 과일이 10회 반복하여 아래의 기능을 실행한다.
  (1) x좌표를 -200부터 200사이의 무작위 수, y좌표를 -120부터 120사이의 무작위 수 위치로 이동한다.
  (2) 과일의 모양을 1부터 6사이의 무작위 수 모양으로 바꾼다.
  (3) 자신의 복제본을 만든다.
- 과일의 모양을 숨긴다.
- 과일의 복제본이 처음 생성되었을 때 계속 반복하여 아래의 기능을 실행한다.
  (1) 만일 소피에 닿았으면 횟수 변수에 1을 더한 후 이 복제본을 삭제한다.

8. 마우스를 따라 다니는 별을 클릭하여 복제할 수 있도록, 아래 〈조건〉에 맞게 코딩하시오. (10점)

〈조건〉
- 엔트리 프로그램 화면 [블록 꾸러미]에서 필요한 블록을 가져다 사용한다.
- ▶시작하기 버튼을 클릭하면 별이 계속 반복하여 아래의 기능을 실행한다.
  (1) 10번 반복하여 크기를 1만큼 바꾼다.
  (2) 10번 반복하여 크기를 -1만큼 바꾼다.
- ▶시작하기 버튼을 클릭하면 별이 계속 반복하여 마우스 포인터 위치로 이동하며, 마우스를 클릭하면 자신의 복제본을 만든다.
- 복제본이 처음 생성되었을 때 별이 계속 반복하여 아래의 기능을 실행한다.
  (1) 10번 반복하여 크기를 1만큼 바꾼다.
  (2) 10번 반복하여 크기를 -1만큼 바꾼다.
  (3) 만일 스페이스키를 입력하면 모든 복제본을 삭제한다.

과목4 피지컬 컴퓨팅 이해

9. 시온이는 집 근처 호수 공원에서 소음에 반응하는 재미있는 분수를 보았다. 〈보기〉를 참고하여 〈문제〉의 빈 칸을 완성하시오. (10점)

〈보기〉

〈센서〉

센서란 시각, 청각, 촉각 등 사람의 직관력을 대신하여 빛의 밝기, 소리의 세기, 터치 유무 등 다양한 정보를 수집할 수 있도록 도와준다. 센서의 종류에는 빛센서, 온도센서, 소리센서, 적외선센서 등 그 종류가 다양하다.

〈소음을 이용한 분수 이야기〉

2009년 개장한 서서울 호수공원은 옛 신월정수장을 공원 조성 사업을 통해 물과 재생을 테마로한 친환경 공원이다. 이 공원 안에는 커다란 호수가 자리하고 있는데 그 중심부는 서울시내에선 보기 힘든 규모인 1만 8000m²에 달한다. 호수 한 가운데는 41개의 분수가 설치되어 있는데 이 분수는 인근 공항에서 지나가는 비행기 소음에 반응하여 분수에 ★센서를 설치, 81dB(데시벨) 이상의 소음이 감지되면 분수가 작동하도록 설계되었다고 한다.

〈문제〉

※ 답안 작성 요령 : 〈보기〉를 참고하여, 빈 칸 ①과 ②를 채워 넣으시오.

- 〈소음을 이용한 분수 이야기〉에서 ★에 들어가는 센서를 고르시오. (①   )
- ★센서는 사람의 어떤 직관력을 대신하는지 〈센서〉에서 고르시오. (②   )

10. LED 광고판을 만들려고 한다. 〈보기〉를 참고하여 〈문제〉의 빈 칸을 완성하시오. (10점)

〈보기〉

〈 LED 광고판의 작동 원리 〉

구분	출력값	LED 광고판			
1번핀	9	1	0	0	1
2번핀	13	1	1	0	1
3번핀	11	1	0	1	1
4번핀	9	1	0	0	1

〈 예시 〉

A. 1 : LED를 켠다.
   0 : LED를 끈다.

B. 1번핀 ~ 4번핀의 출력값을 통해 LED에 알파벳을 표현한다.

C. 〈예시〉는 알파벳 대문자 'N'을 표시하고 있다.
   - 1번핀의 출력값 9는 이진수 '1001'의 십진수 값이다.
   - 2번핀의 출력값 13은 이진수 '1101'의 십진수 값이다.

〈문제〉

※ 답안 작성 요령 : 〈보기〉를 참고하여, 빈 칸 ①과 ②를 채워 넣으시오.

LED 광고판에 알파벳 대문자 'L'을 표시하기 위해 1번핀과 4번핀의 출력값을 채우시오.

구분	출력값	LED 광고판			
1번핀	8	1	0	0	0
2번핀	(①)	1	0	0	0
3번핀	8	1	0	0	0
4번핀	(②)	1	1	1	1

※ 시험 종료 전,
- 본인의 수험번호-성명 폴더 내에 작업한 답안 파일이 정상적으로 저장되었는지 확인합니다.
    → 시험 종료 후, 감독관이 답안파일을 수거합니다.
- 수험번호, 성명을 잘못 기재하였거나, 답안 파일을 잘못 저장하여 발생한 문제나 불이익에 대한 일체의 책임은 수험자에게 있습니다.
- 감독관의 안내에 따라 시험지를 제출하고 퇴실합니다.

〈 끝 〉

제04회 기출 예상 문제

SW코딩자격(2급)
– Software Coding and Computing Test –

SW	시험시간	급수	응시일	수험번호	성명
Entry 1.6.4 이상	45분	2	년 월 일		

수험자 유의사항

- 수험자는 감독관의 안내에 따라 시험지와 시험용 SW 등의 이상 여부를 확인해야 합니다.
- 시험지는 시험이 끝난 후 답안지와 함께 제출해야 하며, 미제출 시 실격 처리 됩니다.
- 제한된 시간 내에 시험을 완료하여야 합니다.
- 시험 시작 후에는 화장실 출입이 불가하며, 시험 시간 중에는 퇴실할 수 없습니다.
- 시험 시간 중 고사실 내에서 휴대 전화기, 디지털카메라, MP3 등 전자 기기를 소지한 경우, 해당자의 시험을 무효로 처리하오니 절대 휴대하지 않도록 합니다.
- 부정 응시 및 문제 유출에 해당하는 행위 즉, 답안을 타인에게 전달 및 외부로 반출하는 경우, 자격기본법 제 32조에 의거 부정행위로 간주되어 해당자의 시험을 무효처리하며 민/형사상의 책임을 물을 수 있습니다.

답안 작성요령

- 답안 작성 절차
  - 바탕화면(Desktop) / SW2-시험 / 수험번호-성명 / 파일에 답안을 작성 또는 작업 후 저장
- 시험을 완료한 수험자는 감독관의 안내에 따라 ①시험지를 제출하고 ②답안파일을 저장한 후 퇴실합니다.

과목1 컴퓨팅적 사고력과 문제해결

1. 정보의 구조화를 통해 문제 해결을 위한 정보의 관계를 정리하려고 한다. 아래 〈보기〉를 참고하여 〈문제〉의 빈 칸을 완성하시오. (10점)

〈보기〉

정보의 구조화는 정보의 내용 요소들을 정리 및 배열하여 통일된 조직으로 만드는 과정이다.

〈자료 구조의 형태〉

선형구조	비선형구조
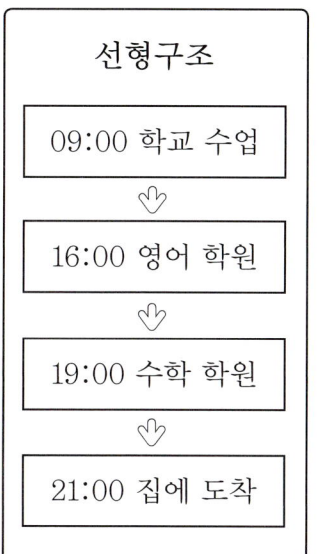	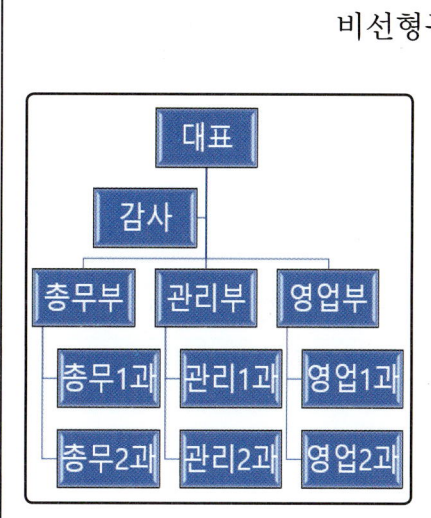 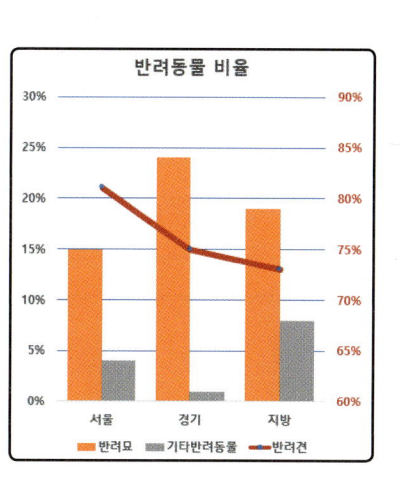

〈 활용 사례 〉

지하철 노선도, 주소록, 음식 조리법, 출석부, 성적표

〈문제〉

※ 답안 작성 요령 : 〈보기〉를 참고하여, 빈 칸 ①과 ②를 채워 넣으시오.

- 요일별 시간에 따른 과목을 기록하는 시간표는 〈자료 구조의 형태〉 중 (①   )가 효율적이며, 〈활용 사례〉 중 정보의 구조화와 관련이 적은 것은 (②   )이다.

2. 시온이가 지갑을 잃어버렸다. 문제를 해결하기 위해 〈보기〉를 참고하여 〈문제〉의 빈 칸을 완성하시오. (10점)

〈보기〉

〈문제 해결 방법〉

- 문제 : 해결을 요구하는 물음으로 문제를 정의할 때는 주로 육하원칙에 따라 정의한다.
- 해결책 마련 : 원인을 정리 및 분석하여 해결 방안을 마련한다.
- 실행 : 해결 방안을 적용한다.

〈시온이의 일기〉

나는 학교 수업이 끝난 후 친구 재석이와 같이 독서실에 가기로 약속했다. 오후 4시에 독서실 앞에서 만나기로 한 나는 지효와 학교에서 나와 지효네 집까지 같이 갔고 지효 부모님이 주시는 간식을 먹고 독서실 근처 편의점에서 음료수를 사려고 들어갔다. 음료를 고른 후 계산을 하려고 지갑을 찾는데 옷과 가방을 뒤져봐도 지갑이 없어 잃어버린 것을 알게되었다.

〈문제〉

※ 답안 작성 요령 : 〈보기〉를 참고하여, 빈 칸 ①과 ②를 채워 넣으시오.

- 시온이의 문제는 지갑을 잃어버린것과 잃어버린 지갑을 찾기 위해서는 재석이와의 약속을 지키지 못하는 것에 있다.
- 재석이와의 약속을 지키지 못하는 문제를 육하원칙에 따라 정의했을 때 빈 칸에 맞는 내용을 〈시온이의 일기〉에서 찾아 기록하시오.

언제	① ( )	무엇을	만나기로한 약속을
어디서	독서실 앞에서	어떻게	약속을 지키지 못했다.
누가	재석이와	왜	지갑을 찾기 위해

- 시온이가 재석이에게 지갑을 잃어버린 이야기와 함께 약속 시간을 늦는다고 전화한 후 지갑을 찾기 위해 자료를 정리 및 분석하였다. 빈 칸에 맞는 내용을 〈시온이의 일기〉에서 찾아 기록하시오.

방법1	이동 경로 되돌아가기	편의점 ➡ (②) ➡ 학교
방법2	파출소 분실물센터 가기	지갑 잃어버린 것을 알리고 습득물을 검색한다.

과목2 · 알고리즘 설계

3. 시온이가 다니는 학교는 걸어서 20분 정도 소요되며, 비가 오는날을 제외하면 걸어서 등교한다. 아래 〈보기〉를 참고하여 〈문제〉의 빈 칸을 완성하시오. (10점)

〈보기〉

〈 시온이의 학교 가는 방법 〉

- 학교 도착
- 버스타기
- 날씨 확인하기
- 집에서 나오기
- 걸어가기
- 비가 오는가?

〈문제〉

※ 답안 작성 요령 : 〈보기〉를 참고하여 작성하되, 〈시온이의 학교 가는 방법〉에서 적절한 내용을 골라 빈 칸 ①과 ②를 채워 넣으시오.

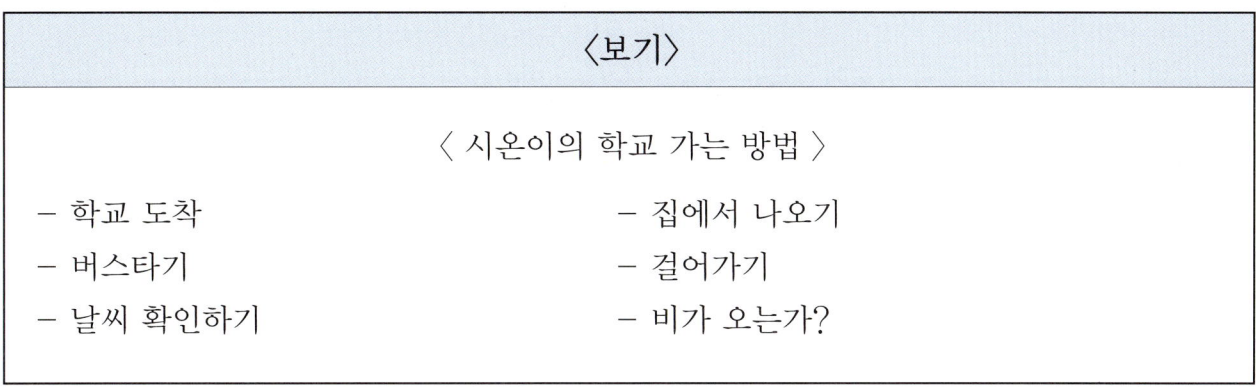

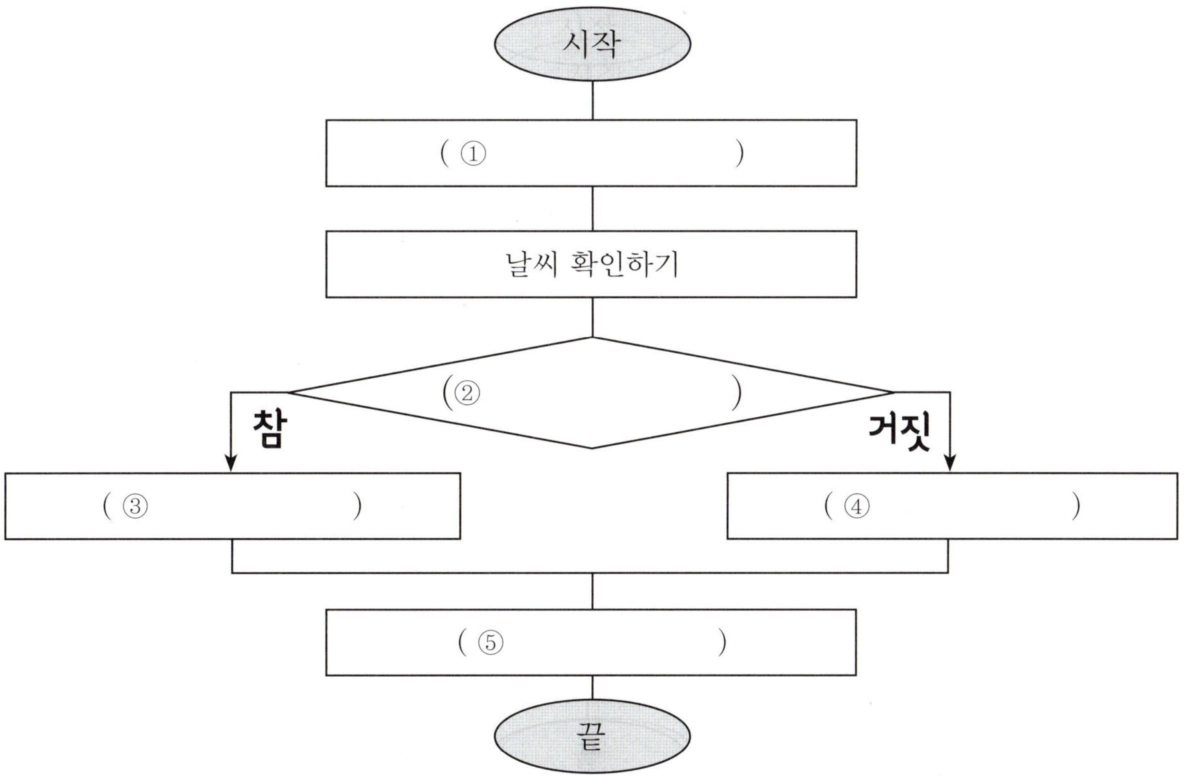

과목3 프로그래밍 언어 이해와 프로그래밍

※ 프로그래밍 작업 가이드
- 바탕화면(Desktop) / SW2-시험
- 수험번호-성명 폴더를 마우스 오른쪽 버튼으로 클릭한 후, [이름 바꾸기]를 클릭
  → 본인의 수험번호-성명으로 수정하시오.
- 본인의 수험번호-성명으로 수정된 폴더 안의 파일을 문항 별로 더블클릭하여 프로그램을 실행합니다.
- 문항 별 조건에 따라 작업을 완료하였으면, 파일>저장하기 버튼을 클릭하여 저장합니다.

4. 할머니가 말한 만큼 사과가 나타나도록, 아래 〈조건〉에 맞게 코딩하시오. (10점)

〈조건〉

- 엔트리 프로그램 화면 [블록 꾸러미]에서 필요한 블록을 가져다 사용한다.
- ▶ **시작하기** 버튼을 클릭하면 스피커에서 '사과 몇 개 드릴까요?'를 묻고 대답을 기다린다.
- 할머니를 클릭하면 [대답]과(와) '개 주세요.'를 결합하여 2초 동안 말한다.
- 키보드의 스페이스키를 입력하면 사과는 도장을 찍고 이동 방향으로 30만큼 움직이는 동작을 대답 횟수 만큼 반복한 후 모양을 숨긴다.

5. 마우스를 따라 다니는 마법사를 클릭하면 별이 발사되도록, 아래 〈조건〉에 맞게 코딩하시오. (10점)

〈조건〉

- 엔트리 프로그램 화면 [블록 꾸러미]에서 필요한 블록을 가져다 사용한다.
- ▶ **시작하기** 버튼을 클릭하면 마법사는 계속 반복하여 y좌표를 마우스의 y좌표 위치로 이동하며, 만일 마우스를 클릭하면 별의 복제본을 만들고 0.1초를 기다린다.
- ▶ **시작하기** 버튼을 클릭하면 별이 계속 반복하여 마법사 위치로 이동한다.
- 별에서 복제본이 처음 생성되었을 때 y좌표를 -2만큼 바꾸기를 왼쪽 벽에 닿을 때까지 반복한 후 복제본을 삭제한다.

6. 소피가 자동문에 접근하면 자동으로 문이 열리도록, 아래 〈조건〉에 맞게 코딩하시오. (10점)

〈조건〉
- 엔트리 프로그램 화면 [블록 꾸러미]에서 필요한 블록을 가져다 사용한다.
- ▶**시작하기** 버튼을 클릭하면 소피가 계속 반복하여 아래의 기능을 실행한다.
  (1) 왼쪽 화살표키를 입력하면 x좌표를 -2만큼 바꾼다.
  (2) 오른쪽 화살표키를 입력하면 x좌표를 2만큼 바꾼다.
- ▶**시작하기** 버튼을 클릭하면 자동문들이 계속 반복하여 아래의 기능을 실행한다.
  (1) 소피까지의 거리가 120보다 작거나 같다면 '문열림' 신호를 보내고 그렇지 않으면 '문닫힘' 신호를 보낸다.
- 자동문이 '문열림' 신호를 받으면 자동문의 y좌푯값이 -180보다 작거나 같을 때까지 반복하여 y좌표를 -10만큼 바꾼다.
- 자동문이 '문닫힘' 신호를 받으면 자동문틀에 닿을때까지 y좌표를 10만큼 바꾼다.

7. 물건을 선택하고 합계금액을 클릭하면 계산 결과를 알려주도록, 아래 〈조건〉에 맞게 코딩하시오. (10점)

〈조건〉
- 엔트리 프로그램 화면 [블록 꾸러미]에서 필요한 블록을 가져다 사용한다.
- ▶**시작하기** 버튼을 클릭하면 글상자의 모양을 숨긴다.
- 우유를 클릭하면 카트 위치로 이동한 후 합계 변수에 1000을 더한다.
- 사과를 클릭하면 카트 위치로 이동한 후 합계 변수에 500을 더한다.
- 도넛을 클릭하면 카트 위치로 이동한 후 합계 변수에 800을 더한다.
- 합계금액을 클릭하면 '결과' 신호를 보낸다.
- 글상자가 '결과' 신호를 받으면 모양을 보이고 합계 변수와 글상자 자신의 내용을 합쳐서 글쓰기 후 2초를 기다렸다가 처음부터 다시 실행한다.

8. 직원이 주문을 받을 수 있도록, 아래 〈조건〉에 맞게 코딩하시오. (10점)

〈조건〉
- 엔트리 프로그램 화면 [블록 꾸러미]에서 필요한 블록을 가져다 사용한다.
- 주문 리스트의 항목 수(3)를 지정하고 1번 항목(디저트를 입력해 주세요.), 2번 항목(음료를 입력해 주세요.), 3번 항목(요리를 입력해 주세요.)을 입력한다.
- ▶**시작하기** 버튼을 클릭하면 직원이 주문 및 주문내역 리스트를 숨긴다.
- 직원이 3번 반복하여 아래의 기능을 실행한다.
  (1) 횟수 변수에 1만큼 더한다.
  (2) 주문의 횟수번째 항목을(를) 묻고 기다린다.
  (3) 대답을 주문내역의 횟수번째에 넣는다.
- 직원이 '손님의 주문 내역입니다.'를 2초 동안 말한다.
- 주문내역 리스트를 보인다.

과목4 피지컬 컴퓨팅 이해

9. 시온이는 피지컬 컴퓨팅을 이용하여 기온에 반응하는 선풍기를 만들려고 한다. 〈보기〉를 참고하여 〈문제〉의 빈 칸을 완성하시오. (10점)

〈보기〉

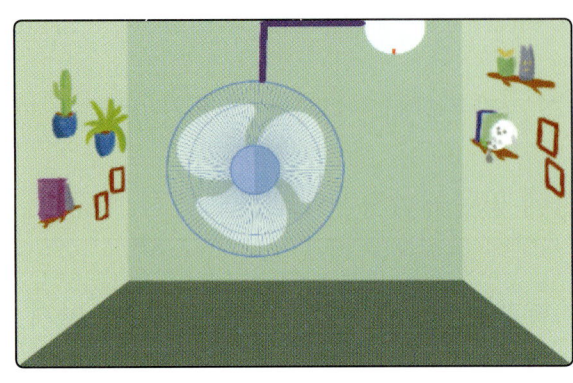 

〈 실내 온도에 따른 선풍기 돌리기 〉

더운 날씨가 계속되던 여름 시온이는 자동으로 선풍기가 동작하는 장치를 만들려고 한다. 원리는 실내 기온을 ◎를 통해 제어장치에 전송, 제어장치가 기온이 30도 이상 올라갈 경우 선풍기가 ★를 통해 회전하며, 30도 이내의 기온을 나타낼 경우 선풍기가 멈추도록 만들려고 한다.

〈 센서의 종류 〉: 빛센서, 거리센서, 소리센서, 온도센서, 버튼, 슬라이드

〈 액추에이터의 종류 〉: LED, RGB LED, 부저, DC 모터, 서보 모터

〈문제〉

※ 답안 작성 요령 : 〈보기〉를 참고하여, 빈 칸 ①과 ②를 채워 넣으시오.

- 〈실내 온도에 따른 선풍기 돌리기〉에서 ◎에 들어가는 내용을 〈센서의 종류〉에서 고르시오. (①   )

- 〈실내 온도에 따른 선풍기 돌리기〉에서 ★에 들어가는 내용을 〈액추에이터의 종류〉에서 고르시오. (②   )

10. 시온이는 오늘 소화전의 사용법을 배웠다. 〈보기〉를 참고하여 〈문제〉의 빈 칸을 완성하시오. (10점)

〈보기〉

〈소화전〉

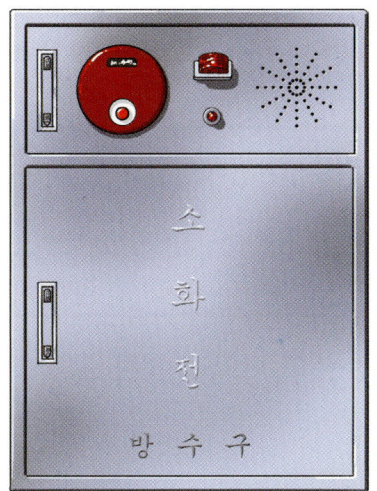

〈소화전 사용법〉

1. 소화전함을 열고 호스를 화재지점 가까이 전개한다.
2. 소화전 밸브를 시계 반대방향으로 돌려서 개방한다.
3. 소화전함에 부착된 적색 기동스위치를 누른다.
4. 노즐을 잡고 화재 지점을 향해 뿌린다.

〈센서의 종류〉: 빛센서, 거리센서, 소리센서, 온도센서, 버튼, 슬라이드

〈액추에이터의 종류〉: LED, RGB LED, 부저, DC 모터, 서보 모터

〈문제〉

※ 답안 작성 요령 : 〈보기〉를 참고하여, 빈 칸 ①과 ②를 채워 넣으시오.

- 〈소화전 사용법〉에서 적색 기동스위치로 사용 가능한 기기를 〈센서의 종류〉에서 고르시오. (①)

- 〈소화전 사용법〉에서 적색 기동스위치를 눌렀을 때 스피커에서 사이렌 소리가 울렸다. 해당 장치를 〈액추에이터의 종류〉에서 고르시오. (②)

※ **시험 종료 전,**
- 본인의 수험번호-성명 폴더 내에 작업한 답안 파일이 정상적으로 저장되었는지 확인합니다.
  → 시험 종료 후, 감독관이 답안파일을 수거합니다.
- 수험번호, 성명을 잘못 기재하였거나, 답안 파일을 잘못 저장하여 발생한 문제나 불이익에 대한 일체의 책임은 수험자에게 있습니다.
- 감독관의 안내에 따라 시험지를 제출하고 퇴실합니다.

〈끝〉

제05회 기출 예상 문제

SW코딩자격(2급)
— Software Coding and Computing Test —

SW	시험시간	급수	응시일	수험번호	성명
Entry 1.6.4 이상	45분	2	년 월 일		

수험자 유의사항

- 수험자는 감독관의 안내에 따라 시험지와 시험용 SW 등의 이상 여부를 확인해야 합니다.
- 시험지는 시험이 끝난 후 답안지와 함께 제출해야 하며, 미제출 시 실격 처리 됩니다.
- 제한된 시간 내에 시험을 완료하여야 합니다.
- 시험 시작 후에는 화장실 출입이 불가하며, 시험 시간 중에는 퇴실할 수 없습니다.
- 시험 시간 중 고사실 내에서 휴대 전화기, 디지털카메라, MP3 등 전자 기기를 소지한 경우, 해당자의 시험을 무효로 처리하오니 절대 휴대하지 않도록 합니다.
- 부정 응시 및 문제 유출에 해당하는 행위 즉, 답안을 타인에게 전달 및 외부로 반출하는 경우, 자격기본법 제 32조에 의거 부정행위로 간주되어 해당자의 시험을 무효처리하며 민/형사상의 책임을 물을 수 있습니다.

답안 작성요령

- 답안 작성 절차
  - 바탕화면(Desktop) / SW2-시험 / 수험번호-성명 / 파일에 답안을 작성 또는 작업 후 저장
- 시험을 완료한 수험자는 감독관의 안내에 따라 ①시험지를 제출하고 ②답안파일을 저장한 후 퇴실합니다.

과목1 컴퓨팅적 사고력과 문제해결

1. 시온이와 친구들이 전시회를 관람한 후 회비내역을 알아보았다. 아래 〈보기〉를 참고하여 〈문제〉의 빈 칸을 완성하시오. (10점)

〈보기〉

〈전시회 관람 요금표〉

신분	평일 요금	주말 요금
어린이	2,000	3,000
학생	4,000	5,000
일반인	5,000	7,000
경로우대	1,000	1,500

〈회비 사용 내역〉

시온이는 같은 학년 같은반 친구인 지효, 종국이, 재석이 등 세 명의 친구들과 함께 금요일 오후에 만나서 같이 전시회를 가기로 계획을 세웠고 각자 10,000원씩 회비를 가지고 오기로 했다.

다음날 아침, 시온이가 본인을 포함하여 세 명의 친구들로 부터 회비를 걷어 전시회 입구에서 입장료를 지불 했고 남은 금액인 24,000원과 티켓을 회비 봉투에 넣어 두었다.

〈문제〉

※ 답안 작성 요령 : 〈보기〉를 참고하여, 빈 칸 ①과 ②를 채워 넣으시오.

- 시온이의 신분은 (①   ) 이다.
- 일정이 연기되어 다음날 전시회에 갔다면 입장료를 지불하고 남은 금액은 (②   ) 일 것이다.

2. 시온이네 집에서 학교까지 가는 방법에는 다양한 방법이 있다. 아래 〈보기〉를 참고하여 〈문제〉의 빈 칸을 완성하시오. (10점)

〈보기〉

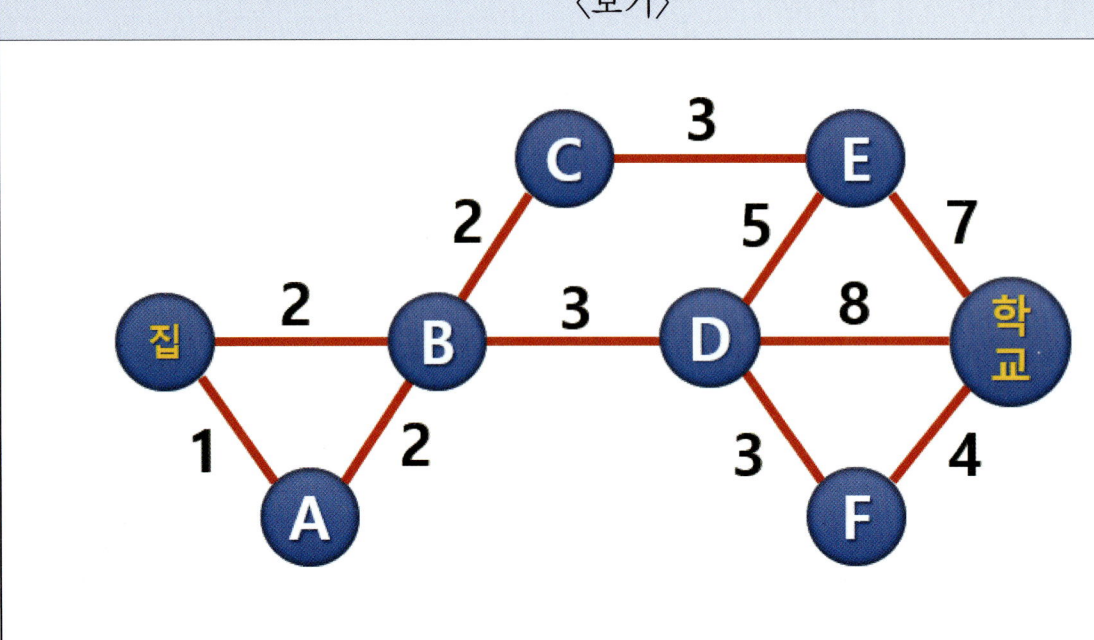

〈규칙〉

- 원형을 지점이라고 하고 지점과 지점 사이의 거리를 숫자로 표기하였다.
- 지점과 지점 사이의 길을 빨간선으로 표기하였으며, 왔던 지점은 되돌아 갈 수 없다.

〈이동 경로〉

가. 집 ➔ B ➔ D ➔ F ➔ 학교
나. 집 ➔ A ➔ B ➔ D ➔ F ➔ 학교
다. 집 ➔ A ➔ B ➔ C ➔ E ➔ 학교
라. 집 ➔ A ➔ B ➔ D ➔ 학교
마. 집 ➔ B ➔ D ➔ 학교
바. 집 ➔ A ➔ B ➔ D ➔ E ➔ 학교

〈문제〉

※ 답안 작성 요령 : 〈보기〉를 참고하여, 빈 칸 ①과 ②를 채워 넣으시오.

- 시온이네 집에서 학교까지 가는 최단 거리는? (①   ) 이다.
- 시온이네 집에서 학교까지 가는 최장 거리를 〈이동 경로〉로 표시할 경우 (②   ) 이다.

과목2 알고리즘 설계

3. 종국이는 로봇 청소기가 어떻게 움직이는지 이동 방식을 살펴 보았다. 아래 〈보기〉를 참고하여 〈문제〉의 빈 칸을 완성하시오. (10점)

〈보기〉

〈로봇 청소기의 움직임〉

- 앞에 장애물이 없는가?
- 청소 완료
- 옆으로 이동하기
- 청소가 끝났는가?
- 로봇 청소기
- 앞으로 이동하기

〈문제〉

※ 답안 작성 요령 : 〈보기〉를 참고하여 작성하되, 〈로봇 청소기의 움직임〉에서 적절한 내용을 골라 빈 칸 ①과 ②를 채워 넣으시오.

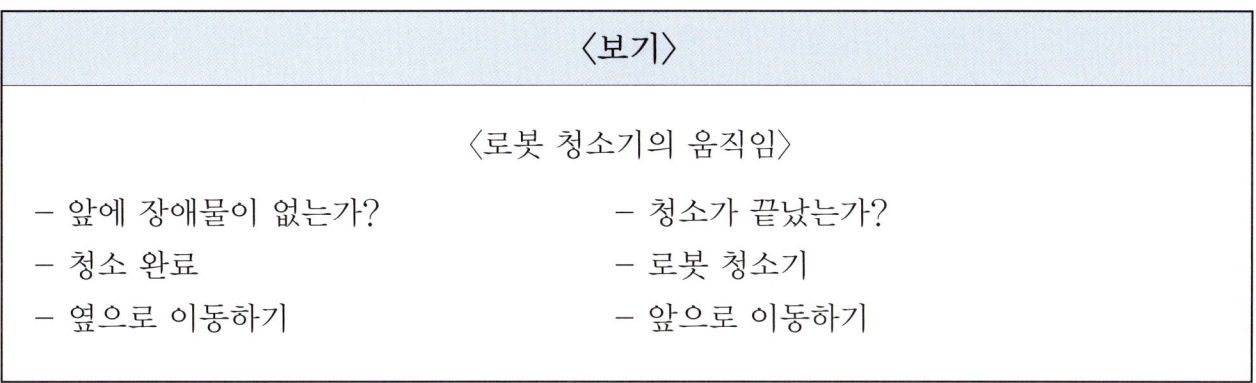

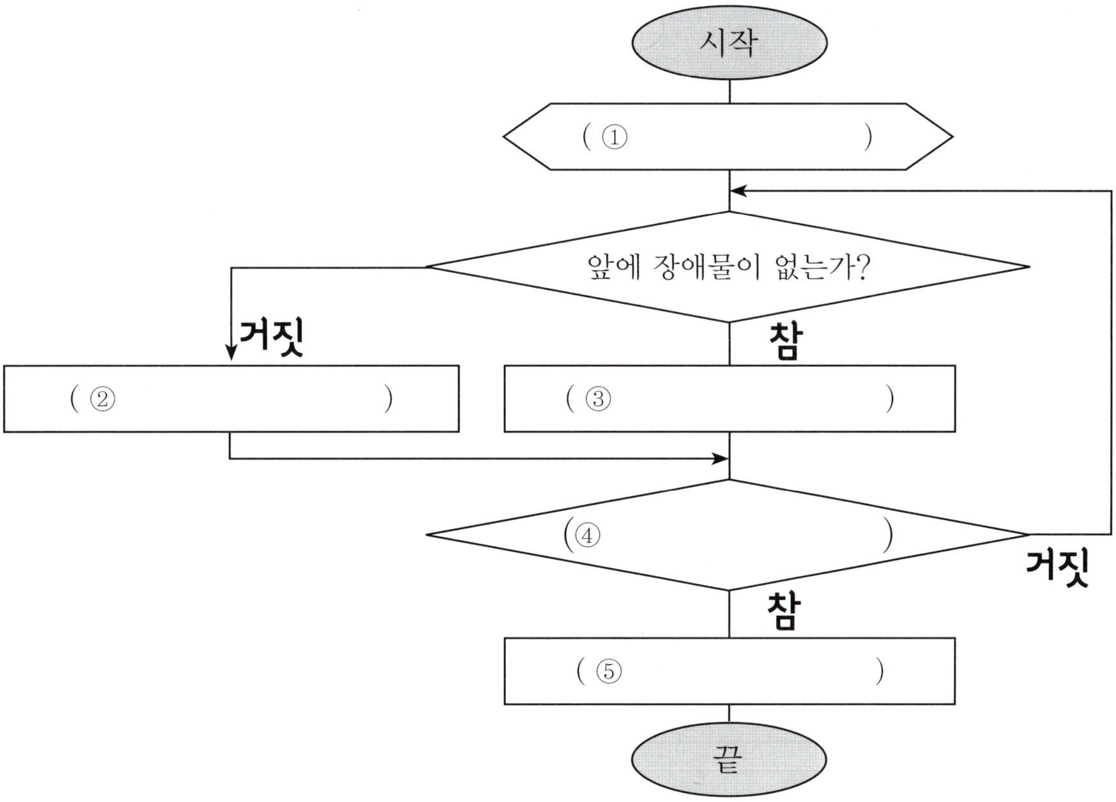

과목3 프로그래밍 언어 이해와 프로그래밍

※ 프로그래밍 작업 가이드
- 바탕화면(Desktop) / SW2-시험
- 수험번호-성명 폴더를 마우스 오른쪽 버튼으로 클릭한 후, [이름 바꾸기]를 클릭
  → 본인의 수험번호-성명으로 수정하시오.
- 본인의 수험번호-성명으로 수정된 폴더 안의 파일을 문항 별로 더블클릭하여 프로그램을 실행합니다.
- 문항 별 조건에 따라 작업을 완료하였으면, 파일>저장하기 버튼을 클릭하여 저장합니다.

4. 지효는 쇼핑을 위해 엘리베이터를 기다립니다. 아래 〈조건〉에 맞게 코딩하시오. (10점)

〈조건〉
- 엔트리 프로그램 화면 [블록 꾸러미]에서 필요한 블록을 가져다 사용한다. - ▶시작하기 버튼을 클릭하면 승무원이 '층 버튼을 눌러주세요.'를 2초 동안 말한다. - 숫자2 버튼을 클릭하면 '2층' 신호를 보낸다. - 숫자3 버튼을 클릭하면 '3층' 신호를 보낸다. - 숫자4 버튼을 클릭하면 '4층' 신호를 보낸다. - 승무원이 '2층' 신호를 받으면 '2층을 누르셨습니다.'를 2초 동안 말한다. - 승무원이 '3층' 신호를 받으면 '3층을 누르셨습니다.'를 2초 동안 말한다. - 승무원이 '4층' 신호를 받으면 '4층을 누르셨습니다.'를 2초 동안 말한다.

5. 맞는 비밀번호를 입력하면 보물상자가 열리도록, 아래 〈조건〉에 맞게 코딩하시오. (10점)

〈조건〉
- 엔트리 프로그램 화면 [블록 꾸러미]에서 필요한 블록을 가져다 사용한다. - ▶시작하기 버튼을 클릭하면 보물상자의 모양을 '닫힘' 모양으로 바꾼다. - 보물상자를 클릭하면 비밀번호를 입력하시오.를 묻고 대답을 기다린다. - 만일 대답이 '1234'이면 보물상자의 모양을 '열림' 모양으로 바꾸고 그렇지 않으면 '비밀번호가 맞지않습니다.'를 2초 동안 말한다.

6. 국가의 수도를 묻는 엔트리봇이 대답에 따라 결과를 말하도록, 아래 〈조건〉에 맞게 코딩하시오. (10점)

〈조건〉

- 엔트리 프로그램 화면 [블록 꾸러미]에서 필요한 블록을 가져다 사용한다.
- 국가 리스트의 항목수(3) 및 항목1(대한민국), 항목2(일본), 항목3(중국)을 입력한 후 리스트 보이기를 체크해제 한다.
- 수도 리스트의 항목수(3) 및 항목1(서울), 항목2(도쿄), 항목3(베이징)을 입력한 후 리스트 보이기를 체크해제 한다.
- ▶ **시작하기** 버튼을 클릭하면 계속 반복하여 아래의 기능을 실행한다.
  (1) 선택값 변수를 1부터 3사이의 무작위 수로 정한다.
  (2) 국가의 선택값 번째 항목과(와) '의 수도는?'을 합쳐서 묻고 대답을 기다린다.
  (3) 만일 대답과 수도의 선택값 번째 항목이 같다면 '맞았습니다.'를 2초 동안 말하고 그렇지 않으면 '틀렸습니다.'를 2초 동안 말한다.

7. 통나무를 넣어 모닥불이 꺼지지 않도록, 아래 〈조건〉에 맞게 코딩하시오. (10점)

〈조건〉

- 엔트리 프로그램 화면 [블록 꾸러미]에서 필요한 블록을 가져다 사용한다.
- ▶ **시작하기** 버튼을 클릭하면 모닥불을 모닥불1 모양으로 바꾼 후 0.1초를 기다렸다가 모닥불2 모양으로 바꾸고 0.1초 기다리기를 계속 반복한다.
- ▶ **시작하기** 버튼을 클릭하면 계속 반복하여 아래의 기능을 실행한다.
  (1) 시간 변수의 값을 1만큼 차감한 후 1초를 기다린다.
  (2) 만일 시간 변수의 값이 0보다 작거나 같으면 모닥불3 모양으로 바꾸고 0.5초를 기다렸다가 모닥불4 모양으로 바꾼 다음 시간 변수를 숨기고 모든 코드를 멈춘다.
- 통나무를 클릭하면 시간 변수의 값에 10을 더한 후 자신의 복제본을 만든다.
- 통나무의 복제본이 처음 생성되면 1초 동안 모닥불 위치로 이동한 후 이 복제본을 삭제한다.

8. 연필을 이용하여 다각형을 그리도록, 아래 〈조건〉에 맞게 코딩하시오. (10점)

〈조건〉

- 엔트리 프로그램 화면 [블록 꾸러미]에서 필요한 블록을 가져다 사용한다.
- ▶ **시작하기** 버튼을 클릭하면 연필이 '몇각형을 그릴까요?(숫자)'를 묻고 대답을 기다린다.
- 연필이 붓의 색을 빨간색으로 정하고 붓의 굵기를 2로 정한 다음 그리기를 시작한다.
- 연필이 대답번 만큼 반복하여 아래의 기능을 실행한다.
  (1) 이동 방향으로 50만큼 움직인다.
  (2) 방향을 360/대답 만큼 회전한다.
- 연필이 그리기를 멈춘다.

과목4 피지컬 컴퓨팅 이해

9. 지현이는 3색 LED로 다양한 색상의 불빛을 만들려고 한다. 〈보기〉를 참고하여 〈문제〉의 빈 칸을 완성하시오. (10점)

〈보기〉

〈 다양한 불빛 만들기 〉

3색 LED는 빛의 3원색인 빨간색, 파란색, 초록색 LED가 들어있는 RGB LED로 시온이는 3색 LED 4개의 다리를 그림과 같이 11, 12, 13번 핀에 연결하였다. (GND는 (−)극에 연결)

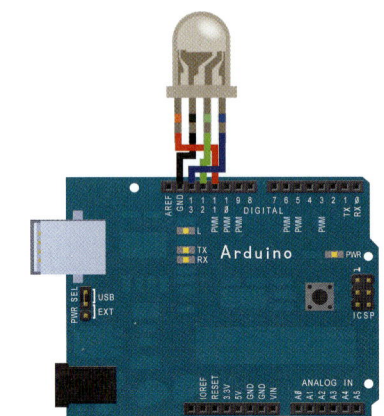

〈 빛의 3원색 〉

R : 빨간색, G : 초록색, B : 파란색

(가) R : 255, G : 255, B : 255
(나) R : 255, G : 255, B : 0
(다) R : 255, G : 0, B : 255
(라) R : 0, G : 255, B : 255
(마) R : 255, G : 0, B : 0
(바) R : 0, G : 255, B : 0
(사) R : 0, G : 0, B : 255

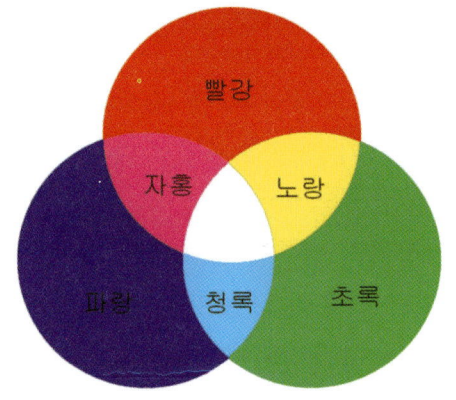

〈문제〉

※ 답안 작성 요령 : 〈보기〉를 참고하여, 빈 칸 ①과 ②를 채워 넣으시오.

- 지현이가 RGB LED의 색을 노란색으로 빛나도록 만들려고 한다. 노란색을 나타내기 위한 RGB 색상으로 가장 알맞는 것을 (가) ~ (사) 중 고르시오. (①   )

- RGB LED가 연결된 11, 12, 13번 핀들은 아날로그 출력과 디지털 출력이 모두 가능하다. 디지털 출력을 사용하여 RGB LED가 파란색으로 빛나도록 할 때 디지털 신호를 끄기와 켜기 중에서 골라 적으시오.

핀 번호	11번	12번	13번
신호	끄기	끄기	(②)

10. 광수는 오늘 피지컬 컴퓨팅 교실에서 화재 경보기를 만들어 보았다. 〈보기〉를 참고하여 〈문제〉의 빈 칸을 완성하시오. (10점)

〈보기〉

〈 화재 경보기 〉

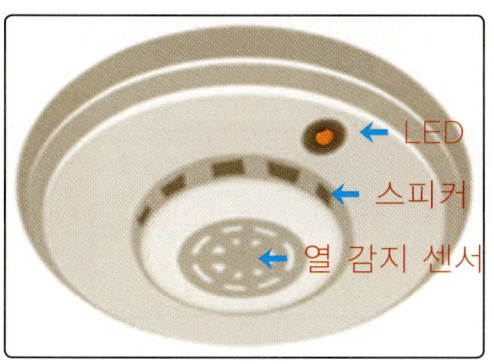

〈 화재 경보기의 특징 〉

열 감지 센서를 통해 열이 감지되면 화재 경보기에 신호를 보내 경보음을 울린다. 또한 열 감지 센서의 정보는 제품에 부착된 LED에도 신호를 보내어 열이 감지되었을 때 LED에 불이 켜진다. 화재 경보기는 LED에 0과 1, 두 가지 전기 신호를 사용하여 제어한다.

〈 액추에이터의 종류 〉 : LED, RGB LED, 부저, DC 모터, 서보 모터

〈문제〉

※ 답안 작성 요령 : 〈보기〉를 참고하여, 빈 칸 ①과 ②를 채워 넣으시오.

- 열 감지 센서의 신호값이 1이 되었을 때 화재 경보기가 액추에이터로 신호를 보내 경보음을 울린다. 이 때 사용하는 액추에이터의 이름을 적으시오. (①   )

- 열이 감지되었을 때 LED에 불이 켜졌다면 전기 신호값은 0과 1중 어느 신호값에 해당하는지 골라 적으시오. (②   )

※ 시험 종료 전,
- 본인의 수험번호-성명 폴더 내에 작업한 답안 파일이 정상적으로 저장되었는지 확인합니다.
  → 시험 종료 후, 감독관이 답안파일을 수거합니다.
- 수험번호, 성명을 잘못 기재하였거나, 답안 파일을 잘못 저장하여 발생한 문제나 불이익에 대한 일체의 책임은 수험자에게 있습니다.
- 감독관의 안내에 따라 시험지를 제출하고 퇴실합니다.

〈 끝 〉

제06회 기출 예상 문제

SW코딩자격(2급)
— Software Coding and Computing Test —

SW	시험시간	급수	응시일	수험번호	성명
Entry 1.6.4 이상	45분	2	년 월 일		

수험자 유의사항

- 수험자는 감독관의 안내에 따라 시험지와 시험용 SW 등의 이상 여부를 확인해야 합니다.
- 시험지는 시험이 끝난 후 답안지와 함께 제출해야 하며, 미제출 시 실격 처리 됩니다.
- 제한된 시간 내에 시험을 완료하여야 합니다.
- 시험 시작 후에는 화장실 출입이 불가하며, 시험 시간 중에는 퇴실할 수 없습니다.
- 시험 시간 중 고사실 내에서 휴대 전화기, 디지털카메라, MP3 등 전자 기기를 소지한 경우, 해당자의 시험을 무효로 처리하오니 절대 휴대하지 않도록 합니다.
- 부정 응시 및 문제 유출에 해당하는 행위 즉, 답안을 타인에게 전달 및 외부로 반출하는 경우, 자격기본법 제 32조에 의거 부정행위로 간주되어 해당자의 시험을 무효처리하며 민/형사상의 책임을 물을 수 있습니다.

답안 작성요령

- 답안 작성 절차
  - 바탕화면(Desktop) / SW2-시험 / 수험번호-성명 / 파일에 답안을 작성 또는 작업 후 저장
- 시험을 완료한 수험자는 감독관의 안내에 따라 ①시험지를 제출하고 ②답안파일을 저장한 후 퇴실합니다.

과목1 컴퓨팅적 사고력과 문제해결

1. 성현이는 잡곡밥을 좋아하는 아빠를 위해 원하는 곡물을 선택하여 섞는 기계를 만들었다. 아래 〈보기〉를 참고하여 〈문제〉의 빈 칸을 완성하시오. (10점)

〈보기〉

〈 곡물 섞는 기계 〉

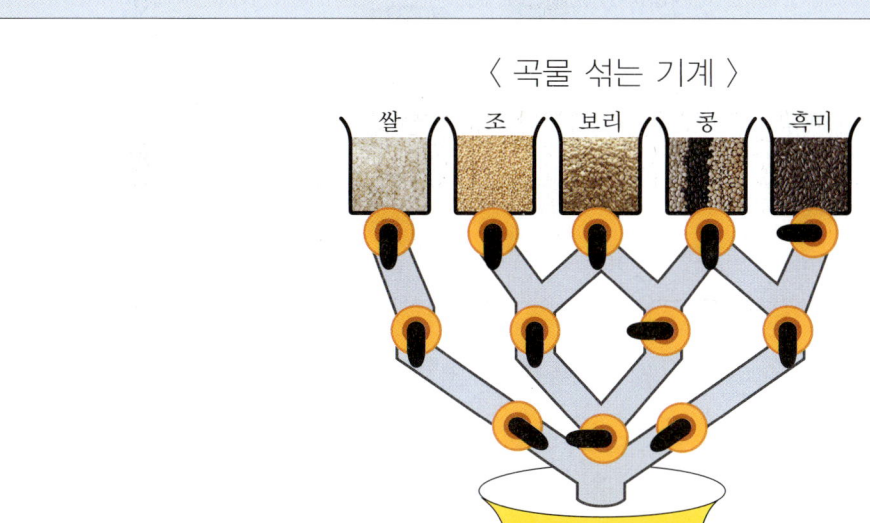

〈 곡물 섞는 기계의 디지털 정보 표현 〉

곡물을 섞는 기계에 사용된 버튼을 디지털 정보로 표현하면 다음과 같이 나타낼 수 있다.

버튼	그림	디지털 정보 표현
닫힘		0
열림		1

〈문제〉

※ 답안 작성 요령 : 〈보기〉를 참고하여, 빈 칸 ①과 ②를 채워 넣으시오.

- 〈곡물 섞는 기계〉와 같이 버튼을 설정했을 경우 (①   )과(와) (②   )이(가) 섞여서 그릇에 담길 것이다.

2. 정환이는 조별 과제물인 인공지능(AI) 스피커에 대해 조사하여 발표하려고 한다. 아래 〈보기〉를 참고하여 〈문제〉의 빈 칸을 완성하시오. (10점)

〈보기〉

〈인공지능(AI) 스피커〉

인공지능 스피커는 스피커에 인공지능(AI) 기술을 적용하여 음악 및 라디오 방송 재생, 날씨 정보 및 뉴스, 일정 관리, 오디오북 등을 재생해 줄 수 있으며, 사람의 음성을 인지하여 서로 대화하듯 문맥의 막힘이 없이 친근한 음성으로 이야기가 가능하다. 구글 및 애플 등 해외의 무수히 많은 업체들 뿐만 아니라 국내의 삼성, LG 등과 SK, KT 등 통신사까지 많은 업체들이 개발, 급속도로 발전을 진행해 오고 있다. 초기의 모델에서의 음성 인지 기능 등 미비한 점은 최근 완벽에 가까울 정도로 완성도 높게 발전하여 앞으로 4차 산업혁명의 가장 중심에 서는 대표적인 차세대 성장 산업으로 자리매김할 것이다.

〈컴퓨팅 사고력〉

문제 해결의 절차적인 사고 능력을 컴퓨팅 사고력이라고 한다. 컴퓨팅 사고력에는 자료를 모으는 자료 수집 단계, 자료를 분류하고 다양성을 파악하는 자료 분석 단계, 문제의 내용을 그래프, 이미지 등 시각 자료로 표현하는 자료 표현 단계로 구분된다.

〈문제〉

※ 답안 작성 요령 : 〈보기〉를 참고하여, 빈 칸 ①과 ②를 채워 넣으시오.

- 정환이는 해외의 인공지능(AI) 스피커를 비롯하여 국내 업체의 인공지능(AI) 스피커 종류를 검색하고 가격 및 제품의 특징을 알아보았다. 컴퓨팅 사고력 중 어떤 단계인가? (①   )
- 정환이가 검색한 해외 및 국내 업체의 제품 특징과 가격을 표로 정리하였다. 컴퓨팅 사고력 요소 중 어떤 단계인가? (②   )

과목2 알고리즘 설계

3. 하율이네 반 친구들의 시험 성적이 나왔다. 아래 〈보기〉를 참고하여 〈문제〉의 빈 칸을 완성하시오. (10점)

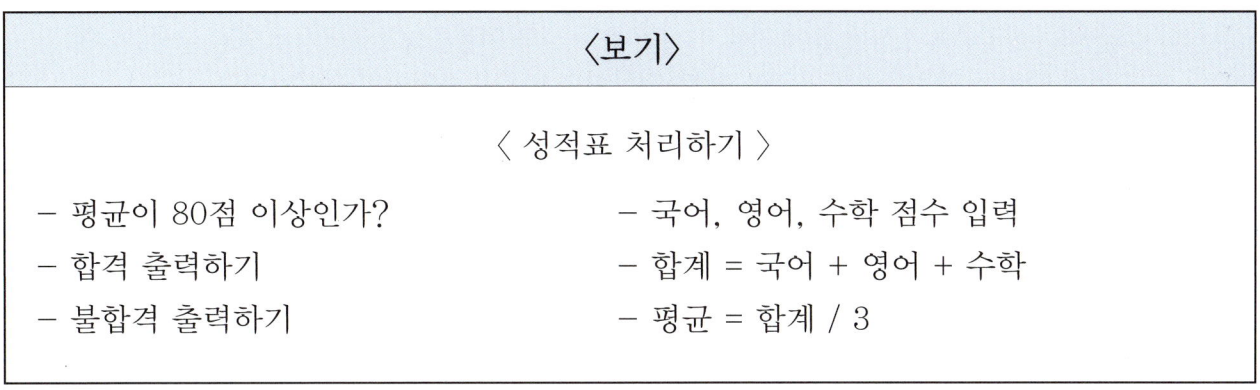

〈보기〉
〈 성적표 처리하기 〉 – 평균이 80점 이상인가?　　　　– 국어, 영어, 수학 점수 입력 – 합격 출력하기　　　　　　　　– 합계 = 국어 + 영어 + 수학 – 불합격 출력하기　　　　　　　– 평균 = 합계 / 3

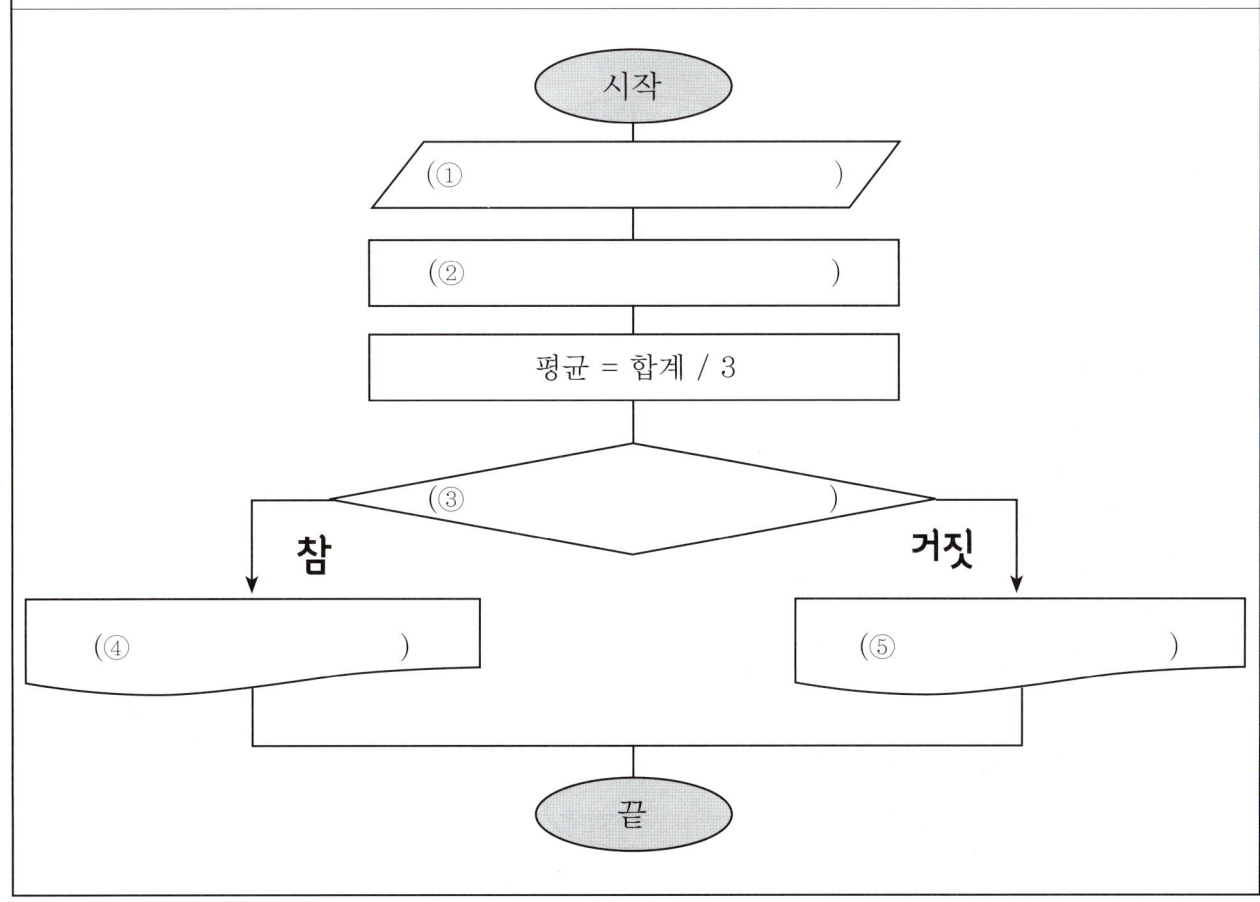

〈문제〉

※ 답안 작성 요령 : 〈보기〉를 참고하여 작성하되, 〈성적표 처리하기〉에서 적절한 내용을 골라 빈 칸 ①과 ②를 채워 넣으시오.

과목3 프로그래밍 언어 이해와 프로그래밍

※ **프로그래밍 작업 가이드**
- 바탕화면(Desktop) / SW2-시험
- 수험번호-성명 폴더를 마우스 오른쪽 버튼으로 클릭한 후, [이름 바꾸기]를 클릭
  → 본인의 수험번호-성명으로 수정하시오.
- 본인의 수험번호-성명으로 수정된 폴더 안의 파일을 문항 별로 더블클릭하여 프로그램을 실행합니다.
- 문항 별 조건에 따라 작업을 완료하였으면, 파일>저장하기 버튼을 클릭하여 저장합니다.

4. 곰과 펭귄이 달리기 경주를 하도록 아래 〈조건〉에 맞게 코딩하시오. (10점)

〈조건〉

- 엔트리 프로그램 화면 [블록 꾸러미]에서 필요한 블록을 가져다 사용한다.
- ▶시작하기 버튼을 클릭하면 곰이 x좌표 -180, y좌표 -20 위치로 이동한 후 결승선에 닿을때 까지 반복하여 아래의 기능을 실행한다.
  (1) 이동 방향으로 1부터 5사이의 무작위 수만큼 움직인다.
  (2) 곰의 모양을 다음 모양으로 바꾸고 0.1초를 기다린다.
- 곰이 결승선에 닿으면 '이겼다!'를 말하고 모든 코드를 멈춘다.
- ▶시작하기 버튼을 클릭하면 펭귄이 x좌표 -180, y좌표 -90 위치로 이동한 후 결승선에 닿을때 까지 반복하여 아래의 기능을 실행한다.
  (1) 이동 방향으로 1부터 5사이의 무작위 수만큼 움직인다.
  (2) 펭귄의 모양을 다음 모양으로 바꾸고 0.1초를 기다린다.
- 펭귄이 결승선에 닿으면 '이겼다!'를 말하고 모든 코드를 멈춘다.

5. 태양을 중심으로 행성들이 공전하도록, 아래 〈조건〉에 맞게 코딩하시오. (10점)

〈조건〉

- 엔트리 프로그램 화면 [블록 꾸러미]에서 필요한 블록을 가져다 사용한다.
- ▶시작하기 버튼을 클릭하면 태양 및 수성, 금성, 지구 등이 x좌표 0, y좌표 0 위치로 이동한다.
- 시작을 클릭하면 시작 신호를 보낸다.
- 정지를 클릭하면 모든 코드를 멈춘다.
- 수성이 '시작' 신호를 받으면 계속 반복하여 방향을 -25°만큼 회전하고 0.1초를 기다린다.
- 금성이 '시작' 신호를 받으면 계속 반복하여 방향을 -15°만큼 회전하고 0.1초를 기다린다.
- 지구가 '시작' 신호를 받으면 계속 반복하여 방향을 -5°만큼 회전하고 0.1초를 기다린다.

6. 20초 동안 귀뚜라미가 초원을 자유롭게 움직이도록, 아래 〈조건〉에 맞게 코딩하시오. (10점)

〈조건〉
- 엔트리 프로그램 화면 [블록 꾸러미]에서 필요한 블록을 가져다 사용한다.
- ▶시작하기 버튼을 클릭하면 시간 변수의 값을 20으로 정한다.
- 귀뚜라미가 시간의 값이 0보다 작거나 같을 때까지 계속 반복하여 아래의 기능을 실행한다.
  (1) x좌표를 -200부터 200사이의 무작위 수, y좌표를 -110부터 110사이의 무작위 수 위치로 이동한다.
  (2) 귀뚜라미의 모양을 1부터 2사이의 무작위 수 모양으로 바꾼다.
  (3) 시간값을 1씩 차감한 후 1초를 기다린다.
- 시간값이 0보다 작거나 같아지면 모든 코드를 멈춘다.

7. 마우스의 x좌표 값을 따라 달팽이가 움직이도록, 아래 〈조건〉에 맞게 코딩하시오. (10점)

〈조건〉
- 엔트리 프로그램 화면 [블록 꾸러미]에서 필요한 블록을 가져다 사용한다.
- ▶시작하기 버튼을 클릭하면 달팽이를 x좌표 0, y좌표 0 위치로 이동한 후 계속 반복하여 아래의 기능을 실행한다.
  (1) 만일 마우스의 x좌표값이 0보다 작다면 이동 방향을 270°으로 정하고 2만큼씩 움직이며, 0.1초를 기다린다. 그렇지 않으면 이동 방향을 90°으로 정하고 2만큼씩 움직이며, 0.1초를 기다린다.
  (2) 만일 달팽이가 벽에 닿으면 모든 코드를 멈춘다.

8. 버튼을 눌러 주사위 놀이를 하도록, 아래 〈조건〉에 맞게 코딩하시오. (10점)

〈조건〉
- 엔트리 프로그램 화면 [블록 꾸러미]에서 필요한 블록을 가져다 사용한다.
- ▶시작하기 버튼을 클릭하면 다람쥐의 모양을 다람쥐_1 모양으로 바꾼다.
- 시작을 클릭하면 '주사위돌리기' 신호를 보내고 모양을 숨긴다.
- 멈춤을 클릭하면 '주사위멈추기' 신호를 보낸다.
- 주사위가 '주사위돌리기' 신호를 받으면 0.1초를 기다렸다가 다음 모양으로 바꾸기를 계속 반복한다.
- 주사위가 '주사위멈추기' 신호를 받으면 자신의 다른 코드를 멈춘다.
- 다람쥐가 '주사위멈추기' 신호를 받으면 다람쥐 모양을 다람쥐_2 모양으로 바꾼 후 주사위의 모양번호와 '이(가) 나왔습니다!'를 합쳐서 2초 동안 말하고 처음부터 다시 실행한다.

과목4 피지컬 컴퓨팅 이해

9. 자동차가 집까지 가는 길을 LED로 표시하려고 한다. 〈보기〉를 참고하여 〈문제〉의 빈 칸을 완성하시오. (10점)

〈보기〉

〈 진수 변환 표 〉

10진수	2진수	10진수	2진수
0	0000	5	0101
1	0001	6	0110
2	0010	7	0111
3	0011	8	1000
4	0100	9	1001

〈 행 단위의 출력값 〉

핀 번호	10번	11번	12번	13번
출력값	2	6	4	7

- 디지털 10 ~ 13번 핀의 출력값을 통해 LED를 켜서 이동 가능한 길을 표시한다. 디지털 신호가 0이면 LED를 끄고 1이면 LED를 켠다.
- 작동  : 10번 핀의 출력값은 2이고 이를 이진수로 변환한 값(0010)을 통해 LED의 동작을 제어한다.

〈문제〉

※ 답안 작성 요령 : 〈보기〉를 참고하여, 빈 칸 ①과 ②를 채워 넣으시오.

– 오른쪽 그림과 같이 자동차가 도착지까지 가기 위한 디지털 핀 번호의 출력값을 적으시오.

〈 행 단위의 출력값 〉

핀 번호	10번	11번	12번	13번
출력값	4	(①)	2	(②)

10. 시온이가 피에조 부저를 이용하여 피아노 음계 소리를 만들려고 한다. 〈보기〉를 참고하여 〈문제〉의 빈 칸을 완성하시오. (10점)

〈보기〉

〈 피에조 부저 〉

피에조 부저는 전기적 신호를 이용하여 소리를 내는 부품으로 전압을 걸어주면 얇은 박의 미세한 떨림으로 소리를 낸다.

주로 간단한 알람이나 경고음 등 간단한 멜로디 음을 낼 때 사용한다.

〈 음계 소리 출력을 위한 명령어 〉

시온이가 피에조 부저를 이용하여 피아노 음계 소리를 나타내려고 한다. 디지털 핀에 연결된 비에조 부저로 주파수 및 재생시간을 보내어 소리를 출력하는데 방법은 아래와 같다.

명령어(핀번호, 주파수, 재생시간);
tone(8, 262, 200);

음계	주파수(Hz)
도	262
레	294
미	330
파	349
솔	392
라	440
시	494

〈문제〉

※ 답안 작성 요령 : 〈보기〉를 참고하여, 빈 칸 ①과 ②를 채워 넣으시오.

- 피에조 부저의 다리가 긴 쪽(+극)에 디지털 (①   )번 핀을 연결, 다리가 짧은 쪽 (-극)을 GND에 연결한다.

- 시온이가 8번 핀을 사용하여 음계 '미'를 나타내려고 한다. 재생시간을 300으로 하였을 때 명령어를 작성하시오.

tone(② , ,);

〈 끝 〉

제07회 기출 예상 문제

SW코딩자격(2급)
— Software Coding and Computing Test —

SW	시험시간	급수	응시일	수험번호	성명
Entry 1.6.4 이상	45분	2	년 월 일		

수험자 유의사항

- 수험자는 감독관의 안내에 따라 시험지와 시험용 SW 등의 이상 여부를 확인해야 합니다.
- 시험지는 시험이 끝난 후 답안지와 함께 제출해야 하며, 미제출 시 실격 처리 됩니다.
- 제한된 시간 내에 시험을 완료하여야 합니다.
- 시험 시작 후에는 화장실 출입이 불가하며, 시험 시간 중에는 퇴실할 수 없습니다.
- 시험 시간 중 고사실 내에서 휴대 전화기, 디지털카메라, MP3 등 전자 기기를 소지한 경우, 해당자의 시험을 무효로 처리하오니 절대 휴대하지 않도록 합니다.
- 부정 응시 및 문제 유출에 해당하는 행위 즉, 답안을 타인에게 전달 및 외부로 반출하는 경우, 자격기본법 제 32조에 의거 부정행위로 간주되어 해당자의 시험을 무효처리하며 민/형사상의 책임을 물을 수 있습니다.

답안 작성요령

- 답안 작성 절차
  - 바탕화면(Desktop) / SW2-시험 / 수험번호-성명 / 파일에 답안을 작성 또는 작업 후 저장
- 시험을 완료한 수험자는 감독관의 안내에 따라 ①시험지를 제출하고 ②답안파일을 저장한 후 퇴실합니다.

| 과목1 | 컴퓨팅적 사고력과 문제해결 |

1. 정한이는 이번 2019년도 우리대학교 입학에 합격하여 학번을 부여받았다. 아래 〈보기〉를 참고하여 〈문제〉의 빈 칸을 완성하시오. (10점)

〈보기〉

〈정한이의 학번〉

외과의사가 꿈인 정한이는 이번 2019년도 우리대학교 의과대학 의학과에 입학하였다. 어느날 문자로 학번을 알려준다는 메시지를 받았고 문자를 확인하는데 실수로 메시지를 삭제하고 말았다. 하지만 우리대학의 학번 분류 기준을 알고 있던 정환이는 어려움 없이 학번을 알 수 있었고 그 기준은 다음과 같다고 했다.

〈학번 분류 기준〉

가. 학번은 6개의 문자 및 숫자로 부여되며, 입학년도(뒤에서 2자리)-단과대학 기호&학과 기호-등록순서로 구성된다.
나. 단과대학 기호 및 학과 기호는 아래와 같이 분류 코드가 미리 부여되어 있다.
다. 정한이는 입학 등록할 때 02번째로 등록하였다.
라. 우리대학교에 같이 입학한 작곡과에 다니는 친구 지우는 19가B31 학번을 사용한다.

분류	기호	분류	기호
음악대학	가	성악과	A
		작곡과	B
의과대학	나	의학과	C
		치의학과	D
미술대학	다	동양학과	E
		서양학과	F

〈문제〉

※ 답안 작성 요령 : 〈보기〉를 참고하여, 빈 칸 ①과 ②를 채워 넣으시오.

- 〈정한이의 학번〉 및 〈학번 분류 기준〉을 이용하여 정한이의 학번에서 ①에 들어갈 내용을 적으시오.   정한이 학번 : 19-(①   )-02
- 정한이 친구 지우가 입학 등록할 때 등록 순서을 적으시오.   (②   )

2. 강찬이가 음악 소리를 어떻게 디지털로 표현하는지 알아보려고 한다. 아래 〈보기〉를 참고하여 〈문제〉의 빈 칸을 완성하시오. (10점)

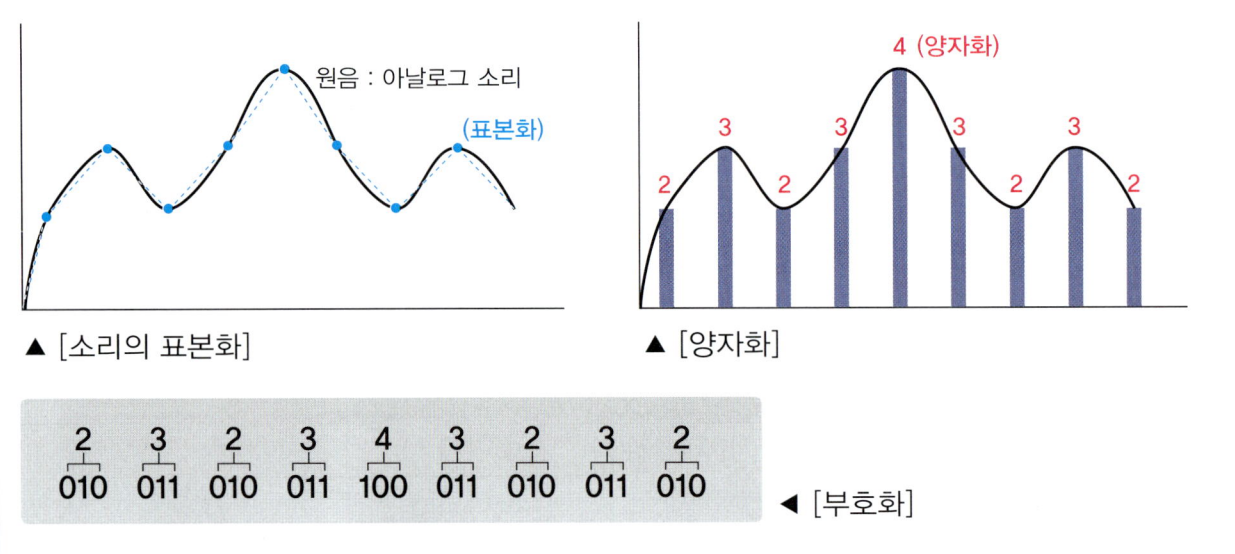

〈보기〉

〈소리의 디지털화〉

컴퓨터는 아날로그 소리를 디지털로 변경하기 위해서는 표본화, 양자화, 부호화 등의 과정을 거쳐 디지털 신호로 표현할 수 있다. 즉 연속적으로 이어진 원음의 음파를 일정한 시간 간격으로 잘라서 표본을 추출하고(표본화) 이를 일정한 정수값으로 표현(양자화)한 다음 해당하는 정수값을 0 또는 1의 2진수를 사용하여 디지털 신호로 바꾸는 것이다.(부호화)

〈문제〉

※ 답안 작성 요령 : 〈보기〉를 참고하여, 빈 칸 ①과 ②를 채워 넣으시오.

- 연속적으로 이어진 아날로그 소리를 일정한 시간 간격으로 잘라서 각각의 값으로 표현할 때 잘라내는 시간의 간격이 좁을수록 음질은 (①   ) 또한 잘라낸 소리의 값을 표현하기 위해 몇 비트를 사용할지 정해야 하는데 비트의 수가 (②   ) 원음에 가까운 음을 표현할 수 있다.

　　(가) 좋아진다.　　　(나) 떨어진다.　　　(다) 많을수록　　　(라) 적을수록

과목2 알고리즘 설계

3. 편의점에 들린 광수가 컵라면을 먹으려고 한다. 아래 〈보기〉를 참고하여 〈문제〉의 빈 칸을 완성하시오. (10점)

〈보기〉

〈 편의점에서 컵라면 먹기 〉

- 3분이 되었는가?
- 컵라면, 끓는물
- 라면스프 컵라면 용기 안에 넣기
- 끓는물을 컵라면 용기 안에 넣는다.
- 뚜껑을 덮고 기다리기
- 컵라면 먹기

〈문제〉

※ 답안 작성 요령 : 〈보기〉를 참고하여 작성하되, 〈편의점에서 컵라면 먹기〉에서 적절한 내용을 골라 빈 칸 ①과 ②를 채워 넣으시오.

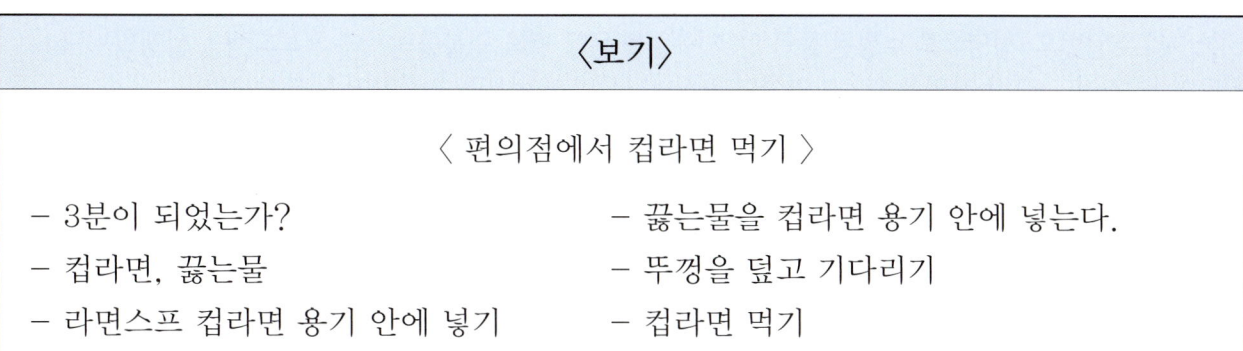

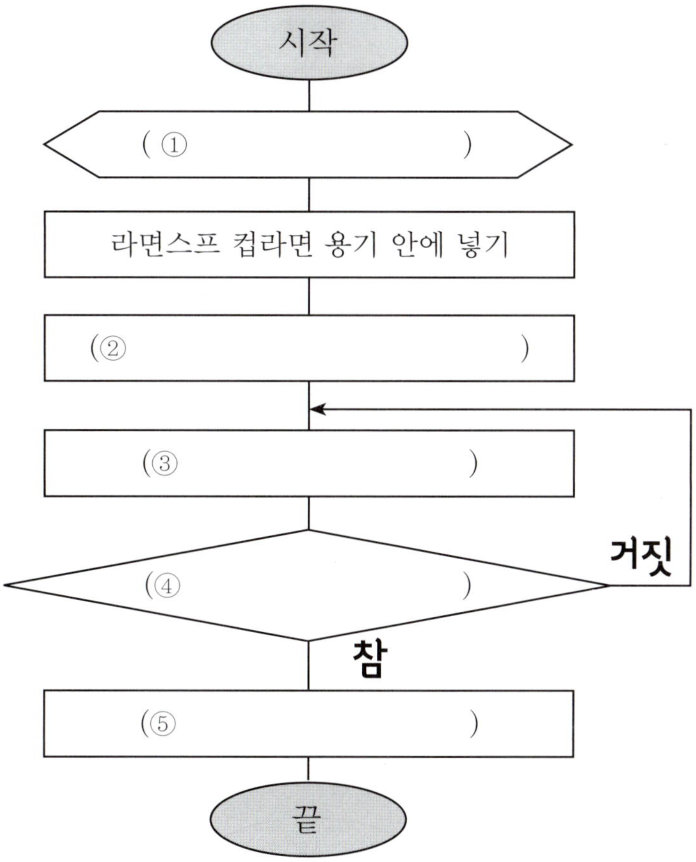

과목 3 프로그래밍 언어 이해와 프로그래밍

※ **프로그래밍 작업 가이드**
- 바탕화면(Desktop) / SW2-시험
- 수험번호-성명 폴더를 마우스 오른쪽 버튼으로 클릭한 후, [이름 바꾸기]를 클릭
  → 본인의 수험번호-성명으로 수정하시오.
- 본인의 수험번호-성명으로 수정된 폴더 안의 파일을 문항 별로 더블클릭하여 프로그램을 실행합니다.
- 문항 별 조건에 따라 작업을 완료하였으면, 파일>저장하기 버튼을 클릭하여 저장합니다.

4. 초시계를 이용하여 육상선수의 기록을 재도록 〈조건〉에 맞게 코딩하시오. (10점)

〈조건〉

- 엔트리 프로그램 화면 [블록 꾸러미]에서 필요한 블록을 가져다 사용한다.
- ▶**시작하기** 버튼을 클릭하면 글상자의 '글상자 내용'을 글쓰고 1초를 기다렸다가 '시작!!'을 글쓴다. 이후 'start' 신호를 보낸 다음 1초를 기다렸다가 모양을 숨긴다.
- 육상선수가 'start' 신호를 받으면 초시계를 시작하고 계속 반복하여 아래의 기능을 실행한다.
    (1) 만일 오른쪽 화살표키를 입력하면 이동 방향으로 1부터 5사이의 무작위 수 만큼 움직인 후 다음 모양으로 바꾼다.
    (2) 만일 결승선에 닿으면 초시계를 정지하고 초시계값을 2초 동안 말한 다음 모든 코드를 멈춘다.

5. 키보드의 방향키로 박쥐를 움직이도록, 아래 〈조건〉에 맞게 코딩하시오. (10점)

〈조건〉

- 엔트리 프로그램 화면 [블록 꾸러미]에서 필요한 블록을 가져다 사용한다.
- ▶**시작하기** 버튼을 클릭하면 0.1초 단위로 계속해서 다음 모양으로 바꾼다.
- 키보드의 왼쪽 화살표키를 입력하면 x좌표를 -5만큼 바꾼다.
- 키보드의 오른쪽 화살표키를 입력하면 x좌표를 5만큼 바꾼다.
- 키보드의 위쪽 화살표키를 입력하면 y좌표를 5만큼 바꾼다.
- 키보드의 아래쪽 화살표키를 입력하면 y좌표를 -5만큼 바꾼다.

6. 처녀귀신이 공동묘지에서 보였다가 숨도록, 아래 〈조건〉에 맞게 코딩하시오. (10점)

〈조건〉

- 엔트리 프로그램 화면 [블록 꾸러미]에서 필요한 블록을 가져다 사용한다.
- 함수 정의하기 : 반복해서 투명도 (문자/숫자값1) 만큼 주기
  (1) 10번 반복하여 투명도 효과를 '문자/숫자값1' 만큼 주고 0.2초 기다리기
- ▶시작하기 버튼을 클릭하면 처녀 귀신의 투명도를 100으로 정한다.
- 처녀 귀신이 계속 반복하여 아래의 기능을 실행한다.
  (1) 반복해서 투명도 10만큼 준다.
  (2) x좌표를 -180부터 180사이의 무작위 수, y좌표를 -50부터 50사이의 무작위 수 위치로 이동한다.
  (3) 반복해서 투명도 -10만큼 준다.

7. 개구리와 두꺼비의 시소타기 놀이를, 아래 〈조건〉에 맞게 코딩하시오. (10점)

〈조건〉

- 엔트리 프로그램 화면 [블록 꾸러미]에서 필요한 블록을 가져다 사용한다.
- ▶시작하기 버튼을 클릭하면 갈색 시소가 계속 반복하여 아래의 기능을 실행한다.
  (1) 갈색 시소2 모양으로 바꾼 후 신호1 신호를 보낸 다음 1초를 기다린다.
  (2) 갈색 시소1 모양으로 바꾼 후 신호2 신호를 보낸 다음 1초를 기다린다.
- 개구리가 '신호1' 신호를 받으면 y좌표를 -30만큼 바꾼 후 1초를 기다린다.
- 개구리가 '신호2' 신호를 받으면 y좌표를 30만큼 바꾼 후 1초를 기다린다.
- 두꺼비가 '신호1' 신호를 받으면 y좌표를 30만큼 바꾼 후 1초를 기다린다.
- 두꺼비가 '신호2' 신호를 받으면 y좌표를 -30만큼 바꾼 후 1초를 기다린다.

8. 엔트리봇이 가지고 있는 숫자를 맞추도록 아래 〈조건〉에 맞게 코딩하시오. (10점)

〈조건〉

- 엔트리 프로그램 화면 [블록 꾸러미]에서 필요한 블록을 가져다 사용한다.
- ▶시작하기 버튼을 클릭하면 정답 변수의 값을 1부터 9사이의 무작위 수로 정한다.
- 엔트리봇이 3번 반복하여 아래의 기능을 실행한다.
  (1) 횟수 변수에 값을 1만큼 더한다.
  (2) 내가 가지고 있는 숫자는 무엇일까요? (1~9)를 묻고 대답을 기다린다.
  (3) 만일 대답보다 정답값이 작으면 대답과(와) '보다는 작습니다.'를 합쳐 2초 동안 말한다.
  (4) (3)조건이 아니면 만일 대답보다 정답값이 크면 대답과(와) '보다는 큽니다.'를 합쳐 2초동안 말한다.
  (5) (3)과 (4)조건이 모두 아니면 '맞았습니다.'를 2초 동안 말한 후 횟수값과(와) '번만에 맞추었습니다.'를 합쳐 2초 동안 말하고 모든 코드를 멈춘다.
- 3번 반복이 끝나면 '다음 기회에 도전하세요~'를 2초 동안 말한 후 모든 코드를 멈춘다.

과목4 피지컬 컴퓨팅 이해

9. 자동차를 주차하려고 한다. 〈보기〉를 참고하여 〈문제〉의 빈 칸을 완성하시오. (10점)

〈보기〉

〈 자동차 주차 〉

아빠가 자동차를 주차하는 과정을 유심히 지켜보던 나는 신기한 장면을 확인했다. 자동차의 뒤를 보며 주차 라인으로 들어서는데 벽에 가까이 가니까 삐!~ 하는 경보음 소리가 점차 자주 들리고 룸미러 앞에 표시된 숫자가 값이 조금씩 작아지기 시작했다. 아빠는 숫자 값을 확인하면서 벽에 닿지 않도록 조심히 주차를 하고 주차 모드와 함께 사이드 브레이크를 잠갔다. 주차를 위해 도와주는 장치들에 신기해 하며, 아빠와 함께 자동차에서 내렸다.

〈센서의 종류〉: 빛센서, 초음파센서, 소리센서, 온도센서, 버튼, 슬라이드

〈액추에이터의 종류〉: LED, RGB LED, 7세그먼트, 부저, DC 모터, 서보 모터

〈문제〉

※ 답안 작성 요령 : 〈보기〉를 참고하여, 빈 칸 ①과 ②를 채워 넣으시오.

- 자동차가 벽에 가까이 다가오는것을 감지해 주는 ◎센서로 감지하여 이 정보를 자동차 룸미러에 표시된 숫자값을 보고 거리를 확인해 줄 수 있도록 만들어주는 ★장치로 연결, 사람이 확인하면서 주차를 도와준다.
- 센서의 종류에서 ◎ 표시에 들어갈 센서로 옳은 것을 적으시오. (①   )
- 액추에이터 종류에서 ★ 표시에 들어갈 장치로 옳은 것을 적으시오 (②   )

10. 길을 지나가던 시온이가 두더지 게임기의 호객행위에 이끌려 게임을 하려고 한다. 〈보기〉를 참고하여 〈문제〉의 빈 칸을 완성하시오. (10점)

〈보기〉

〈 말하는 두더지 게임기 〉

길을 걸어가고 있는데 게임기 근처로 다가가자 게임기가 갑자기 '안녕~ 게임 한 번 할래?' 하고 말을 내게 걸었다. 참 신기해 하며, 게임기 앞에 간 나는 오래 간만에 게임을 하기 위해 동전을 넣었고 망치로 올라오는 두더지를 때리면서 스트레스를 풀었다.

〈센서의 종류〉: 빛센서, 초음파센서, 소리센서, 압력센서, 온도센서, 버튼, 슬라이드

〈문제〉

※ 답안 작성 요령 : 〈보기〉를 참고하여, 〈센서의 종류〉에서 빈 칸 ①과 ②를 채워 넣으시오.

- 사람이 근처에 다가올 때 (①   )는 거리를 감지하여 가까이 접근할 때 신호를 전달하여 제어장치의 처리 과정을 통해 소리를 출력하는 방식이다.
- 두더지 게임에서 두더지를 망치로 때릴 때 (②   )가 이를 감지하여 망치로 때리는 강도에 따라 점수를 올려주는 방식으로 게임을 진행한다.

※ 시험 종료 전,
- 본인의 수험번호-성명 폴더 내에 작업한 답안 파일이 정상적으로 저장되었는지 확인합니다.
  → 시험 종료 후, 감독관이 답안파일을 수거합니다.
- 수험번호, 성명을 잘못 기재하였거나, 답안 파일을 잘못 저장하여 발생한 문제나 불이익에 대한 일체의 책임은 수험자에게 있습니다.
- 감독관의 안내에 따라 시험지를 제출하고 퇴실합니다.

〈 끝 〉

제08회 기출 예상 문제

SW코딩자격(2급)
― Software Coding and Computing Test ―

SW	시험시간	급수	응시일	수험번호	성명
Entry 1.6.4 이상	45분	2	년 월 일		

수험자 유의사항

- 수험자는 감독관의 안내에 따라 시험지와 시험용 SW 등의 이상 여부를 확인해야 합니다.
- 시험지는 시험이 끝난 후 답안지와 함께 제출해야 하며, 미제출 시 실격 처리 됩니다.
- 제한된 시간 내에 시험을 완료하여야 합니다.
- 시험 시작 후에는 화장실 출입이 불가하며, 시험 시간 중에는 퇴실할 수 없습니다.
- 시험 시간 중 고사실 내에서 휴대 전화기, 디지털카메라, MP3 등 전자 기기를 소지한 경우, 해당자의 시험을 무효로 처리하오니 절대 휴대하지 않도록 합니다.
- 부정 응시 및 문제 유출에 해당하는 행위 즉, 답안을 타인에게 전달 및 외부로 반출하는 경우, 자격기본법 제 32조에 의거 부정행위로 간주되어 해당자의 시험을 무효처리하며 민/형사상의 책임을 물을 수 있습니다.

답안 작성요령

- 답안 작성 절차
  - 바탕화면(Desktop) / SW2-시험 / 수험번호-성명 / 파일에 답안을 작성 또는 작업 후 저장
- 시험을 완료한 수험자는 감독관의 안내에 따라 ①시험지를 제출하고 ②답안파일을 저장한 후 퇴실합니다.

과목1 컴퓨팅적 사고력과 문제해결

1. 오픈마켓에 관심이 많은 지효가 최근 의류 관심 트랜드가 어떤지 조사해 보았다. 아래 〈보기〉를 참고하여 〈문제〉의 빈 칸을 완성하시오. (10점)

〈보기〉

〈 의류 검색 순위 〉

2018.11.
2018.11.01 ~ 2018.11.30
1. 패딩 조끼
2. 롱 패딩
3. 기모 레깅스
4. 기모 셔츠
5. 캐시미어 코트
6. 구스 점퍼

2018.12.
2018.12.01 ~ 2018.12.31
1. 패딩 조끼
2. 기모 레깅스
3. 롱 패딩
4. 캐시미어 코트
5. 기모 셔츠
6. 구스 점퍼

2019.01.
2019.01.01 ~ 2019.01.31
1. 패딩 조끼
2. 구스 점퍼
3. 롱 패딩
4. 기모 레깅스
5. 캐시미어 코트
6. 기모 셔츠

2019.02.
2019.02.01 ~ 2019.02.29
1. 패딩 조끼
2. 구스 점퍼
3. 기모 셔츠
4. 캐시미어 코트
5. 기모 레깅스
6. 롱 패딩

〈 검색기기 / 성별 / 연령 비중(기간 합계) 〉

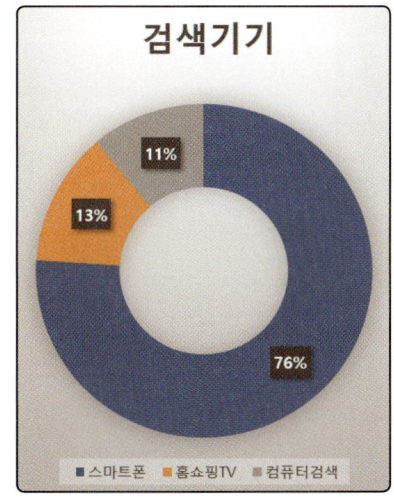
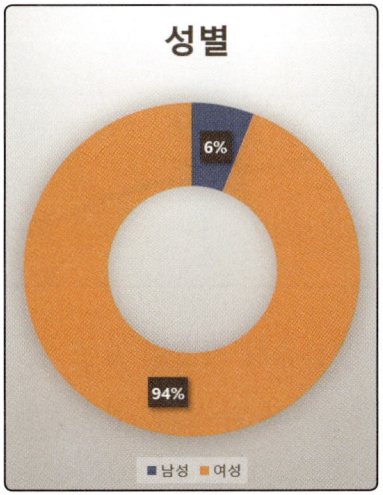
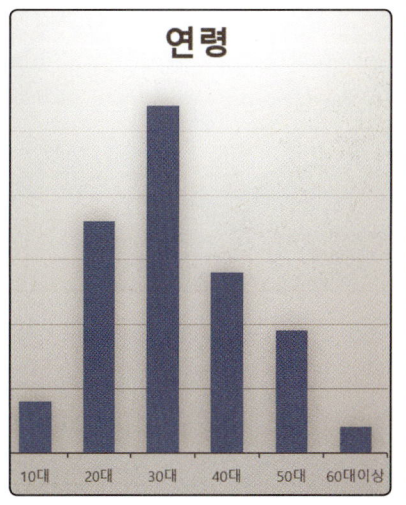

〈문제〉

※ 답안 작성 요령 : 〈보기〉를 참고하여, 빈 칸 ①과 ②를 채워 넣으시오.

- 의류 검색 순위를 보면 최근 4개월을 기준으로 (①   )가(이) 최고 관심 품목임을 알 수 있다.
- 검색기기는 홈쇼핑TV나 컴퓨터 검색보다 스마트폰을 이용한 검색이 높았으며, 검색 연령층은 (②   )가 가장 많았다.

2. 재석이는 집에서 일산 호수공원까지 가는 방법을 조사하고 있다. 아래 〈보기〉를 참고하여 〈문제〉의 빈 칸을 완성하시오. (10점)

〈보기〉

〈집에서 일산 호수공원까지 가는 방법〉

가. 집 앞 버스 정류장까지 이동한다.

나. 일산 호수공원에 가는 버스를 기다린다.

다. 일산 호수공원에 가는 버스가 도착하면 버스를 타고 요금을 낸다.

라. 좌석에 앉는다.

마. 일산 호수공원 근처에 위치한 정류장에서 내린다.

바. 일산 호수공원으로 이동한다.

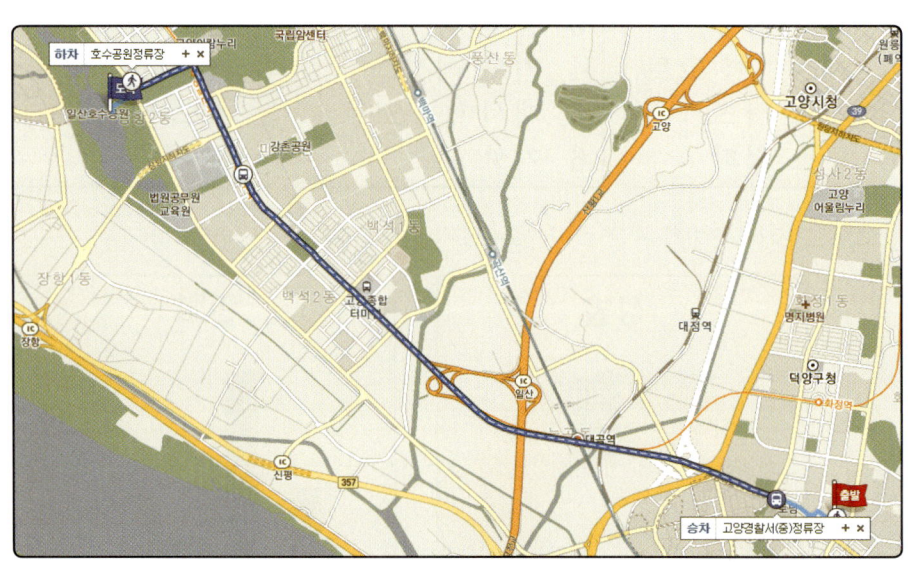

〈컴퓨팅 사고력 요소〉

자료수집, 자료분석, 자료표현, 문제분해, 추상화, 알고리즘, 자동화, 시뮬레이션, 병렬화

〈문제〉

※ 답안 작성 요령 : 〈보기〉를 참고하여, 빈 칸 ①과 ②를 채워 넣으시오.

- 〈컴퓨팅 사고력 요소〉 중에서 (①   )는(은) 〈집에서 일산 호수공원까지 가는 방법〉의 가. ~ 바. 처럼 문제 해결 방법을 순서대로 나열하여 표현한 것이다.

- 〈컴퓨팅 사고력 요소〉 중에서 (②   )는(은) 〈집에서 일산 호수공원까지 가는 방법〉의 지도처럼 문제 해결 가능한 형태로 단순화하는 과정이다.

과목2 알고리즘 설계

3. 종국이와 광수가 가위바위보 게임으로 이긴 사람이 3분동안 부채질 해주는 게임을 3회 동안 하려고 한다. 아래 〈보기〉를 참고하여 〈문제〉의 빈 칸을 완성하시오. (10점)

〈보기〉

〈 가위바위보 게임 〉

- 3분이 되었는가?
- 이긴 사람에게 부채질을 한다.
- 가위바위보로 이긴 사람을 결정한다.
- 진 사람이 부채를 잡는다.
- 3회 반복하기

〈문제〉

※ 답안 작성 요령 : 〈보기〉를 참고하여 작성하되, 〈가위바위보 게임〉에서 적절한 내용을 골라 빈 칸 ①과 ②를 채워 넣으시오.

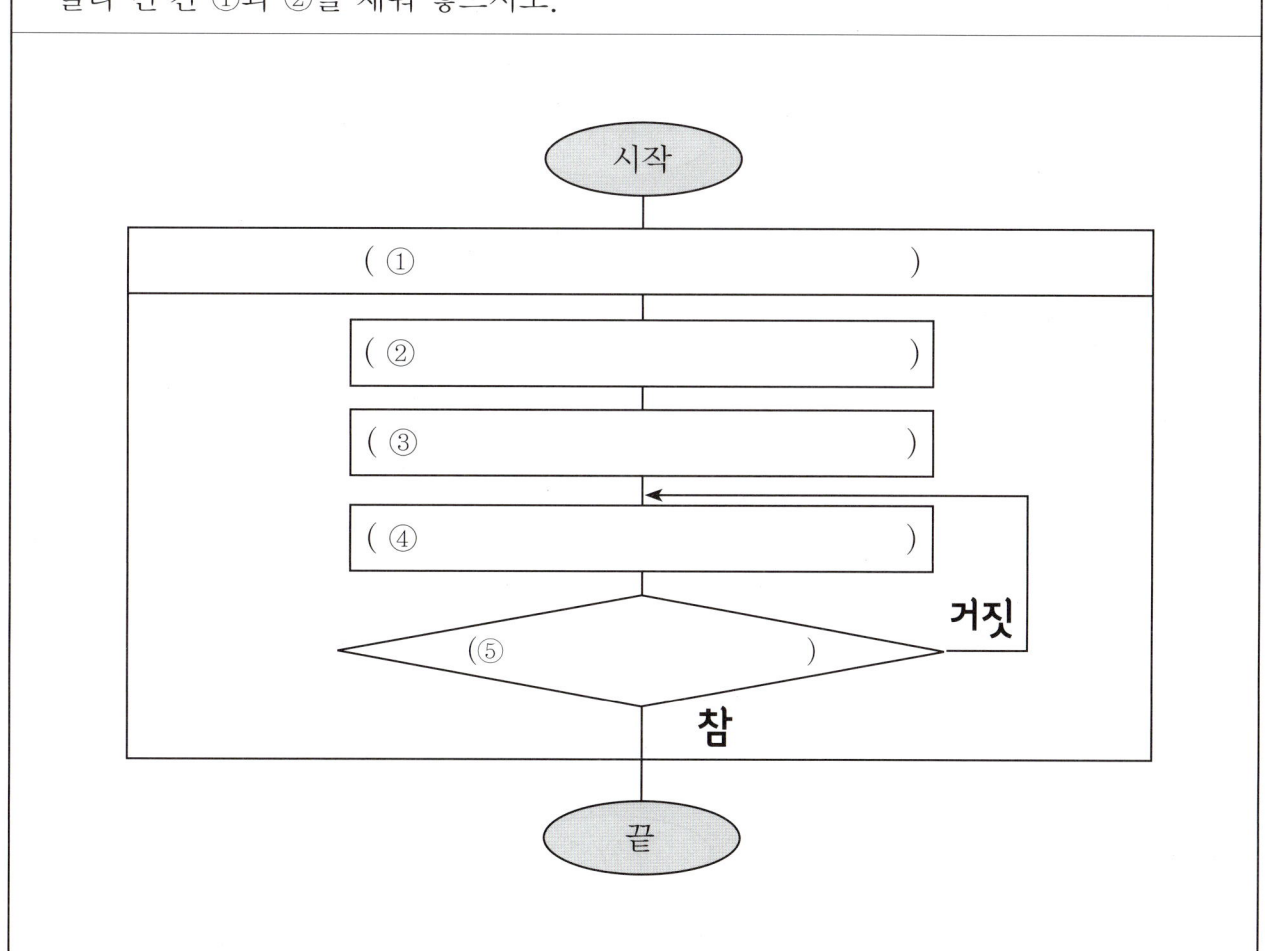

과목3 프로그래밍 언어 이해와 프로그래밍

※ 프로그래밍 작업 가이드
- 바탕화면(Desktop) / SW2-시험
- 수험번호-성명 폴더를 마우스 오른쪽 버튼으로 클릭한 후, [이름 바꾸기]를 클릭
  → 본인의 수험번호-성명으로 수정하시오.
- 본인의 수험번호-성명으로 수정된 폴더 안의 파일을 문항 별로 더블클릭하여 프로그램을 실행합니다.
- 문항 별 조건에 따라 작업을 완료하였으면, 파일>저장하기 버튼을 클릭하여 저장합니다.

4. 테블릿 액정화면을 터치하여 켜고 끄도록 〈조건〉에 맞게 코딩하시오. (10점)

〈조건〉

- 엔트리 프로그램 화면 [블록 꾸러미]에서 필요한 블록을 가져다 사용한다.
- ▶**시작하기** 버튼을 클릭하면 글상자를 보이고 2초 기다렸다가 '터치해 보세요.'라고 쓴다. 이후 2초를 기다렸다가 모양을 숨기고 '표시' 신호를 보낸다.
- ▶**시작하기** 버튼을 클릭하면 액정화면 및 테블릿 모양을 숨긴다.
- '표시' 신호를 받으면 테블릿의 모양을 보인다.
- 액정화면에서 '표시' 신호를 받으면 액정화면의 모양을 보이고 계속 반복하여 아래의 기능을 실행한다.
  (1) 만일 액정화면에 닿은 상태에서 마우스를 클릭했으면 액정화면의 모양을 다음 모양으로 바꾸고 0.5초를 기다린다.

5. 숲속을 운전하는 경찰차가 공사장을 지나 집까지 도착하도록, 아래 〈조건〉에 맞게 코딩하시오. (10점)

〈조건〉

- 엔트리 프로그램 화면 [블록 꾸러미]에서 필요한 블록을 가져다 사용한다.
- ▶**시작하기** 버튼을 클릭하면 장면2/장면3의 경찰차1/경찰차2에서 '장면1'을 시작한다.
- ▶**시작하기** 버튼을 클릭하면 장면1의 경찰차에서 오른쪽 벽에 닿을 때까지 반복하여 이동 방향으로 5만큼 움직인 후 오른쪽 벽에 닿으면 장면2를 시작한다.
- 장면1의 경찰차에서 장면이 시작되면 오른쪽 벽에 닿을 때까지 반복하여 이동 방향으로 5만큼 움직인 후 오른쪽 벽에 닿으면 장면2를 시작한다.
- 장면2의 경찰차1에서 장면이 시작되면 오른쪽 벽에 닿을 때까지 반복하여 이동 방향으로 5만큼 움직인 후 오른쪽 벽에 닿으면 장면3을 시작한다.
- 장면3의 경찰차2에서 장면이 시작되면 신호등에 닿을 때까지 반복하여 이동 방향으로 5만큼 움직인 후 신호등에 닿으면 '도착!!'을 2초 동안 말하고 모든 코드를 멈춘다.

6. 바닷속에서 움직이는 꽃게가 비눗방울을 만들도록, 아래 〈조건〉에 맞게 코딩하시오. (10점)

〈조건〉

- 엔트리 프로그램 화면 [블록 꾸러미]에서 필요한 블록을 가져다 사용한다.
- ▶시작하기 버튼을 클릭하면 꽃게가 계속 반복하여 0.1부터 1사이의 무작위 수 초 동안 x좌표 -240부터 240사이의 무작위 수, y좌표 -120 위치로 이동한 후 비눗방울의 복제본을 만든다.
- ▶시작하기 버튼을 클릭하면 비눗방울이 계속 반복하여 꽃게 위치로 이동한다.
- 비눗방울에서 복제복이 처음 생성되면 크기를 5부터 10사이의 무작위 수로 정한 후 위쪽 벽에 닿을 때까지 반복하여 아래의 기능을 실행한다.
   (1) 크기를 0.2만큼 바꾼 후 방향을 5°만큼 회전한 다음 y좌표를 2만큼 바꾼다.
- 비눗방울의 복제본을 삭제한다.

7. 동전을 넣고 원하는 음료를 선택하여 꺼내도록, 아래 〈조건〉에 맞게 코딩하시오. (10점)

〈조건〉

- 엔트리 프로그램 화면 [블록 꾸러미]에서 필요한 블록을 가져다 사용한다.
- ▶시작하기 버튼을 클릭하면 콜라1 및 사이다1의 모양을 숨긴다.
- 동전을 클릭하면 1초 동안 x좌표 -18, y좌표 -55 위치로 이동한 후 '동전투입' 신호를 보내고 모양을 숨긴다.
- 동전을 클릭하면 크기를 -10만큼 바꾼 후 0.5초 기다리기를 계속 반복한다.
- 콜라가 '동전투입' 신호를 받으면 콜라2 모양으로 바꾸고 마우스포인터에 닿은 상태에서 마우스를 클릭할 때까지 기다렸다가 '콜라선택' 신호를 보낸다.
- 사이다가 '동전투입' 신호를 받으면 사이다2 모양으로 바꾸고 마우스포인터에 닿은 상태에서 마우스를 클릭할 때까지 기다렸다가 '사이다선택' 신호를 보낸다.
- 콜라1이 '콜라선택' 신호를 받으면 모양을 보인다.
- 사이다1이 '사이다선택' 신호를 받으면 모양을 보인다.

8. 버튼을 클릭하면 밤하늘에 별들이 반짝이도록, 아래 〈조건〉에 맞게 코딩하시오. (10점)

〈조건〉

- 엔트리 프로그램 화면 [블록 꾸러미]에서 필요한 블록을 가져다 사용한다.
- ▶시작하기 버튼을 클릭하면 버튼이 x좌표 200, y좌표 -100 위치로 이동한다.
- 버튼을 클릭하면 '실행' 신호를 보내고 모양을 숨긴다.
- 실행 신호를 받으면 X 변수를 -200, Y 변수를 90으로 정한다.
- 3번 반복하여 아래의 기능을 실행한다.
   (1) 5번 반복하여 x좌표 X값, y좌표 Y값 위치로 이동한 후 별의 복제본을 만들고 X 변수에 100만큼 더한다.
   (2) X 변수의 값을 -200으로 정한다.
   (3) Y 변수의 값을 -80만큼 차감한다.
- 별이 복제본이 처음 생성되면 다음 모양으로 바꾸고 0.2초 기다리기를 계속 반복한다.

| 과목4 | 피지컬 컴퓨팅 이해 |

9. 주차장에 주차를 하려고 한다. <보기>를 참고하여 <문제>의 빈 칸을 완성하시오. (10점)

<보기>

<주차장의 불빛 신호>

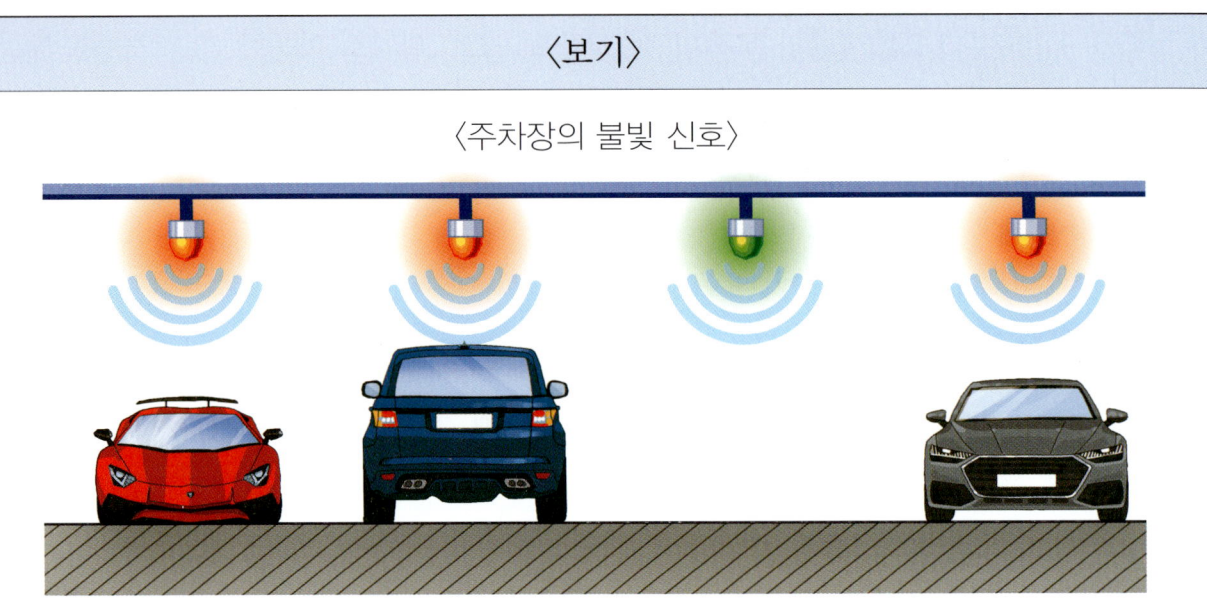

엄마와 함께 대형 마트에 장을 보러온 나는 마트 주차장에서 주차할 수 있는 빈 곳을 찾다가 재미있는 불빛을 보았다 천정에 달려있는 초록색과 빨간색 불빛이었는데, 자동차 주차 라인에 자동차가 세워 있으면 바로 위쪽에 부착된 불빛이 빨간색으로 바뀌고 주차 라인에 자동차가 세워져 있지 않으면 초록색 불빛으로 바뀌었다. 초록색 불빛이 있는 방향으로 자동차를 이동하여 주차한 후 위쪽을 확인하니 확실히 초록색 불빛이 빨간색 불빛으로 바뀐 것을 확인할 수 있었다.

<센서의 종류> : 빛센서, 초음파센서, 소리센서, 온도센서, 버튼, 슬라이드

<액추에이터의 종류> : 부저, RGB LED, 7세그먼트, DC 모터, 서보 모터

<문제>

※ 답안 작성 요령 : <보기>를 참고하여, 빈 칸 ①과 ②를 채워 넣으시오.

- 자동차 주차 라인 안에 자동차가 주차되어 있는지 확인하는 방법으로 <센서의 종류> 중에서 (①   )를(을) 사용한다.

- 자동차가 주차되어 있을 때와 주차되어 있지 않을 때를 알려주기 위해 위쪽에 부착된 기기로는 (②   )를(을) 사용한다.

10. 동훈이가 드론을 만들려고 한다. 〈보기〉를 참고하여 〈문제〉의 빈 칸을 완성하시오. (10점)

〈보기〉

〈부품의 종류〉
- 피에조 부저
- LED
- RGB LED
- 서보 모터
- DC 모터
- 7세그먼트

〈드론의 원리〉

드론은 프로펠러라고도 불리는 로터가 동력 장치의 회전력을 받아 회전하면서 양력을 발생시켜 상승한다. 프로펠러가 회전하면 기체는 프로펠러가 회전하는 반대 방향으로 돌아가는 힘을 받아 비행을 하게 되는 것이다.

〈제어 기능〉 : 온도, 습도, 밝기, 속도, 크기, 충격값

〈문제〉

※ 답안 작성 요령 : 〈보기〉를 참고하여, 빈 칸 ①과 ②를 채워 넣으시오.

- 〈부품의 종류〉 중에서 (①   )는 드론의 프로펠러(로터)가 회전하도록 만들어 회전력으로 양력을 발생시켜 드론 본체를 상승하도록 만든다.
- ①의 선택한 부품은 〈제어 기능〉 중에서 (②   )를(을) 제어하기 위한 부품이다.

※ 시험 종료 전,
- 본인의 수험번호-성명 폴더 내에 작업한 답안 파일이 정상적으로 저장되었는지 확인합니다.
  → 시험 종료 후, 감독관이 답안파일을 수거합니다.
- 수험번호, 성명을 잘못 기재하였거나, 답안 파일을 잘못 저장하여 발생한 문제나 불이익에 대한 일체의 책임은 수험자에게 있습니다.
- 감독관의 안내에 따라 시험지를 제출하고 퇴실합니다.

〈 끝 〉

제09회 기출 예상 문제

SW코딩자격(2급)
- Software Coding and Computing Test -

SW	시험시간	급수	응시일	수험번호	성명
Entry 1.6.4 이상	45분	2	년 월 일		

수험자 유의사항

- 수험자는 감독관의 안내에 따라 시험지와 시험용 SW 등의 이상 여부를 확인해야 합니다.
- 시험지는 시험이 끝난 후 답안지와 함께 제출해야 하며, 미제출 시 실격 처리 됩니다.
- 제한된 시간 내에 시험을 완료하여야 합니다.
- 시험 시작 후에는 화장실 출입이 불가하며, 시험 시간 중에는 퇴실할 수 없습니다.
- 시험 시간 중 고사실 내에서 휴대 전화기, 디지털카메라, MP3 등 전자 기기를 소지한 경우, 해당자의 시험을 무효로 처리하오니 절대 휴대하지 않도록 합니다.
- 부정 응시 및 문제 유출에 해당하는 행위 즉, 답안을 타인에게 전달 및 외부로 반출하는 경우, 자격기본법 제 32조에 의거 부정행위로 간주되어 해당자의 시험을 무효처리하며 민/형사상의 책임을 물을 수 있습니다.

답안 작성요령

- 답안 작성 절차
  - 바탕화면(Desktop) / SW2-시험 / 수험번호-성명 / 파일에 답안을 작성 또는 작업 후 저장
- 시험을 완료한 수험자는 감독관의 안내에 따라 ①시험지를 제출하고 ②답안파일을 저장한 후 퇴실합니다.

과목1 컴퓨팅적 사고력과 문제해결

1. 하음이가 새로 구입한 스마트폰의 잠금 해제 방법을 만들었다고 한다. 아래 〈보기〉를 참고하여 〈문제〉의 빈 칸을 완성하시오. (10점)

〈보기〉

〈 스마트폰 잠금 설정 종류 〉

종류	잠금/해제 설정 방법
슬라이드	손가락으로 화면을 밀어내어 잠금을 해제한다.
비밀번호	미리 설정된 비밀번호를 입력하여 잠금을 해제한다.
패턴인식	미리 지정한 패턴을 화면에 보이는 점을 따라 그려 잠금을 해제한다.
홍채인식	전면 카메라 렌즈에 홍채(눈)를 가까이 하여 미리 등록된 본인의 홍채와 비교하여 잠금을 해제한다.
얼굴인식	전면 카메라 렌즈에 얼굴을 가까이 하여 미리 등록된 사용자와 맞으면 잠금을 해제한다.

〈하음이의 잠금 설정〉

하음이의 스마트폰 잠금 해제를 위한 설정은 9개의 점 중에서 5개의 점을 한 번에 이어야 하며, 한 번 지난 점은 다시 지나가지 않는다.

〈잠금 해제 방법〉

(가)   (나)   (다)   (라)   (마)   (바)   (사)

〈문제〉

※ 답안 작성 요령 : 〈보기〉를 참고하여, 빈 칸 ①과 ②를 채워 넣으시오.

- 〈스마트폰 잠금 설정 종류〉 중에서 하음이가 사용하는 잠금 설정 방법은 (①   )를(을) 사용하고 있다.
- 〈잠금 해제 방법〉 중에서 하음이의 잠금 해제를 위한 방법으로 옳은 것은 (가) ~ (사) 방법 중 (②   )의 방법이다.

2. 석진이는 디지털 신호를 이용하여 친구에게 암호로 쪽지를 보냈다고 한다. 〈보기〉를 참고하여 〈문제〉의 빈 칸을 완성하시오. (10점)

〈보기〉

〈십진수를 이진수로 변환하기〉

십진수	이진수
0	0000
1	0001
2	0010
3	0011
4	0100
5	0101

〈석진이가 친구와 약속한 암호〉

십진수	이진수
0	학교
1	분식집
2	아이스크림
3	떡볶이
4	컴퓨터학원
5	영어학원

〈문제〉

※ 답안 작성 요령 : 〈보기〉를 참고하여, 빈 칸 ①과 ②를 채워 넣으시오.

- 석진이가 친구에게 암호를 넣어 쪽지를 작성하였다. 보안을 강화하기 위해 암호를 이진수로 변환한 후 이진수 0001을 더하여 보내려고 한다.
- **변환 전** : '지효야~ 학교 끝나고 아이스크림 먹으며 같이 컴퓨터학원에 가자'
- **변환 후** : '지효야~ 0001 끝나고 (① 0011) 먹으며 같이 (② 0101)에 가자'

과목2 알고리즘 설계

3. 양궁학교의 실기 시험을 준비하고 있다. 10개의 화살을 쏘아 5개 이상을 과녁에 맞추어야 합격할 수 있다. 아래 〈보기〉를 참고하여 〈문제〉의 빈 칸을 완성하시오. (10점)

〈보기〉

〈 양궁 실기시험 〉

- 5개 이상 명중했는가?
- 합격 출력하기
- 활, 화살 10개
- 10회 반복하기
- 불합격 출력하기
- 1개의 화살을 과녁에 쏜다.

〈문제〉

※ 답안 작성 요령 : 〈보기〉를 참고하여 작성하되, 〈양궁 실기시험〉에서 적절한 내용을 골라 빈 칸 ①과 ②를 채워 넣으시오.

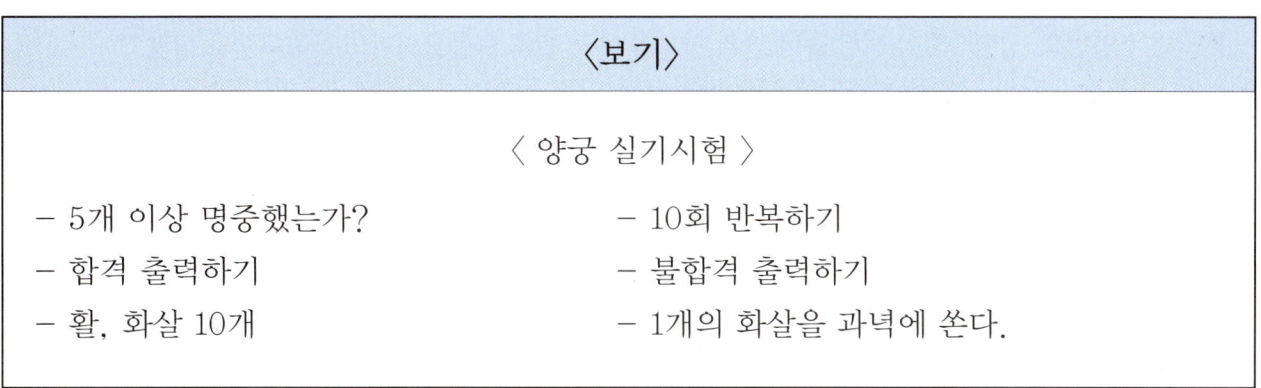

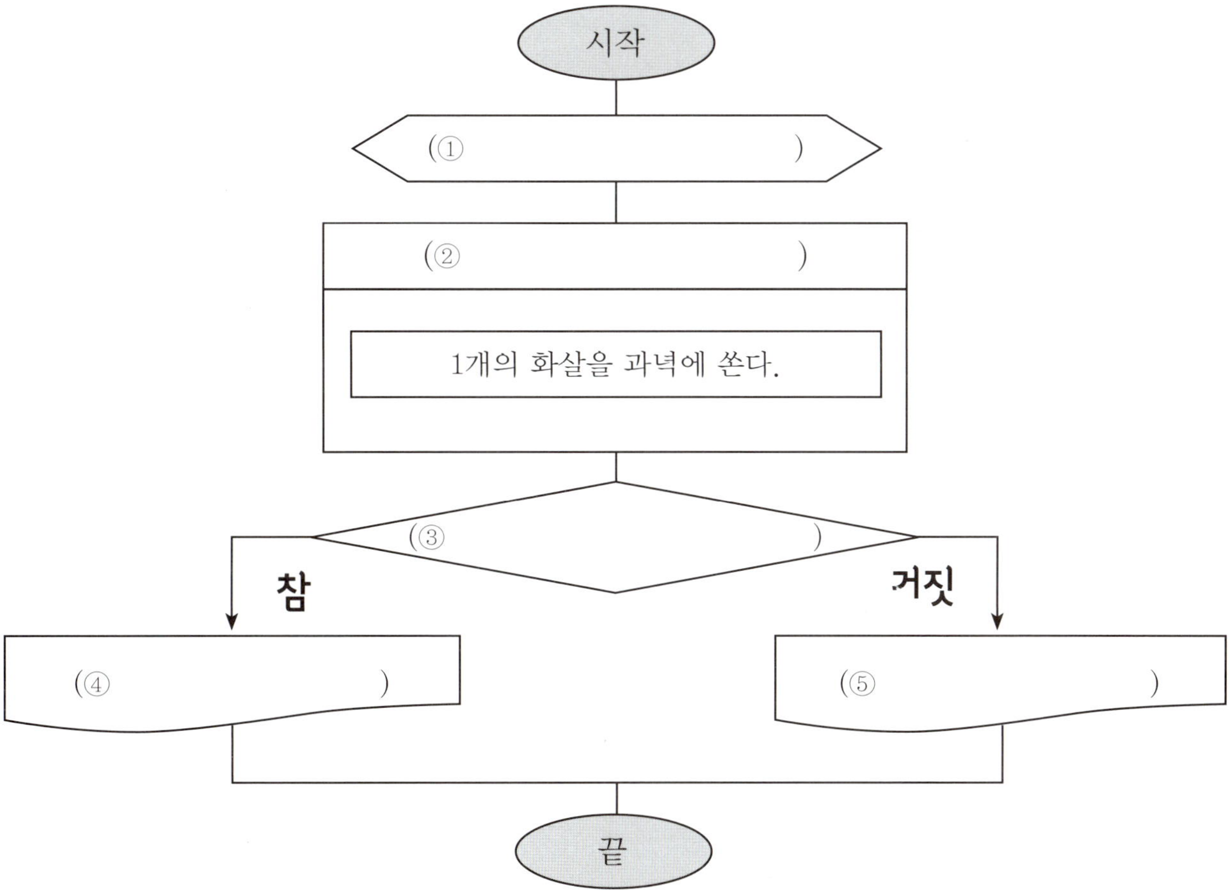

과목3 프로그래밍 언어 이해와 프로그래밍

※ 프로그래밍 작업 가이드
- 바탕화면(Desktop) / SW2-시험
- 수험번호-성명 폴더를 마우스 오른쪽 버튼으로 클릭한 후, [이름 바꾸기]를 클릭
  → 본인의 수험번호-성명으로 수정하시오.
- 본인의 수험번호-성명으로 수정된 폴더 안의 파일을 문항 별로 더블클릭하여 프로그램을 실행합니다.
- 문항 별 조건에 따라 작업을 완료하였으면, 파일>저장하기 버튼을 클릭하여 저장합니다.

4. 도넛, 손전등, 연필 등의 숨은 그림을 찾도록, 아래 〈조건〉에 맞게 코딩하시오. (10점)

〈조건〉

- 엔트리 프로그램 화면 [블록 꾸러미]에서 필요한 블록을 가져다 사용한다.
- ▶**시작하기** 버튼을 클릭하면 글상자에서 초시계를 시작한다.
- 글상자에서 맞은갯수가 3 이상일 때까지 기다린다.
- 맞은갯수가 3 이상이 되면 초시계를 정지한다.
- 초시계값과(와) '초만에 모두 맞추었습니다.'를 합쳐 글을 쓴다.
- 손전등을 클릭하면 맞은갯수에 1을 더한 후 모양을 손전등_정답 모양으로 바꾼다.
- 도넛을 클릭하면 맞은갯수에 1을 더한 후 모양을 도넛_정답 모양으로 바꾼다.
- 연필을 클릭하면 맞은갯수에 1을 더한 후 모양을 연필_정답 모양으로 바꾼다.

5. 배경이 움직이며 육상 선수가 달리도록, 아래 〈조건〉에 맞게 코딩하시오. (10점)

〈조건〉

- 엔트리 프로그램 화면 [블록 꾸러미]에서 필요한 블록을 가져다 사용한다.
- ▶**시작하기** 버튼을 클릭하면 육상선수가 계속 반복하여 모양을 다음 모양으로 바꾼 후 0.1초를 기다리며, 만일 스페이스키를 입력하면 모든 코드를 멈춘다.
- ▶**시작하기** 버튼을 클릭하면 숲속1이 계속 반복하여 x좌표를 -5만큼 바꾸며, 만일 숲속1의 x좌표값이 -480보다 작다면 x좌표 480 위치로 이동한다.
- ▶**시작하기** 버튼을 클릭하면 x좌표를 480 위치로 이동한 후 계속 반복하여 x좌표를 -5만큼 바꾸며, 만일 숲속2의 x좌표값이 -480보다 작다면 x좌표를 480 위치로 이동한다.

6. 미니남이 스위치까지 이동하여 전등의 불을 켜도록, 〈조건〉에 맞게 코딩하시오. (10점)

〈조건〉

- 엔트리 프로그램 화면 [블록 꾸러미]에서 필요한 블록을 가져다 사용한다.
- ▶시작하기 버튼을 클릭하면 미니남의 x좌표값이 180 이상이 될때까지 반복하여 이동 방향으로 5만큼 움직인 후 0.1초 기다린 다음 다음 모양으로 바꾼다.
- 미니탐의 x좌표값이 180 이상이 되면 전등켜기 신호를 보낸다.
- 전등이 전등켜기 신호를 받으면 전등의 모양을 '전등_켜짐' 모양으로 바꾼다.

7. 로켓이 장애물을 피해 다니도록, 아래 〈조건〉에 맞게 코딩하시오. (10점)

〈조건〉

- 엔트리 프로그램 화면 [블록 꾸러미]에서 필요한 블록을 가져다 사용한다.
- ▶시작하기 버튼을 클릭하면 로켓이 계속 반복하여 y좌표를 마우스의 y좌표 위치로 이동하며, 만일 장애물에 닿으면 모든 코드를 멈춘다.
- ▶시작하기 버튼을 클릭하면 장애물이 x좌표 250, y좌표 0 위치로 이동하며, 계속 반복하여 아래의 기능을 실행한다.
  (1) 0.5부터 1사이의 무작위 수 초 동안 기다린다.
  (2) y좌표를 −50부터 50사이의 무작위 수 위치로 이동한다.
  (3) 자신의 복제본을 만든 후 모양을 다음 모양으로 바꾼다.
- 복제본이 처음 생성되면 왼쪽벽에 닿을 때까지 반복하여 x좌표를 −5만큼 바꾸며, 왼쪽 벽에 닿으면 이 복제본을 삭제한다.

8. 별이 마우스 포인터를 따라 다니도록, 아래 〈조건〉에 맞게 코딩하시오. (10점)

〈조건〉

- 엔트리 프로그램 화면 [블록 꾸러미]에서 필요한 블록을 가져다 사용한다.
- ▶시작하기 버튼을 클릭하면 계속 반복하여 아래의 기능을 실행한다.
  (1) 마우스포인터 쪽을 바라보며, 이동 방향으로 5만큼 움직인다.
  (2) 자신의 복제본을 만들고 0.01초 기다린다.
  (3) 만일 키보드의 스페이스키를 입력하면 모든 복제본을 삭제하고 모든 코드를 멈춘다.
- 별의 복제본이 처음 생성되면 100번 반복하여 모양을 다음 모양으로 바꾼 후 이 복제본을 삭제한다.

과목4 피지컬 컴퓨팅 이해

9. 스마트폰에 포함된 센서의 기능에 대해 알아보려고 한다. 〈보기〉를 참고하여 〈문제〉의 빈 칸을 완성하시오. (10점)

〈보기〉

〈스마트폰의 다양한 기능 알아보기〉

가. 스마트폰의 밝기 조절을 자동으로 설정할 경우 어두운 곳에서는 화면이 조금 어두워지고 밝은 곳에서는 화면이 잘 보이도록 더욱 밝아지게 조정하여 쓸데없는 배터리 낭비를 최소화하여준다.

나. 스마트폰으로 통화할 때 귀에 가까이 가져다 대면 스마트폰 화면이 자동으로 꺼지도록 하여 통화 중 불필요한 터치를 방지해 줄 뿐만 아니라 절전 효과까지 누릴 수 있다.

〈스마트폰에 포함된 센서의 종류〉

조도센서, 자이로센서, 근접센서, 가속도센서, 지문인식센서, GPS센서

〈문제〉

※ 답안 작성 요령 : 〈보기〉를 참고하여, 빈 칸 ①과 ②를 채워 넣으시오.

- 〈스마트폰의 다양한 기능 알아보기〉의 '가.'에 해당하는 센서를 〈스마트폰에 포함된 센서의 종류〉 중에서 찾아적으시오. (①   )

- 〈스마트폰의 다양한 기능 알아보기〉의 '나.'에 해당하는 센서를 〈스마트폰에 포함된 센서의 종류〉 중에서 찾아적으시오. (②   )

10. 성훈이가 전동 블라인드를 만들려고 한다. 〈보기〉를 참고하여 〈문제〉의 빈 칸을 완성하시오. (10점)

〈보기〉

〈실내 밝기를 조절하는 전동 블라인드 만들기〉

▲ 실내 밝기를 밝게 만들기

▲ 실내 밝기를 어둡게 만들기

〈센서의 종류〉: 빛센서, 온도센서, 소리센서, 압력센서, 버튼, 슬라이드

〈부품의 종류〉: 피에조 부저, LED, RGB LED, 서보 모터, DC 모터, 7세그먼트

〈문제〉

※ 답안 작성 요령 : 〈보기〉를 참고하여, 빈 칸 ①과 ②를 채워 넣으시오.

- 전동 블라인드는 실내 밝기를 측정하는 ◎센서와 제어장치의 처리에 따른 블라인드의 회전 각도를 조절하는 ★부품이 있어야 빛이 들어오는 양을 조절할 수 있다.

- 전동 블라인드 제작을 위해 필요한 ◎센서를 〈센서의 종류〉 중에서 가장 적합한 것으로 적으시오. (①   )

- 전동 블라인드 제작을 위해 필요한 ★부품을 〈부품의종류〉 중에서 가장 적합한 것으로 적으시오. (②   )

※ 시험 종료 전,
- 본인의 수험번호-성명 폴더 내에 작업한 답안 파일이 정상적으로 저장되었는지 확인합니다.
   → 시험 종료 후, 감독관이 답안파일을 수거합니다.
- 수험번호, 성명을 잘못 기재하였거나, 답안 파일을 잘못 저장하여 발생한 문제나 불이익에 대한 일체의 책임은 수험자에게 있습니다.
- 감독관의 안내에 따라 시험지를 제출하고 퇴실합니다.

〈 끝 〉

제10회 • 기출 예상 문제

SW코딩자격(2급)
— Software Coding and Computing Test —

SW	시험시간	급수	응시일	수험번호	성명
Entry 1.6.4 이상	45분	2	년 월 일		

수험자 유의사항

- 수험자는 감독관의 안내에 따라 시험지와 시험용 SW 등의 이상 여부를 확인해야 합니다.
- 시험지는 시험이 끝난 후 답안지와 함께 제출해야 하며, 미제출 시 실격 처리 됩니다.
- 제한된 시간 내에 시험을 완료하여야 합니다.
- 시험 시작 후에는 화장실 출입이 불가하며, 시험 시간 중에는 퇴실할 수 없습니다.
- 시험 시간 중 고사실 내에서 휴대 전화기, 디지털카메라, MP3 등 전자 기기를 소지한 경우, 해당자의 시험을 무효로 처리하오니 절대 휴대하지 않도록 합니다.
- 부정 응시 및 문제 유출에 해당하는 행위 즉, 답안을 타인에게 전달 및 외부로 반출하는 경우, 자격기본법 제 32조에 의거 부정행위로 간주되어 해당자의 시험을 무효처리하며 민/형사상의 책임을 물을 수 있습니다.

답안 작성요령

- 답안 작성 절차
  - 바탕화면(Desktop) / SW2-시험 / 수험번호-성명 / 파일에 답안을 작성 또는 작업 후 저장
- 시험을 완료한 수험자는 감독관의 안내에 따라 ①시험지를 제출하고 ②답안파일을 저장한 후 퇴실합니다.

과목1 컴퓨팅적 사고력과 문제해결

1. 렉스출판사의 물류 창고에서 택배로 발송해야 하는 박스를 파렛트에 모두 옮겨 실으려고 한다. 아래 〈보기〉를 참고하여 〈문제〉의 빈 칸을 완성하시오. (10점)

〈보기〉

렉스출판사는 책의 크기에 따라 사용하는 박스의 크기가 다르며, 박스의 크기는 대형, 중형, 소형 박스로 분류한다. 기계를 이용하여 옮기기 위해서는 파렛트가 필요하며, 하나의 파렛트에는 올려 놓을 수 있는 박스가 정해져 있다.

하나의 파렛트에 들어가는 박스의 수는 소형 박스의 경우 최대 5개, 중형 박스의 경우 최대 4개, 대형 박스의 경우 최대 3개를 실을 수 있다.

〈문제〉

※ 답안 작성 요령 : 〈보기〉를 참고하여, 빈 칸 ①과 ②를 채워 넣으시오.

렉스출판사의 물류 창고에서 소형, 중형, 대형박스가 모두 채워진 파렛트는 모두 3개이고, 마지막 하나의 파렛트에는 일부만 채워져 있다. 〈보기〉의 〈한 파렛트에 담긴 박스의 수량〉과 〈마지막 파렛트에 담긴 파렛트의 수량〉을 참고하여 택배 차량에 실을 수 있는 총 박스의 수량을 구하시오.   (①   )

〈마지막 파렛트에 담긴 박스의 수량〉에 2개의 소형 박스를 더 넣으려고 한다. 먼저 빨간 소형 박스를 넣고 다음으로 파란 소형 박스를 넣었을 경우 소형박스의 그림으로 옳은 것을 (가), (나) 중에서 고르시오. (①   )

(가)   (나)

2. 인구가 많아서 교통체증 문제가 심한 지역이 있어 해당 지역에 지하철을 개통하려고 한다. <보기>를 참고하여 <문제>의 빈 칸을 완성하시오. (10점)

<보기>

<지하철 개통 예정지>

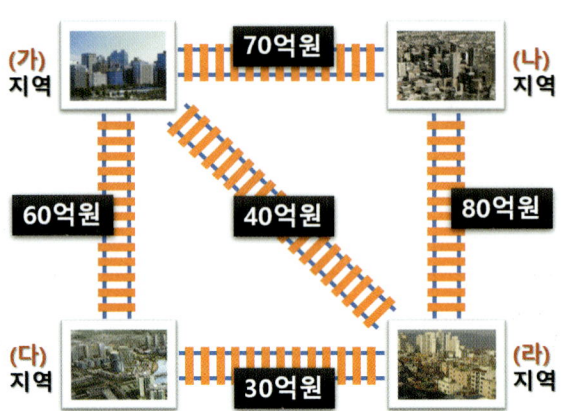

지역 발전을 위한 지하철 개통이 그림과 같이 결정되었으나 한꺼번에 공사를 진행할 예산이 마련되지 못했다. 따라서 아래의 알고리즘에 의해 우선적으로 세 개의 구간을 선정하여 우선적으로 개설하려고 한다.

※주의 : 구간은 지역과 지역 사이를 나타내므로 [지역-지역]과 같이 표시한다.
   예를 들어 (가) 지역과 (나) 지역 사이의 구간은 [(가)-(나)]로 표기

<알고리즘 조건>

조건1	어떤 지역에서든 다른 지역으로 이동할 수 있어야 한다.
조건2	가장 적은 공사 비용이 드는 구간부터 공사를 시작한다.
조건3	지하철 선로의 총 갯수는 (총 지역수-1)개이면 된다.

<문제>

※ 답안 작성 요령 : <보기>를 참고하여, 빈 칸 ①과 ②를 채워 넣으시오.

<알고리즘 조건>을 이용하여 지하철 개통 예정지의 우선 공사 순서를 정하였다. 우선적으로 공사되지 않는 구간을 찾아서 적으시오.

(①   ), (②   )

과목2 알고리즘 설계

3. 체험학습을 위해 선생님과 학생 등 모두 30명의 인원이 관광버스를 타고 여행을 간다. 출발 인원 확인을 위해 아래 〈보기〉를 참고하여 〈문제〉의 빈 칸을 완성하시오. (10점)

〈보기〉

〈 관광버스 탑승하기 〉

- 30명이 탑승했는가?
- 버스 출입문을 연다.
- 출입문을 닫고 출발한다.
- 관광버스
- 탑승 인원을 세어본다.

〈문제〉

※ 답안 작성 요령 : 〈보기〉를 참고하여 작성하되, 〈관광버스 탑승하기〉에서 적절한 내용을 골라 빈 칸 ①과 ②를 채워 넣으시오.

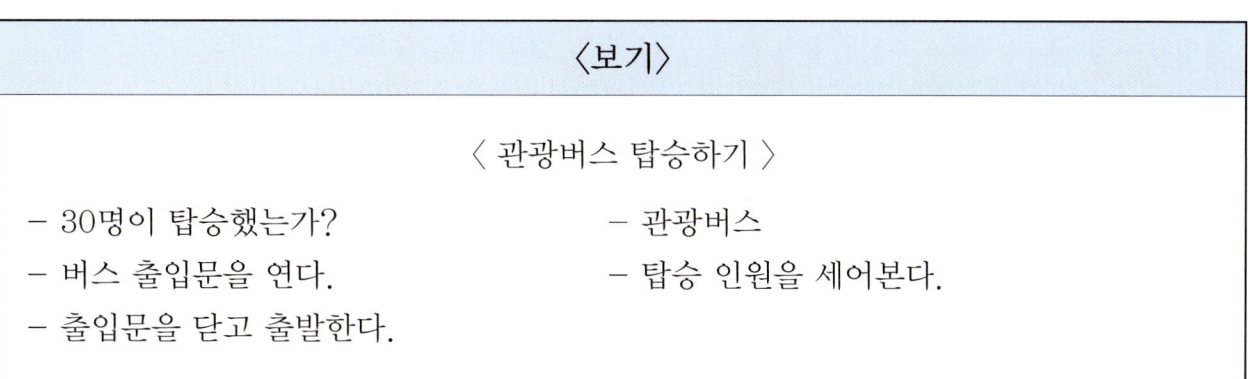

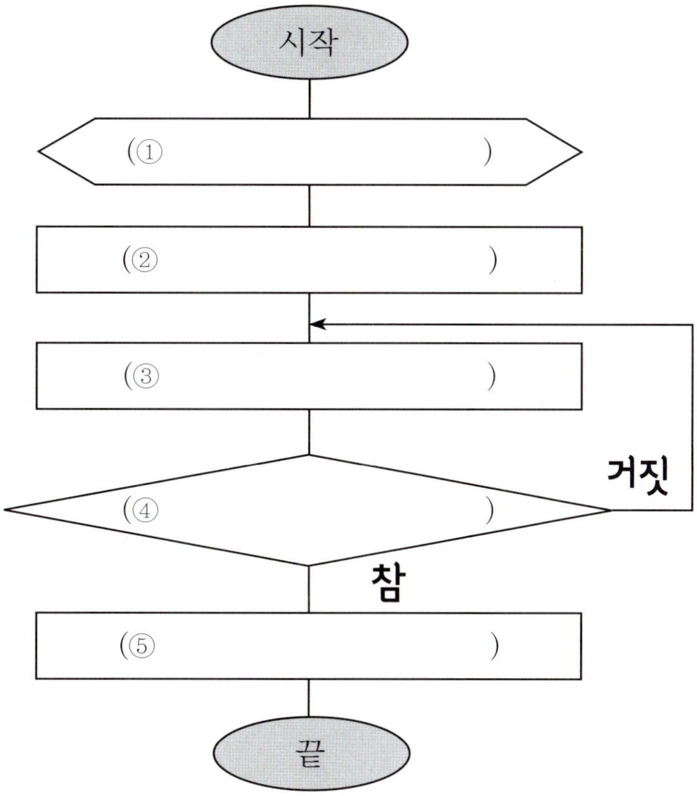

과목 3 프로그래밍 언어 이해와 프로그래밍

※ 프로그래밍 작업 가이드
- 바탕화면(Desktop) / SW2-시험
- 수험번호-성명 폴더를 마우스 오른쪽 버튼으로 클릭한 후, [이름 바꾸기]를 클릭
  → 본인의 수험번호-성명으로 수정하시오.
- 본인의 수험번호-성명으로 수정된 폴더 안의 파일을 문항 별로 더블클릭하여 프로그램을 실행합니다.
- 문항 별 조건에 따라 작업을 완료하였으면, 파일>저장하기 버튼을 클릭하여 저장합니다.

4. 오브젝트를 클릭하여 점수을 기록하도록, 아래 〈조건〉에 맞게 코딩하시오. (10점)

〈조건〉

- 엔트리 프로그램 화면 [블록 꾸러미]에서 필요한 블록을 가져다 사용한다.
- ▶시작하기 버튼을 클릭하면 파리에서 점수 변수의 값을 0으로 정한 후 계속 반복하여 x좌표 -200부터 200사이의 무작위 수, y좌표 -130부터 130사이의 무작위 수 위치로 1초 마다 이동한다.
- 파리를 클릭하면 점수에 1만큼 더한다.
- 들꽃1과 들꽃2를 클릭하면 점수에 1만큼 차감한다.

5. 왕자가 마법 양탄자를 타고 계곡을 탈출하도록, 아래 〈조건〉에 맞게 코딩하시오. (10점)

〈조건〉

- 엔트리 프로그램 화면 [블록 꾸러미]에서 필요한 블록을 가져다 사용한다.
- ▶시작하기 버튼을 클릭하면 마법 양탄자가 5초 동안 x좌표 90, y좌표 0 위치로 이동한 후 5초 동안 x좌표 -300, y좌표 70 위치로 이동한다.
- ▶시작하기 버튼을 클릭하면 마법 양탄자가 방향을 -5부터 5사이의 무작위 수로 정한 후 0.1초 기다리기를 계속 반복한다.
- ▶시작하기 버튼을 클릭하면 왕자가 계속 반복하여 아래의 기능을 실행한다.
  (1) 만일 왕자가 마법 양탄자에 닿으면 왕자의 모양을 왕자2 모양으로 바꾼다.
  (2) 마법 양탄자 위치로 이동한 후 y좌표를 10만큼 바꾼다.

6. 스위치를 누르면 전구의 불이 들어오고 스위치를 떼면 전구의 불이 꺼지도록, 〈조건〉에 맞게 코딩하시오. (10점)

〈조건〉
- 엔트리 프로그램 화면 [블록 꾸러미]에서 필요한 블록을 가져다 사용한다.
- ▶**시작하기** 버튼을 클릭하면 스위치의 모양을 열림 모양으로 바꾼다.
- 스위치를 클릭하면 스위치의 모양을 닫힘 모양으로 바꾸고 '전기흐름' 신호를 보낸다.
- 스위치의 클릭을 해제하면 스위치의 모양을 열림 모양으로 바꾸고 '전기차단' 신호를 보낸다.
- 꼬마전구가 '전기흐름' 신호를 받으면 모양을 켜짐 모양으로 바꾼다.
- 꼬마전구가 '전기차단' 신호를 받으면 모양을 꺼짐 모양으로 바꾼다.

7. 암탉이 원하는 만큼 계란을 낳도록, 아래 〈조건〉에 맞게 코딩하시오. (10점)

〈조건〉
- 엔트리 프로그램 화면 [블록 꾸러미]에서 필요한 블록을 가져다 사용한다.
- ▶**시작하기** 버튼을 클릭하면 계란이 모양을 숨긴다.
- ▶**시작하기** 버튼을 클릭하면 암탉이 '계란이 몇 개 필요한가요?'를 묻고 대답을 기다린다.
- 암탉이 대답번 만큼 반복하여 계란의 복제본을 1초 단위로 만든다.
- 암탉이 대답과(와) '개 맞죠?'를 합쳐 2초 동안 말한 후 모든 코드를 종료한다.
- 계란이 복제본이 처음 생성되면 모양을 보이고 x좌표 -200부터 200사이의 무작위 수, y좌표 -130부터 10사이의 무작위 수 위치로 이동한다.

8. 색연필로 그림을 그리고 지우개로 지우도록, 아래 〈조건〉에 맞게 코딩하시오. (10점)

〈조건〉
- 엔트리 프로그램 화면 [블록 꾸러미]에서 필요한 블록을 가져다 사용한다.
- ▶**시작하기** 버튼을 클릭하면 붓의 색을 파랑, 붓의 굵기를 2로 정한 후 계속 반복하여 아래의 기능을 실행한다.
  (1) 마우스포인터 위치로 이동한다.
  (2) 만일 빨강에 닿은 상태에서 마우스를 클릭하면 붓의 색을 빨간색으로 정한 후 모양을 빨간펜으로 바꾼다.
  (3) 만일 파랑에 닿은 상태에서 마우스를 클릭하면 붓의 색을 파란색으로 정한 후 모양을 파란펜으로 바꾼다.
  (4) 지우개에 닿은 상태에서 마우스를 클릭하면 모든 그림을 지운다.
- 연필이 마우스를 클릭하면 그리기 시작한다.
- 연필이 마우스 클릭을 해제하면 그리기를 멈춘다.

과목4 피지컬 컴퓨팅 이해

9. 건물에 보안 시스템을 만들려 한다. 〈보기〉를 참고하여 〈문제〉의 빈 칸을 완성하시오. (10점)

〈보기〉

〈 보안 시스템 원리 〉

가. 후문에 감지센서를 설치했고 디지털 1번핀에 입력 신호로 연결되어 있다.

나. 정문에 감지센서를 설치했고 디지털 2번핀에 입력 신호로 연결되어 있다.

다. 후문에 감지 신호가 작동되면 디지털 10번핀에 출력 신호를 보내 경보음이 울린다.

라. 정문에 감지 신호가 작동되면 디지털 11번핀에 출력 신호를 보내 경보음이 울린다.

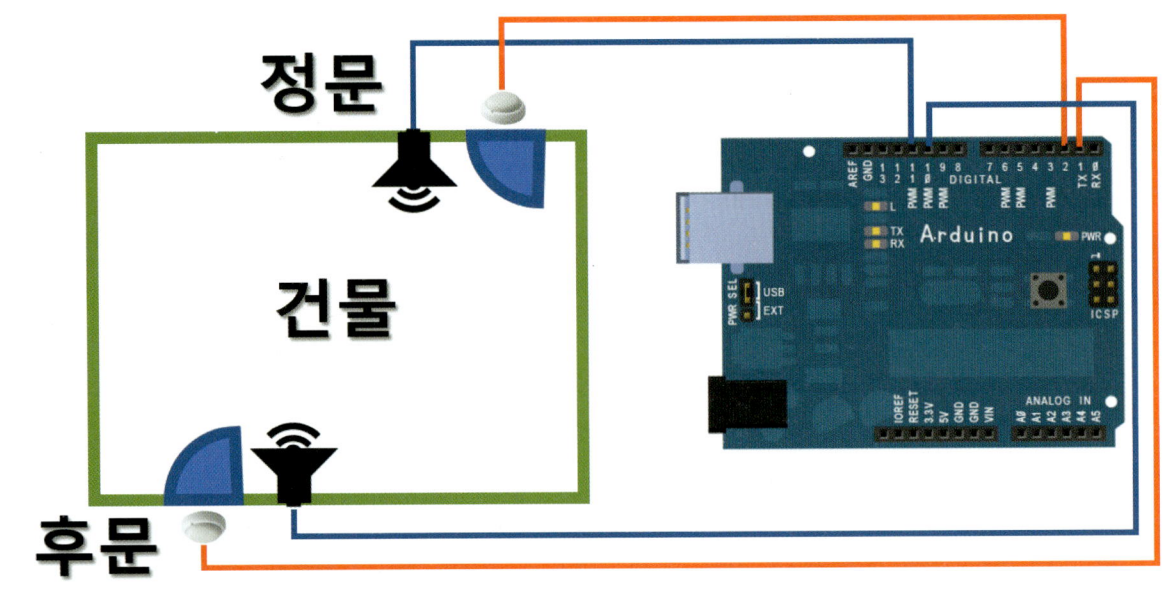

〈문제〉

※ 답안 작성 요령 : 〈보기〉를 참고하여, 빈 칸 ①과 ②를 채워 넣으시오.

정문으로 도둑이 들어오면 디지털 (①   )에 입력 신호가 감지되고 디지털 (②   )에 신호를 보내 경보음이 울린다.

10. 종국이는 지효에게 특별한 장치가 있는 브포치를 선물하였다. 〈보기〉를 참고하여 〈문제〉의 빈 칸을 완성하시오. (10점)

〈보기〉

〈센서의 종류〉

A. 온도센서
B. 조도센서
C. 소리센서
D. 거리센서
E. 버튼센서

〈LED 제어〉

구분	신호	용도
가	아날로그	입력
나	아날로그	출력
다	디지털	입력
라	디지털	출력

〈문제〉

※ 답안 작성 요령 : 〈보기〉를 참고하여, 빈 칸 ①과 ②를 채워 넣으시오.

일정 데시벨 이상의 음향 주파수 특성을 분석한 후, 큰 소리가 나는 경우 불빛이 깜빡이는 브로치이다. 〈보기〉의 〈센서의 종류〉 A~E 중에서 이 브로치를 만들기 위해 필요한 핵심 센서는 (①   )이다.

센서가 감지되면 불빛이 깜빡이기 위해 LED를 사용한다. 〈보기〉의 〈LED 제어〉에서 LED의 신호와 용도를 바르게 짝지은 것을 가~라 중에 골라 적으시오. (②   )

※ 시험 종료 전,
- 본인의 수험번호-성명 폴더 내에 작업한 답안 파일이 정상적으로 저장되었는지 확인합니다.
  → 시험 종료 후, 감독관이 답안파일을 수거합니다.
- 수험번호, 성명을 잘못 기재하였거나, 답안 파일을 잘못 저장하여 발생한 문제나 불이익에 대한 일체의 책임은 수험자에게 있습니다.
- 감독관의 안내에 따라 시험지를 제출하고 퇴실합니다.

〈 끝 〉

PART 06

정답 및 해설

정답 및 해설

01장 컴퓨팅 사고력과 문제해결

02장 알고리즘 설계

03장 엔트리 프로그래밍

04장 피지컬 컴퓨팅

05장 기출예상문제

정답 및 해설

PART 1 컴퓨팅 사고력과 문제해결

01장 컴퓨팅 사고력의 이해와 적용

18page 사고력 테스트

01.
아날로그 / 디지털

02. 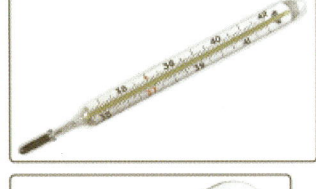 아날로그
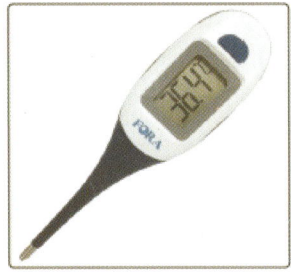 디지털

03. 2번
04. 2번
05. 2번
06.

07.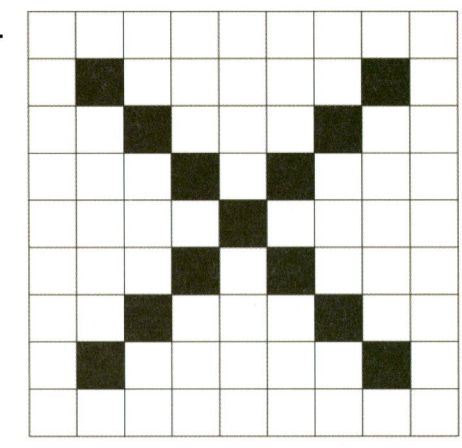

08. 3번
09. 3번
10. 2번

02장 문제 분석과 구조화

22page 사고력 테스트

01. 시온이네 반 학생 수 : 36명
행주산성에 가고 싶어하는 학생 수 : 8명
시온이네 반 친구들의 현장학습 장소로 가장 선호하는 장소 : 롯데월드

02.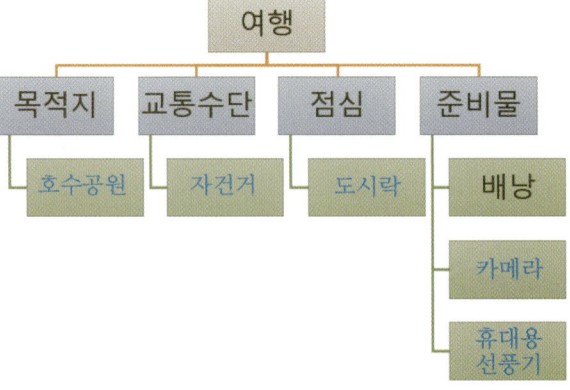

정답 및 해설

03장 컴퓨팅 사고력을 통한 생활속 문제해결

18page 사고력 테스트

01. 2번

02. 정답 샘플
- 신사임당, 나이팅게일, 잔다르크 : 여성
- 3·1절, 광복절, 개천절, 한글날 : 국경일
- 눈사람, 산타클로스, 전기난로 : 겨울

03. 스키

30page 출제 유형 문제

01. (가) : ①번 (나) : ③번
02. (가) : 노랑   (나) : 빨강
03. (가) : ③번   (나) : ④번
04. (가-1) : 종구   (가-2) : 재식
    (나-1) : 광수   (나-2) : 지현

PART 2 알고리즘 설계

01장 알고리즘 순서도

40page 사고력 테스트

01.

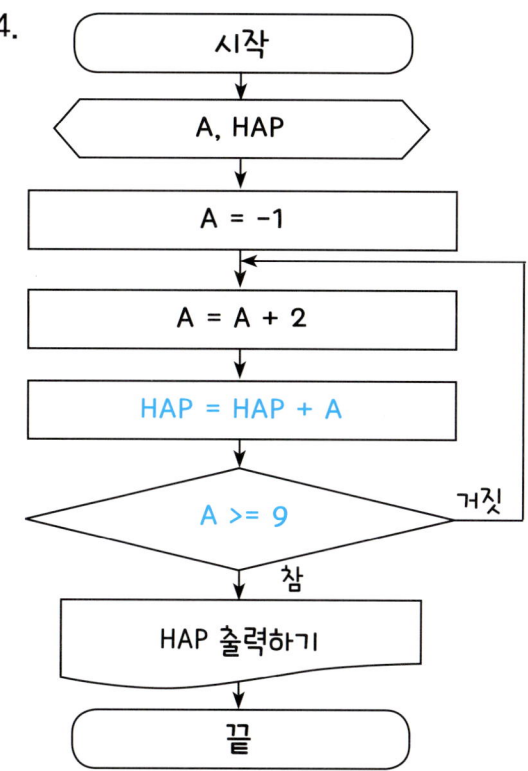

02. 2번

03. 30

04. (순서도: 시작 → A, HAP → A = -1 → A = A + 2 → HAP = HAP + A → A >= 9 (거짓이면 반복, 참이면) → HAP 출력하기 → 끝)

05.
1회 반복 : A = 1, HAP = 1
2회 반복 : A = 3, HAP = 4
3회 반복 : A = 5, HAP = 7
4회 반복 : A = 7, HAP = 14
5회 반복 : A = 9, HAP = 25

42page 출제 유형 문제

01. ① 신분증, 출입증
    ② 안내데스크에서 신분증 확인
    ③ 출입증 받기
    ④ 출입구에서 출입증 스캔하기
    ⑤ 문이 열렸는가?

정답 및 해설

02. ① 상체 근력운동 1세트
    ② 런닝머신 10분 달리기
    ③ 3회 반복
    ④ 하체 근력운동 1세트
    ⑤ 1분간 휴식

03. ① 진료를 접수한다.
    ② 진료 순서를 기다린다.
    ③ 이름을 부르는가?
    ④ 진료실로 들어간다.
    ⑤ 진료 비용 지급 및 약 처방전을 받는다.

04. ① 공 10개
    ② 10번 공을 던졌는가?
    ③ 인형이 5개 이상 맞았는가?
    ④ 큰 인형을 받는다.
    ⑤ 작은 인형을 받는다.

PART 3 엔트리 프로그래밍

02장 엔트리 프로그램의 주요 기능

70page 사고력 테스트

01.

02.

03.

04.

정답 및 해설

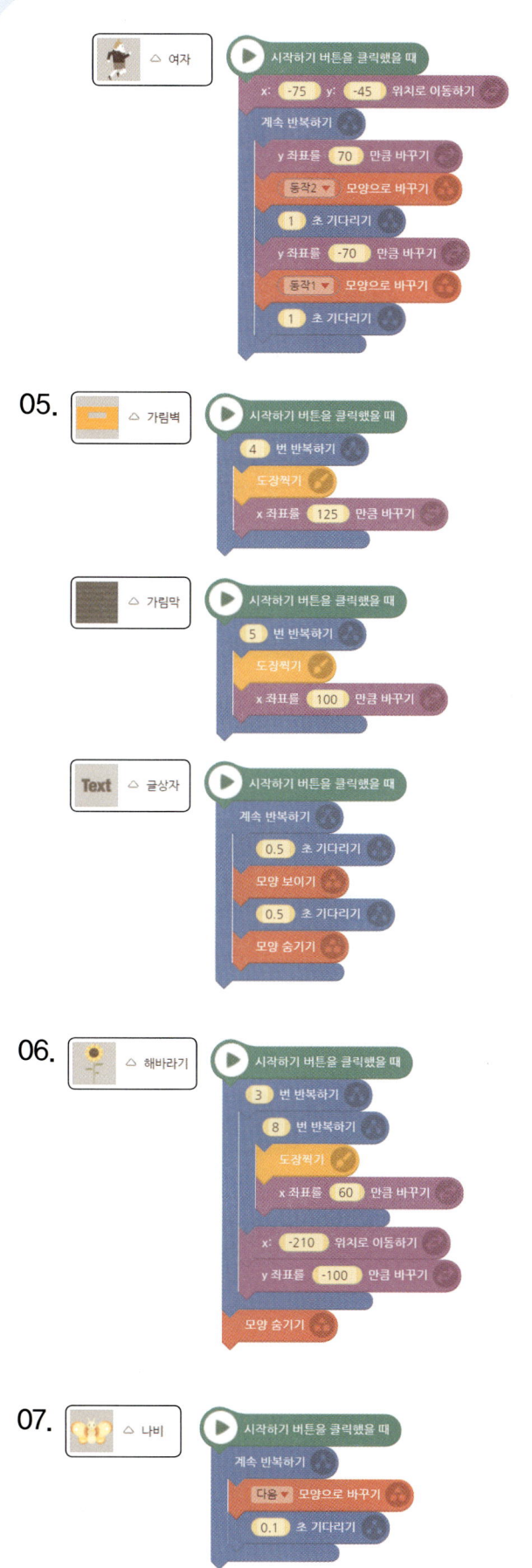

86page 사고력 테스트

Part 6 정답 및 해설

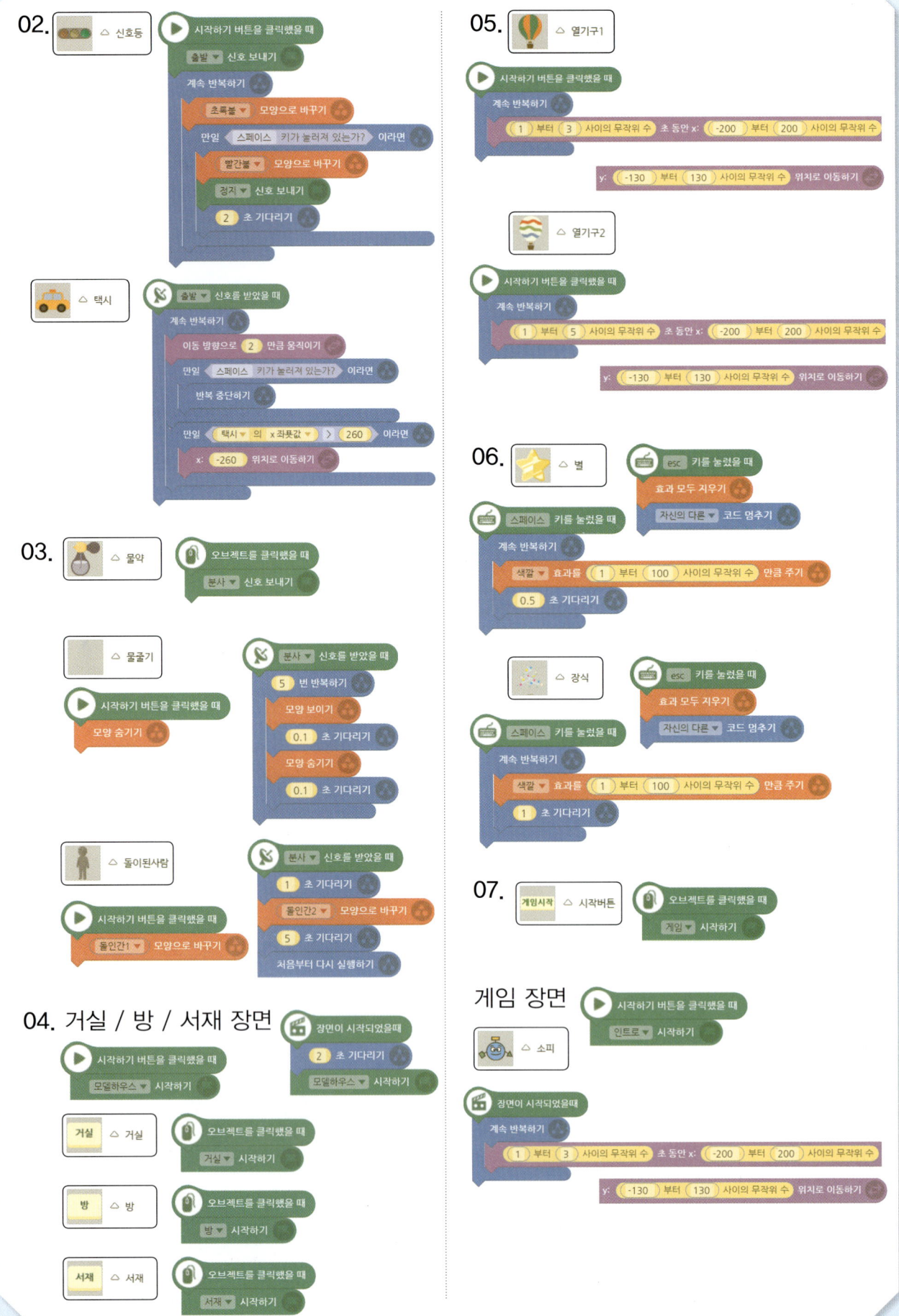

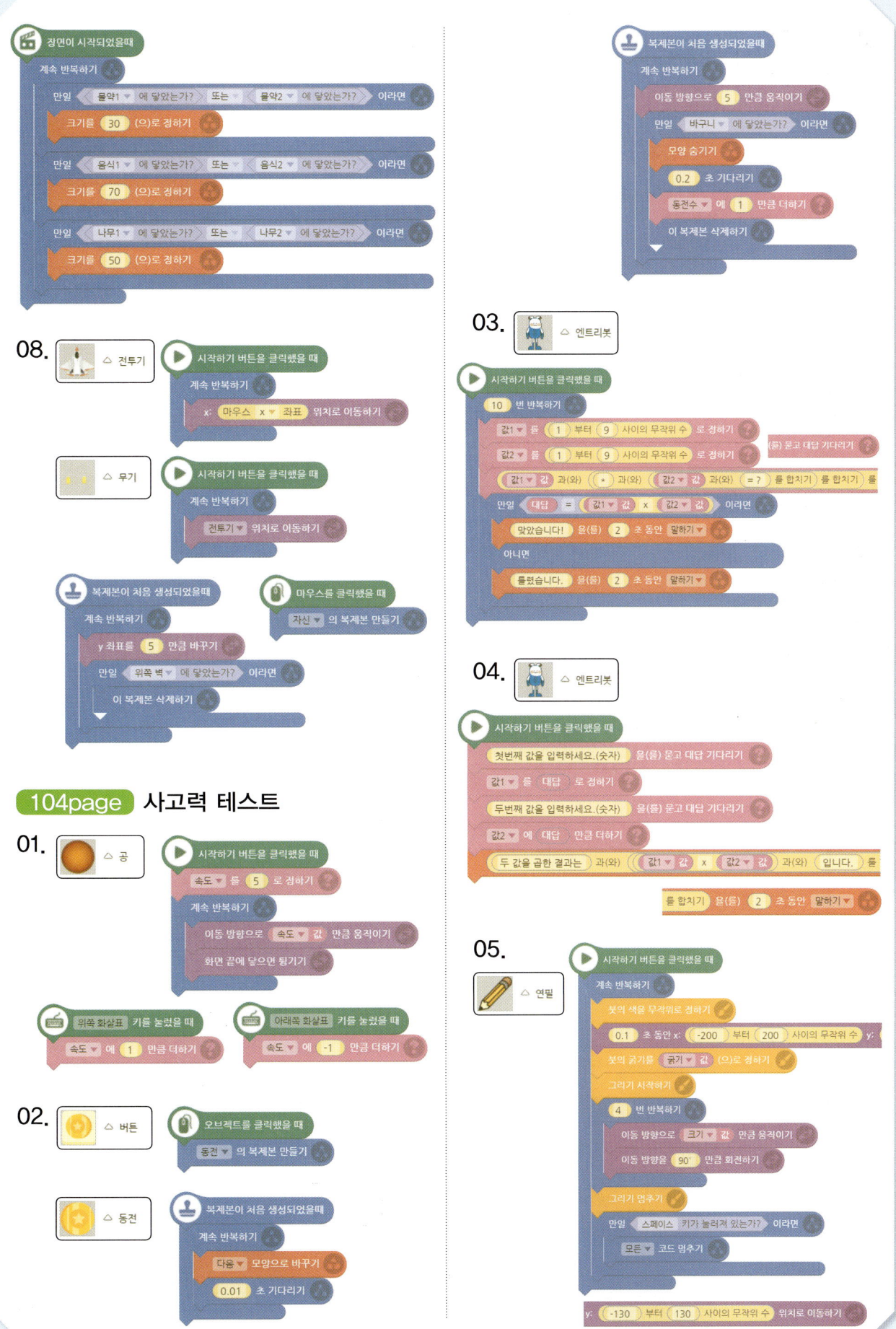

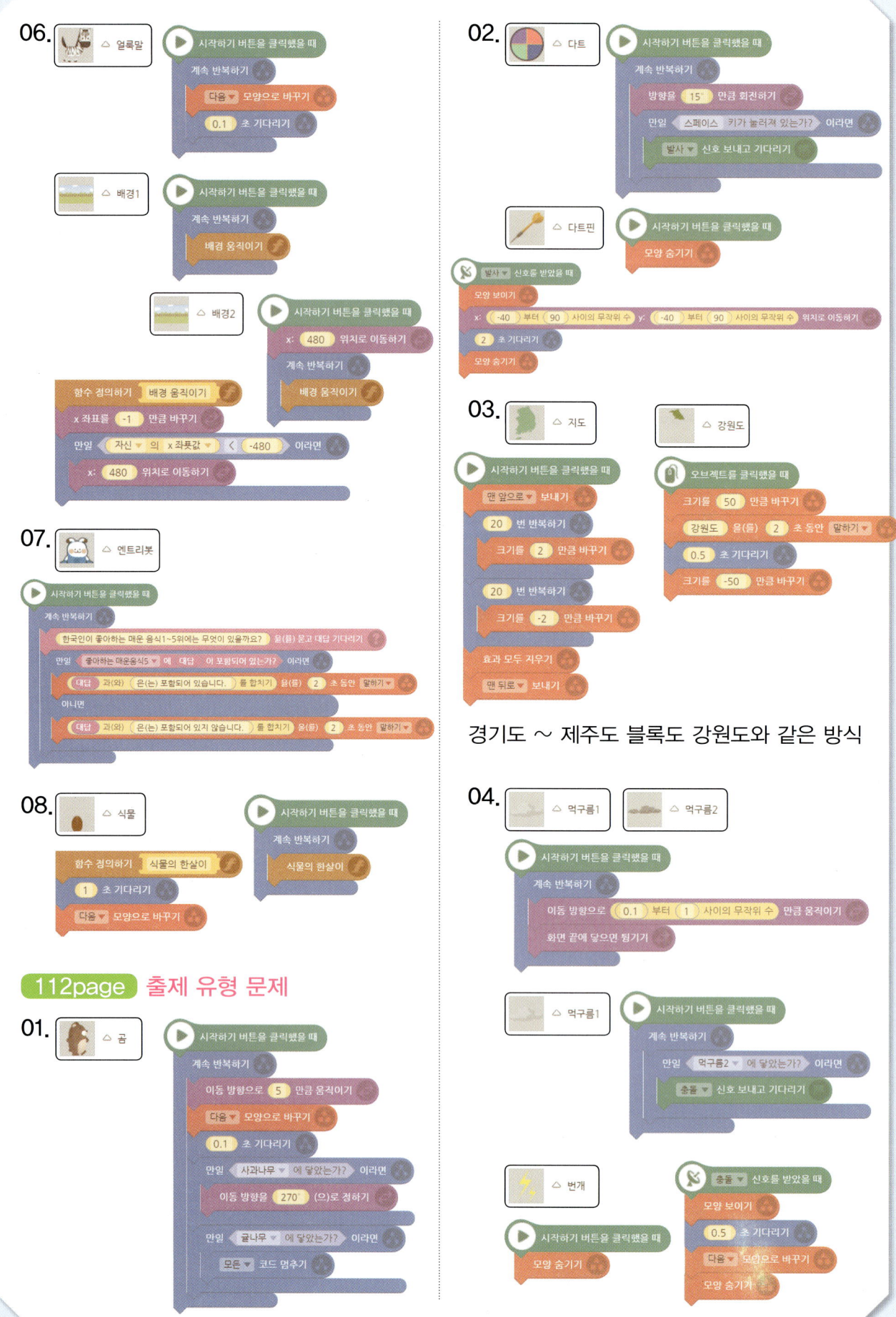

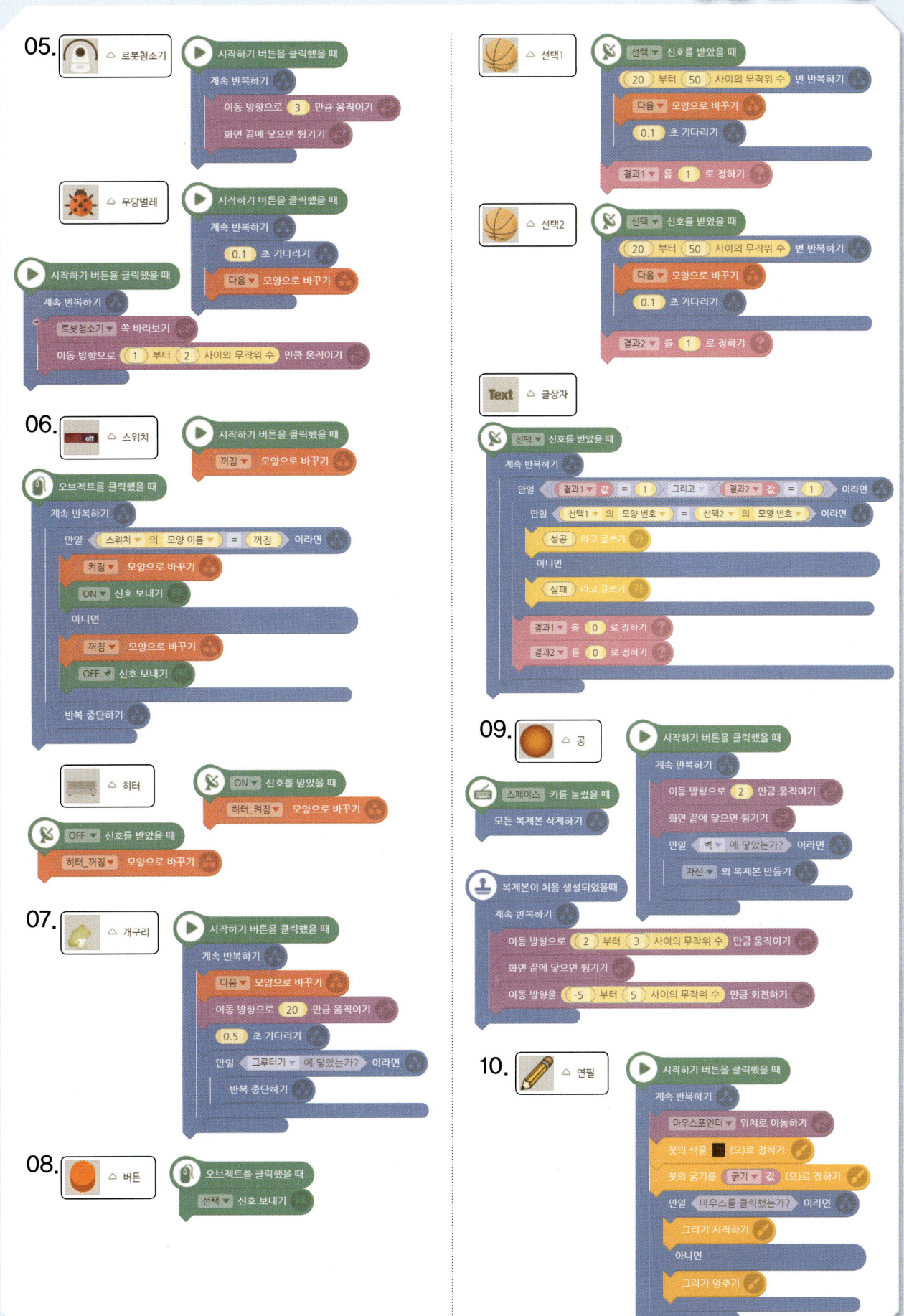

정답 및 해설

PART 4 피지컬 컴퓨팅

01장 피지컬 컴퓨팅의 이해

127page 사고력 테스트

01. ❶ 피지컬 컴퓨팅
    ❷ 센서(Sensor)
    ❸ 액추에이터(Actuator)

02. ❶ 조도(빛) 센서
    ❷ 풍속 센서
    ❸ 온도 센서
    ❹ 습도 센서

03. ❶ 서보 모터
    ❷ 회전(DC) 모터
    ❸ LED
    ❹ RGB LED

130page 출제 유형 문제

01. ① (사) ② (나)
02. ① 조도 센서 ② 서보 모터
03. ① (가) ② (다)
04. ① 온도 센서 ② 부저

PART 5 기출 예상 문제

제01회 기출 예상 문제 136p

1. ① 21분 ② 36분
2. ① 10월 11일 목요일 ② 10월 8일 월요일
3. ① 헬스클럽 가기
   ② 출석 체크하기
   ③ 5회 반복하기
   ④ 1분 휴식하기
   ⑤ 팔굽혀펴기 15회

4.

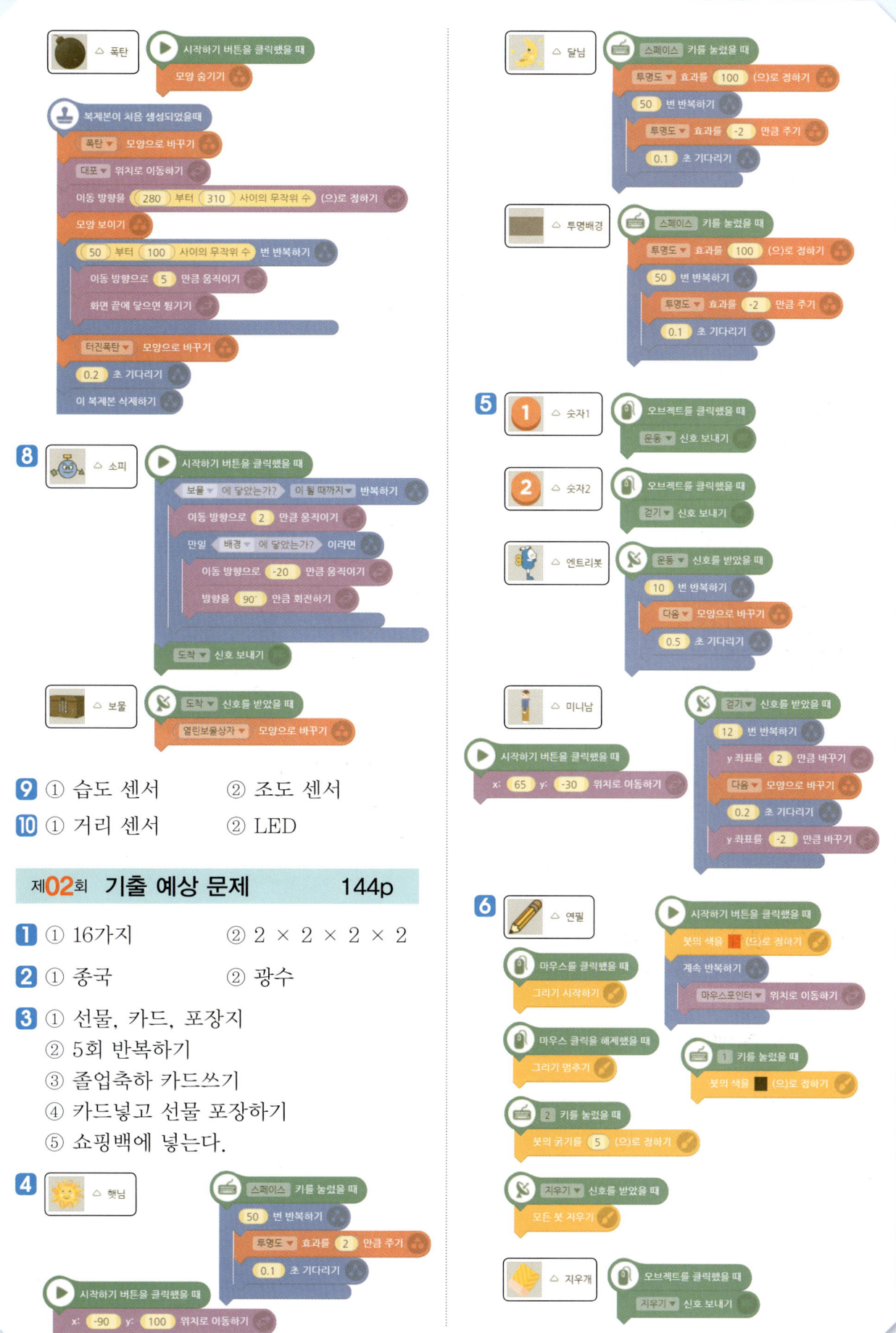

⑨ ① 습도 센서　② 조도 센서
⑩ ① 거리 센서　② LED

제02회 기출 예상 문제　144p

1 ① 16가지　② 2 × 2 × 2 × 2
2 ① 종국　② 광수
3 ① 선물, 카드, 포장지
　② 5회 반복하기
　③ 졸업축하 카드쓰기
　④ 카드넣고 선물 포장하기
　⑤ 쇼핑백에 넣는다.

Part 6 정답 및 해설 **227**

정답 및 해설

7 🎁 △ 마술
(블록 코드: 시작하기 버튼을 클릭했을 때 / 2번 반복하기 / 다음 모양으로 바꾸기 / 0.1초 기다리기 / 계속 반복하기 / 단을 2부터 9 사이의 무작위 수로 정하기 / 수를 1부터 9 사이의 무작위 수로 정하기 / 정답을 단값 × 수값으로 정하기 / 정답은? 을(를) 묻고 대답 기다리기 / 만일 정답값 = 대답 이라면 / 정답입니다. 을(를) 2초 동안 말하기 / 아니면 / 틀렸습니다. 을(를) 2초 동안 말하기)

4 ♥ △ 도형
(블록 코드: 1키를 눌렀을 때 / 다음 모양으로 바꾸기 / 시작하기 버튼을 클릭했을 때 / 계속 반복하기 / 마우스포인터 위치로 이동하기 / 만일 마우스를 클릭했는가? 이라면 / 도장찍기 / 2키를 눌렀을 때 / 이전 모양으로 바꾸기 / 3키를 눌렀을 때 / 크기를 5만큼 바꾸기 / 4키를 눌렀을 때 / 크기를 -5만큼 바꾸기)

8 👦 △ 유치원생
(블록 코드: 도착 신호를 받았을 때 / 유치원생2 모양으로 바꾸기 / 세워주세요! 을(를) 2초 동안 말하기 / 시작하기 버튼을 클릭했을 때 / 유치원생1 모양으로 바꾸기 / 1초 동안 x: 195 y: -70 위치로 이동하기)

🚌 △ 고양이 버스
(블록 코드: 시작하기 버튼을 클릭했을 때 / 계속 반복하기 / x 좌표를 2만큼 바꾸기 / 만일 정거장에 닿았는가? 이라면 / 도착 신호 보내기 / 만일 100 > 유치원생까지의 거리 이라면 / 모든 코드 멈추기)

5 🦅 △ 독수리
(블록 코드: 시작하기 버튼을 클릭했을 때 / x: -240 y: 140 위치로 이동하기 / 나는독수리 모양으로 바꾸기 / 2초 동안 x: -90 y: -20 위치로 이동하기 / 앉은독수리 모양으로 바꾸기 / 탐색 신호 보내기)

🐦 △ 두더지
(블록 코드: 탐색 신호를 받았을 때 / 0.5초 기다리기 / 두더지_2 모양으로 바꾸기 / 독수리닷! 을(를) 1초 동안 말하기 / 3번 반복하기 / 다음 모양으로 바꾸기 / 0.2초 기다리기)

6 🏃 △ 운동선수
(블록 코드: 시작하기 버튼을 클릭했을 때 / 계속 반복하기 / 다음 모양으로 바꾸기 / 0.1초 기다리기 / 시작하기 버튼을 클릭했을 때 / 계속 반복하기 / 2초 동안 1번트레이닝콘 위치로 이동하기 / 이동 방향을 90°(으)로 정하기 / 말하기 지우기 / 2초 동안 2번트레이닝콘 위치로 이동하기 / 이동 방향을 270°(으)로 정하기 / 횟수에 1만큼 더하기 / 횟수값 을(를) 말하기 / 만일 횟수값 ≥ 10 이라면 / 모든 코드 멈추기)

9 ① 조도 센서　② 촉각
10 ① 10　② 1

제**03**회　기출 예상 문제　　152p

1 ① GOOD　② 8177
2 ① 4　② 19
3 ① 할인쿠폰, 결재카드
　② 편의점 들어가기
　③ 물건 고르기
　④ 물건을 모두 골랐습니까?
　⑤ 할인쿠폰 제시하기

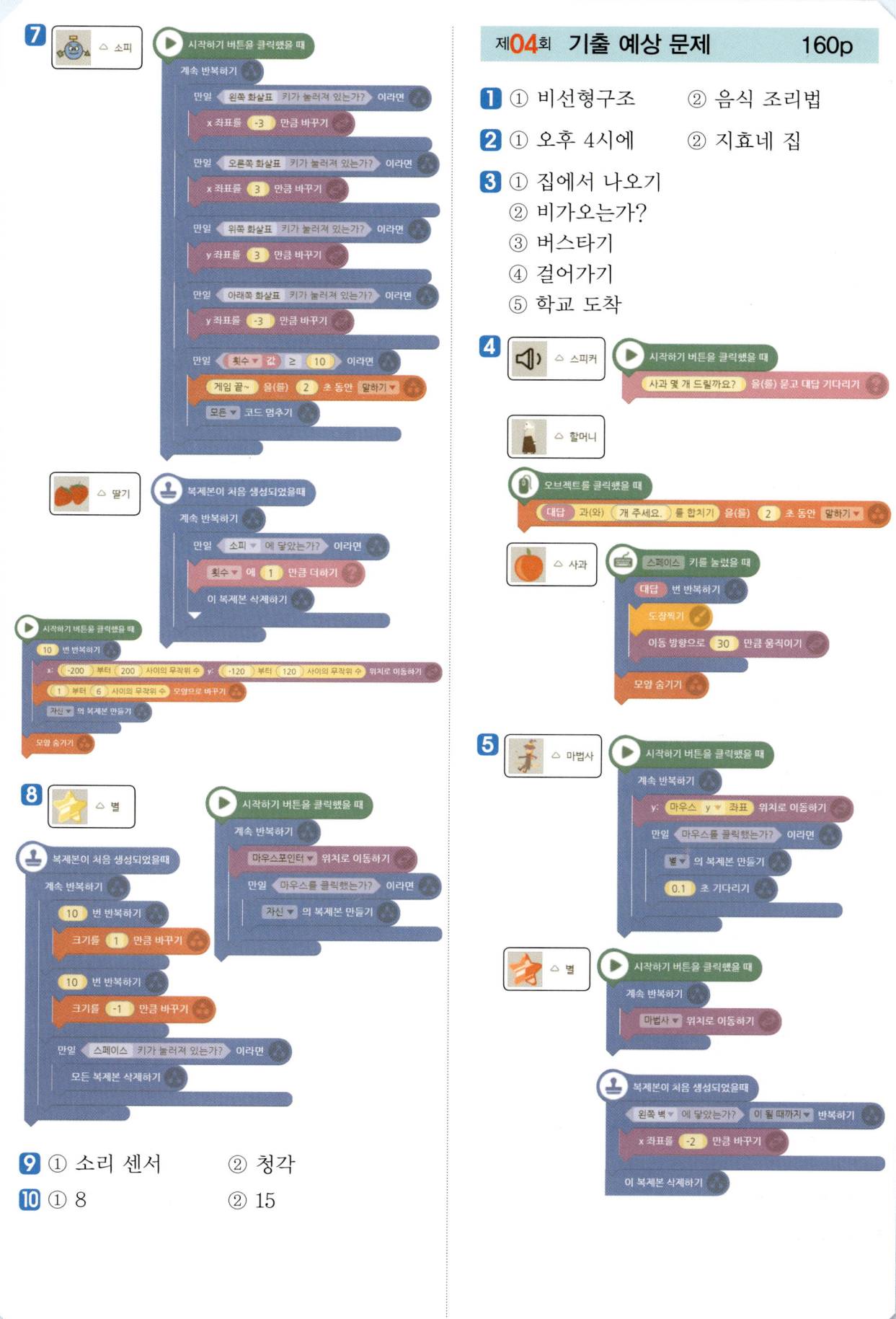

제**04**회 기출 예상 문제 160p

1 ① 비선형구조 ② 음식 조리법
2 ① 오후 4시에 ② 지효네 집
3 ① 집에서 나오기
  ② 비가오는가?
  ③ 버스타기
  ④ 걸어가기
  ⑤ 학교 도착

9 ① 소리 센서 ② 청각
10 ① 8 ② 15

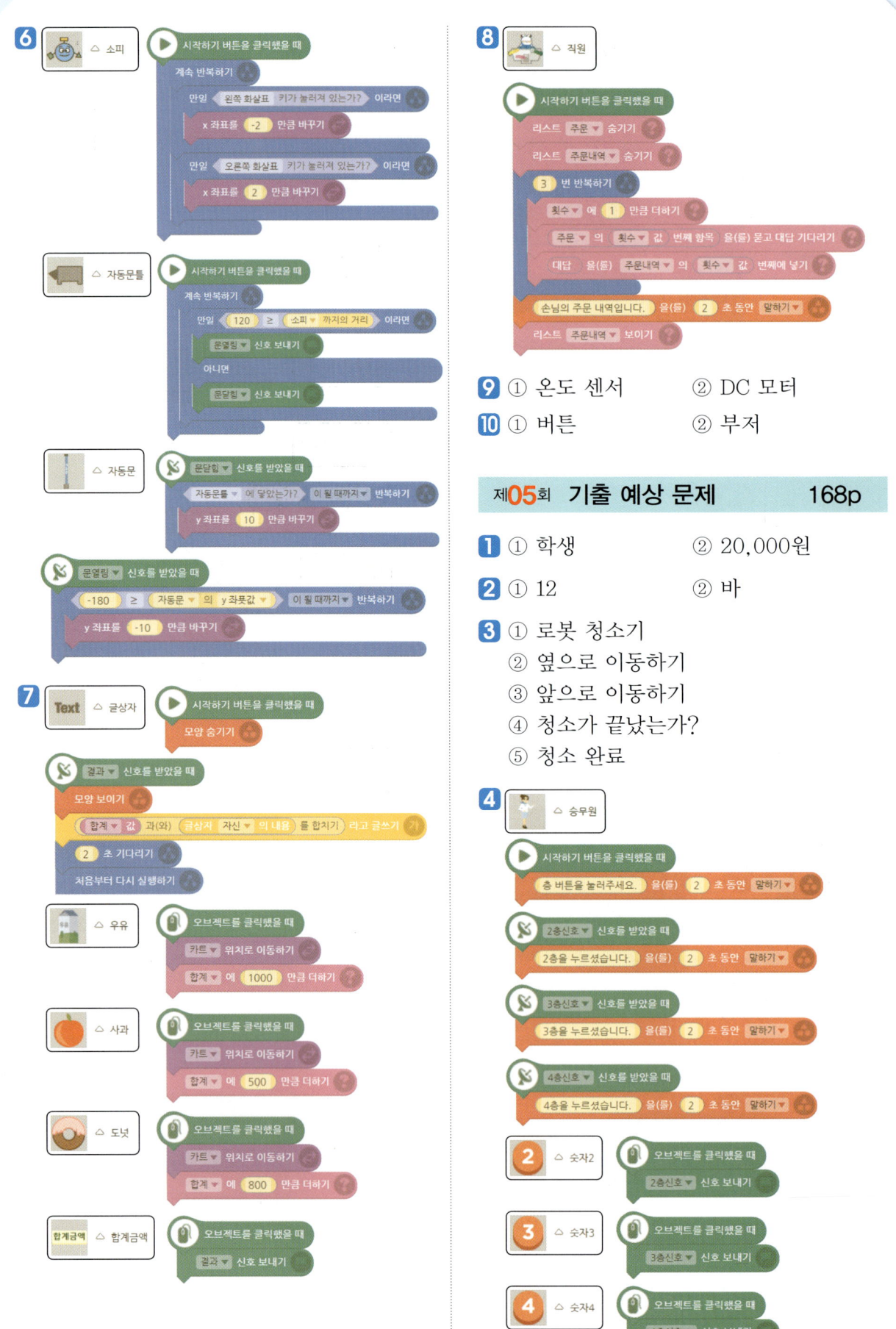

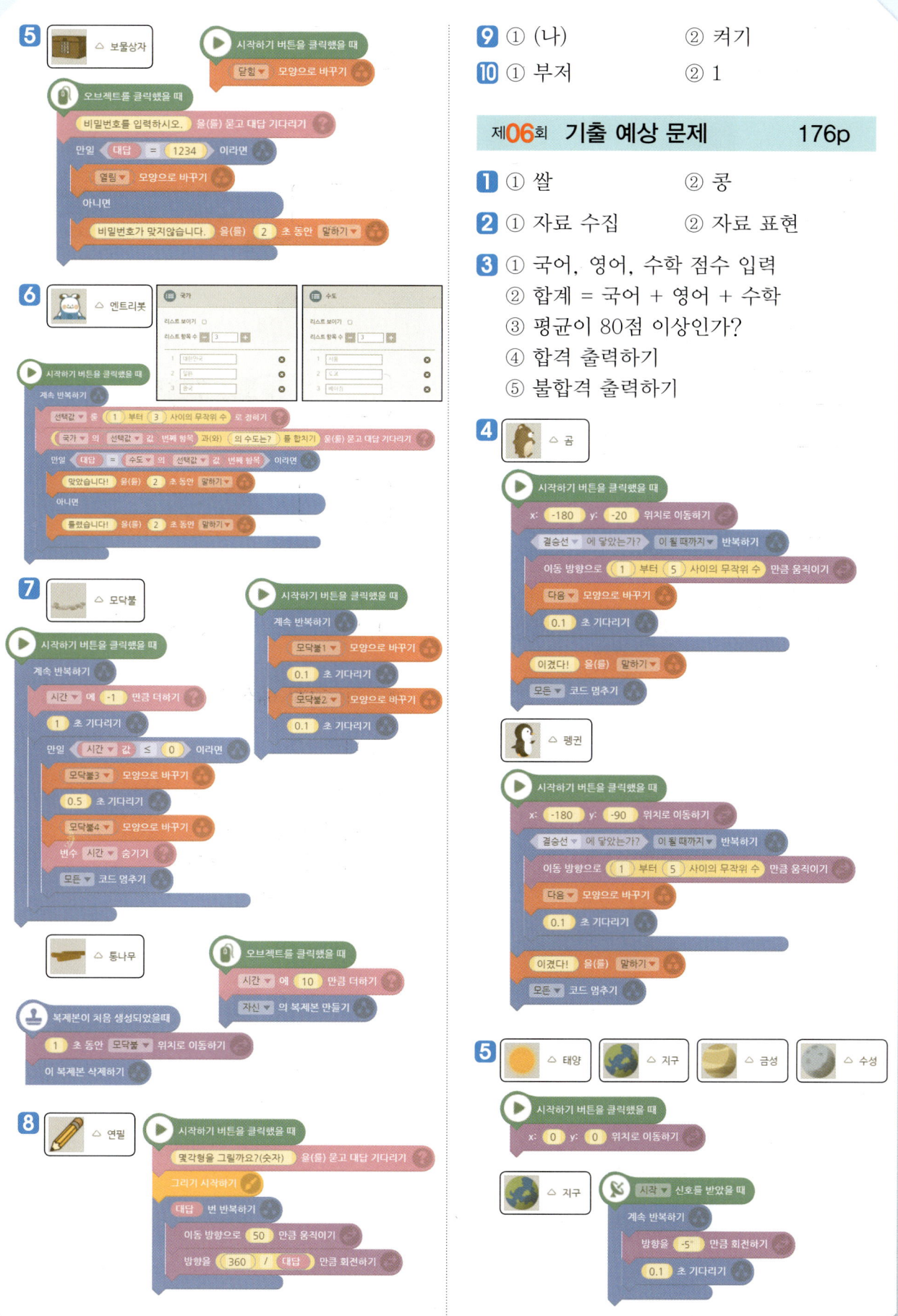

정답 및 해설

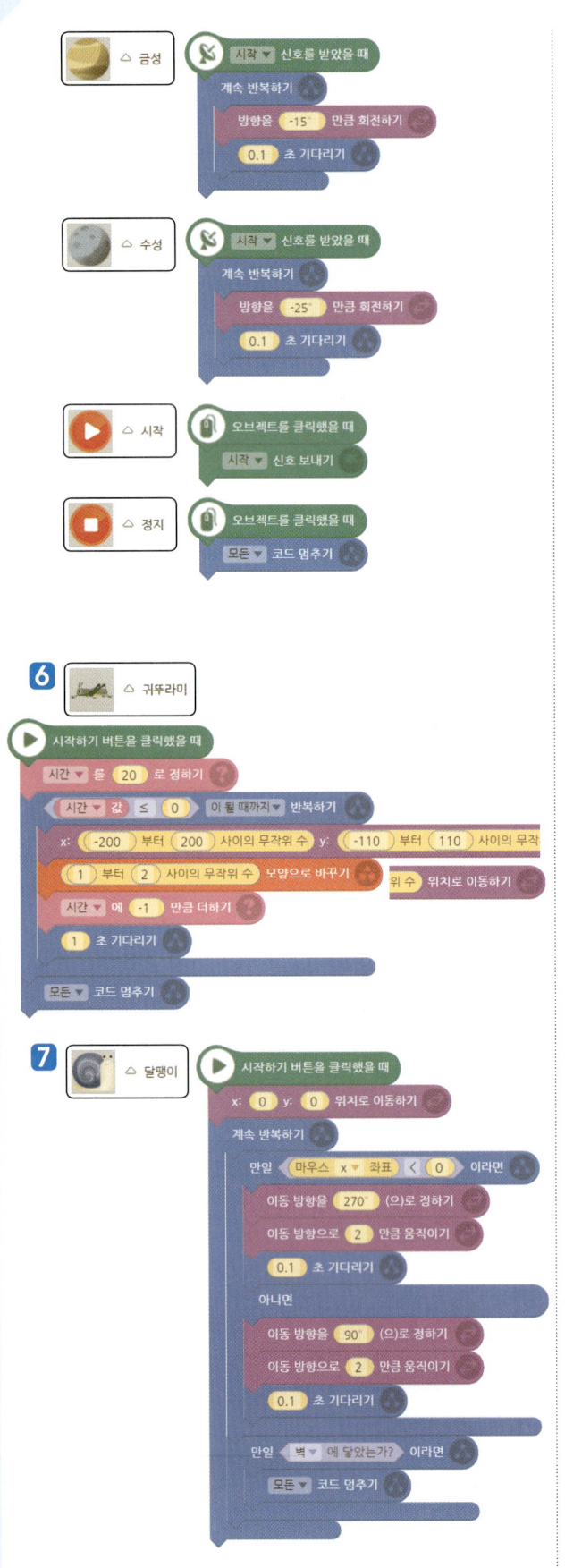
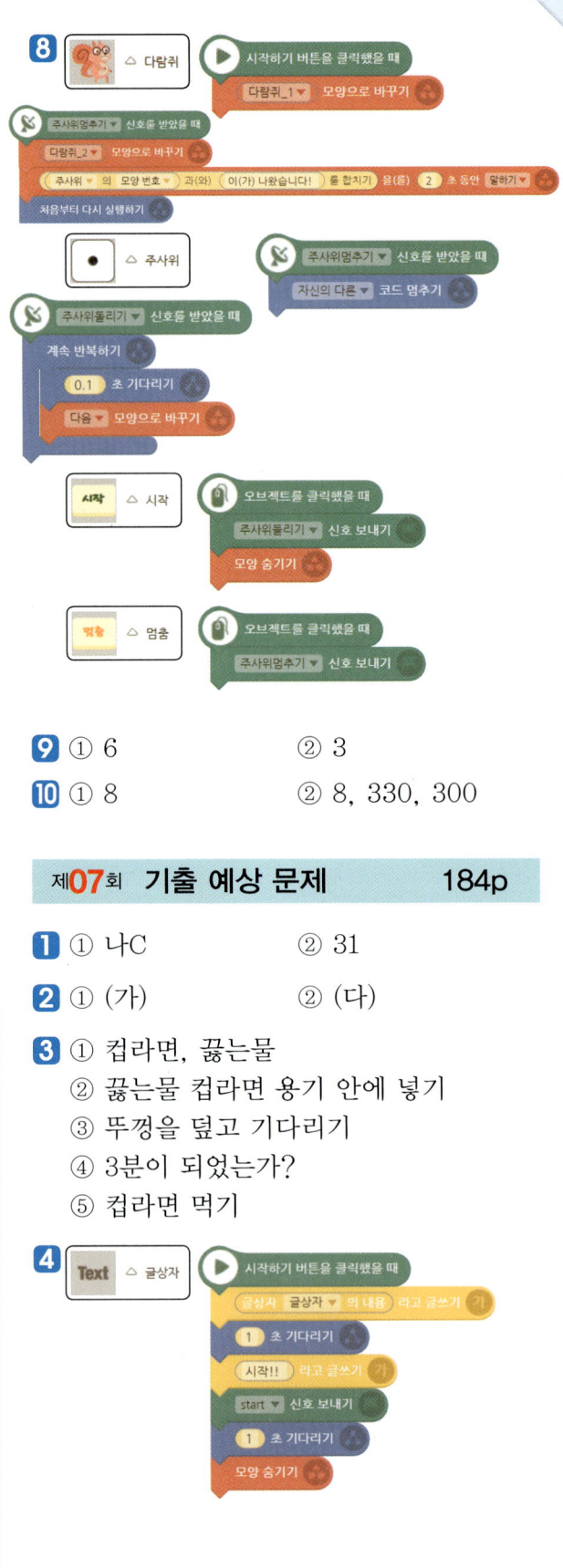

9 ① 6　　　　② 3
10 ① 8　　　　② 8, 330, 300

제07회 기출 예상 문제　184p

1 ① 나C　　　② 31
2 ① (가)　　② (다)
3 ① 컵라면, 끓는물
　② 끓는물 컵라면 용기 안에 넣기
　③ 뚜껑을 덮고 기다리기
　④ 3분이 되었는가?
　⑤ 컵라면 먹기

정답 및 해설

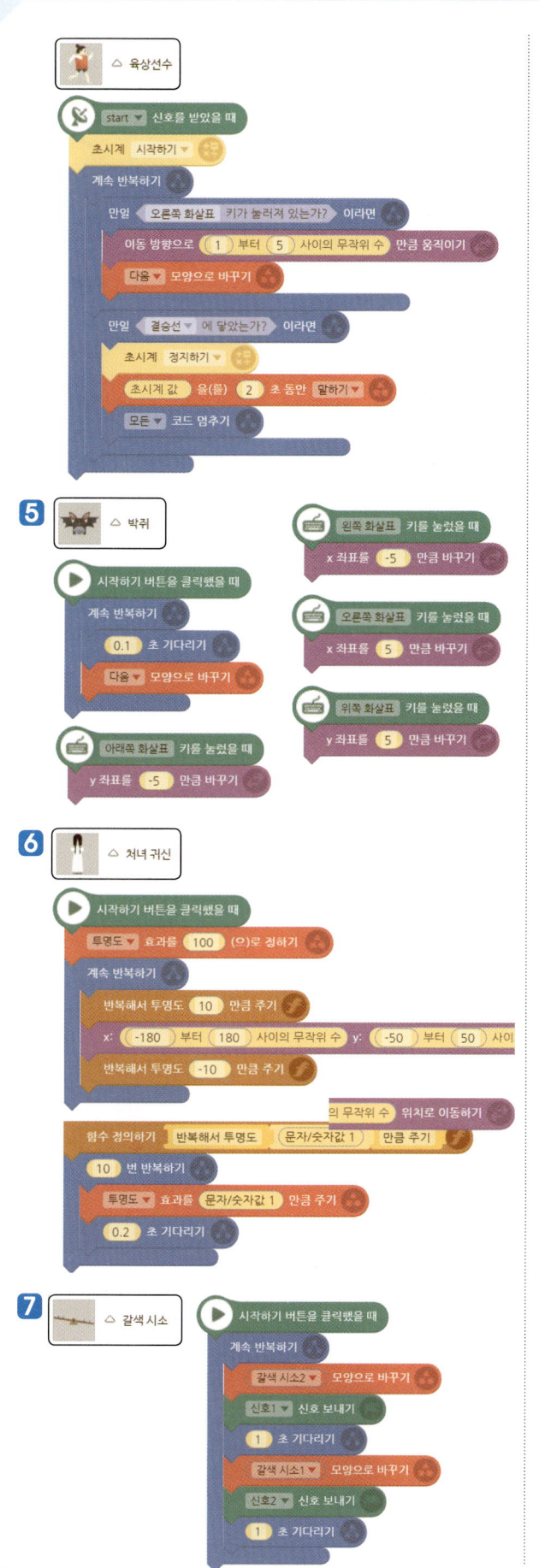
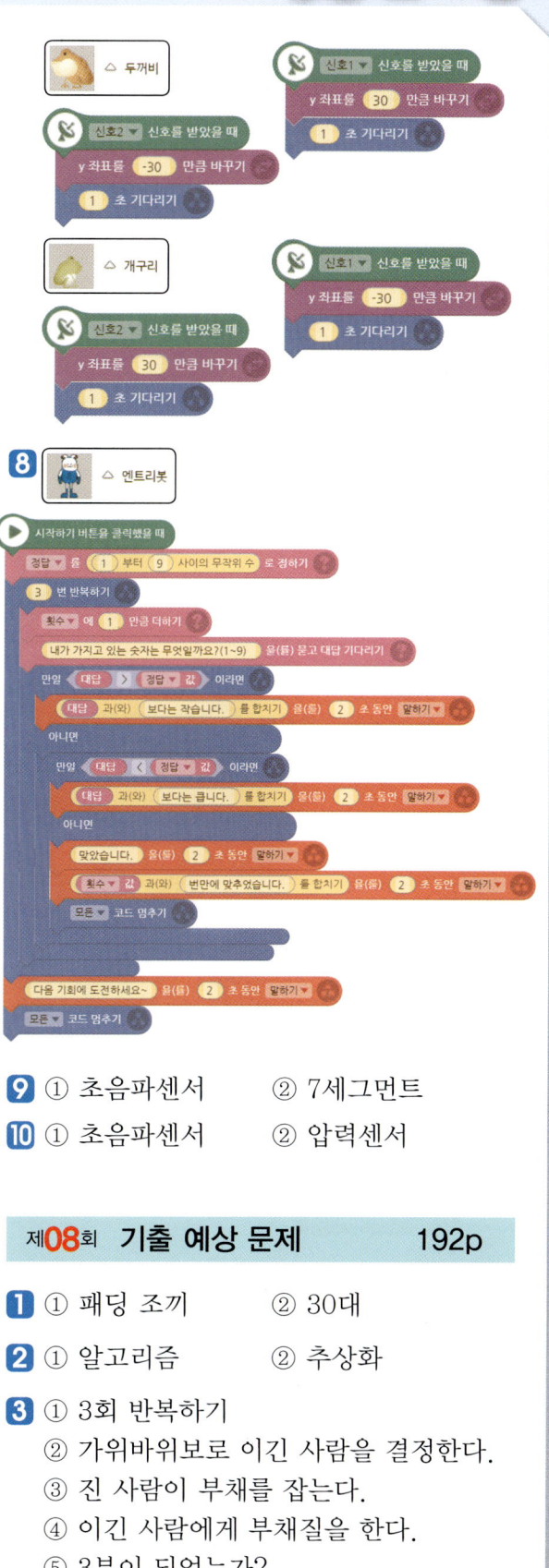

9 ① 초음파센서 ② 7세그먼트
10 ① 초음파센서 ② 압력센서

제08회 기출 예상 문제 192p

1 ① 패딩 조끼   ② 30대
2 ① 알고리즘   ② 추상화
3 ① 3회 반복하기
   ② 가위바위보로 이긴 사람을 결정한다.
   ③ 진 사람이 부채를 잡는다.
   ④ 이긴 사람에게 부채질을 한다.
   ⑤ 3분이 되었는가?

Part 6 정답 및 해설 233

정답 및 해설

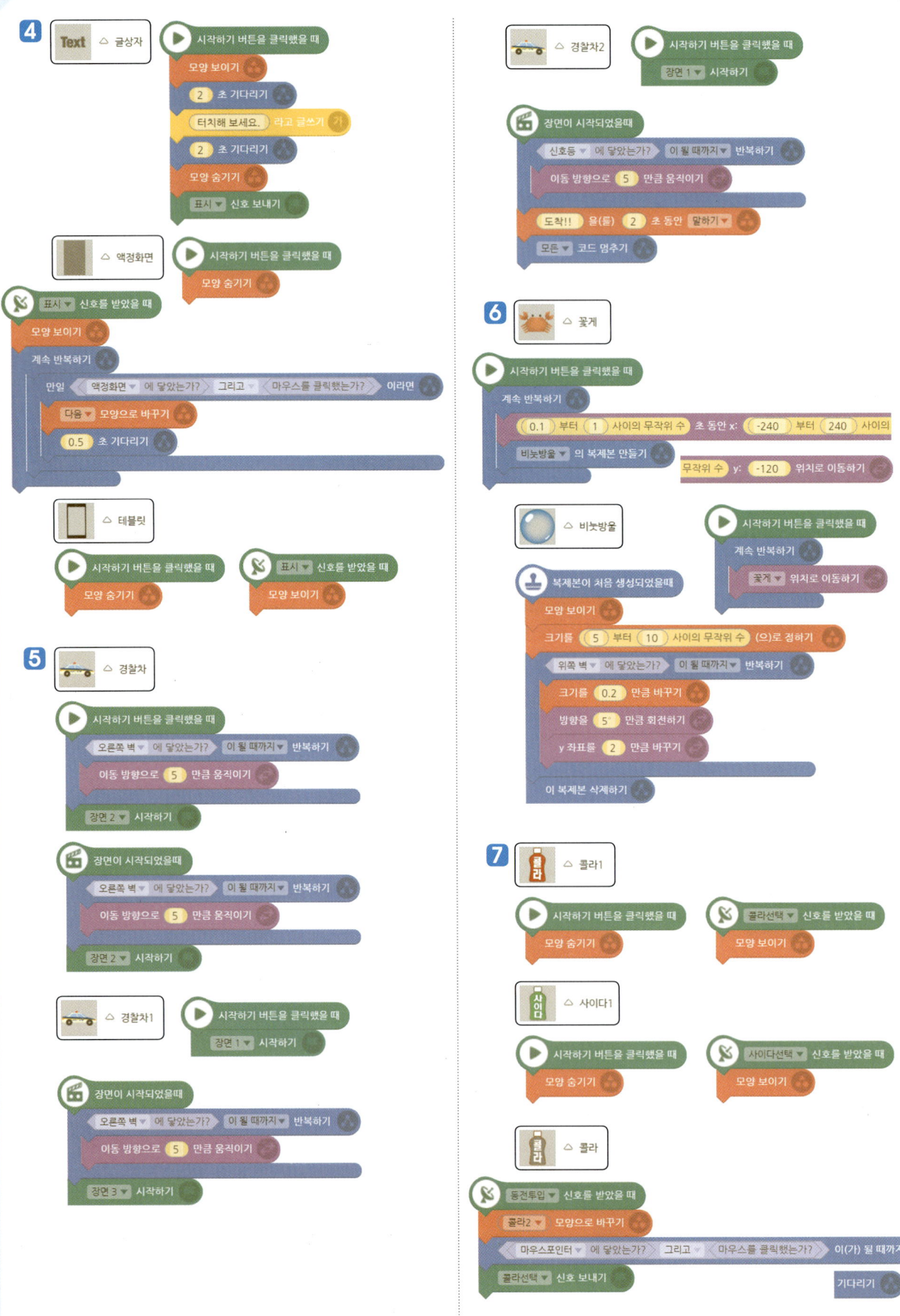

234 SW코딩 2급

제09회 기출 예상 문제 200p

1 ① 패턴인식 ② (바)

2 ① 0011 ② 0101

3 ① 활, 화살 10개
② 10회 반복하기
③ 5개 이상 명중했는가?
④ 합격 출력하기
⑤ 불합격 출력하기

9 ① 초음파센서 ② RGB LED
10 ① DC 모터 ② 속도

정답 및 해설

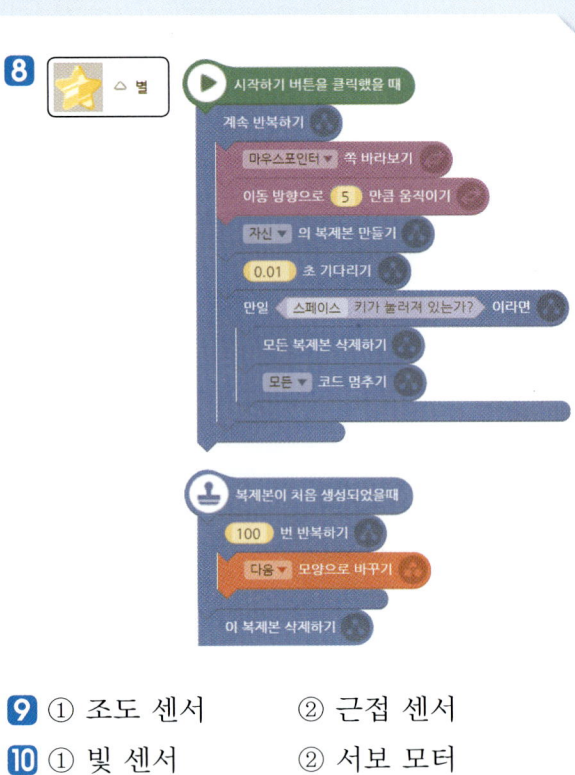

9 ① 조도 센서 ② 근접 센서
10 ① 빛 센서 ② 서보 모터

제10회 기출 예상 문제 208p

1 ① 43개 ② (나)
2 ① [(가)-(다)] ② [(나)-(라)]
3 ① 관광버스
② 버스 출입문을 연다.
③ 탑승 인원을 세어본다.
④ 30명이 탑승했는가?
⑤ 출입문을 닫고 출발한다.

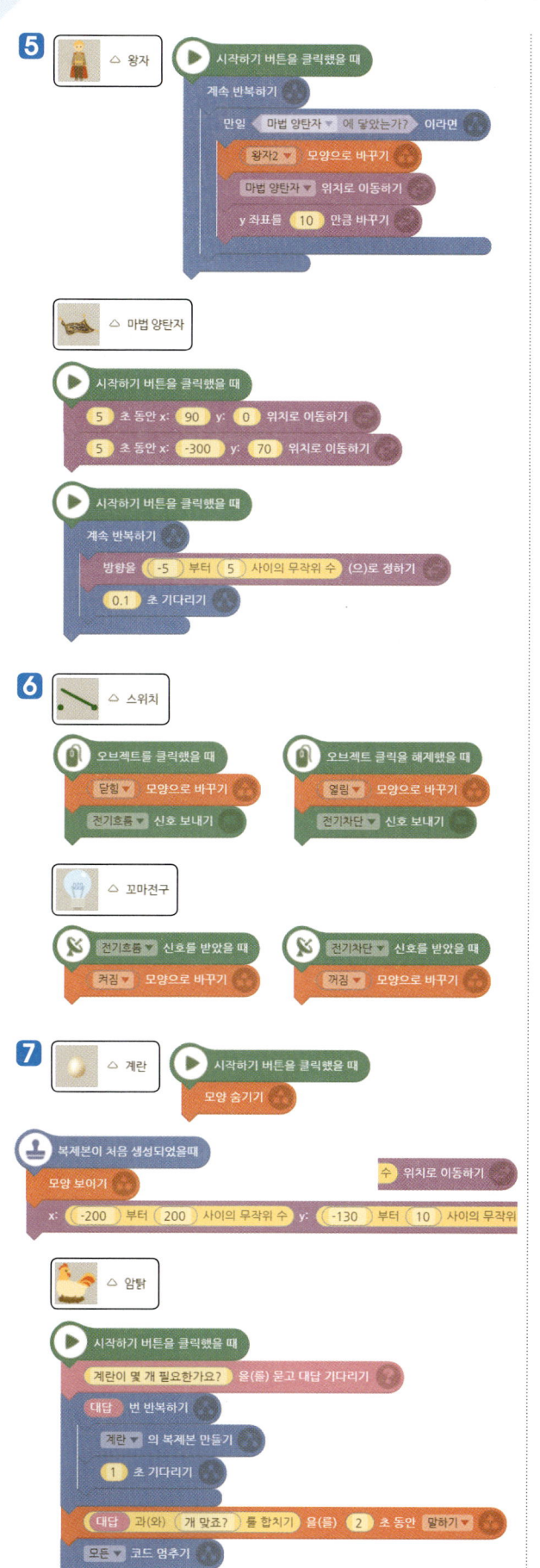

9 ① 2번핀 ② 11번핀

10 ① 소리센서 ② 라

MEMO

MEMO

MEMO